创新管理与创意概念验证：
"创意推向市场"的创新管理实践新模式

李丰刚　著

中国矿业大学出版社
·徐州·

内 容 提 要

本书是一本面向创新者、创业者和研发人员的创新管理实用指南,旨在帮助他们实现从创意到商业化的转化,填补实验室基础研究与市场化之间的鸿沟,探索把"创意推向市场"的创新管理实践新模式。通过本书,读者将了解到如何从创意到商业化的全过程,了解每个阶段所需的步骤和技能,并获得许多有用的工具和技巧来实现这个过程。

本书适合公司初创者以及研发人员阅读和参考。

图书在版编目(CIP)数据

创新管理与创意概念验证:"创意推向市场"的创新管理实践新模式 / 李丰刚著. —徐州:中国矿业大学出版社,2024.8

ISBN 978-7-5646-6135-9

Ⅰ.①创… Ⅱ.①李… Ⅲ.①创新管理-研究 Ⅳ.①F273.1

中国国家版本馆 CIP 数据核字(2024)第 011998 号

书　　名	创新管理与创意概念验证:"创意推向市场"的创新管理实践新模式
著　　者	李丰刚
责任编辑	仓小金
出版发行	中国矿业大学出版社有限责任公司
	(江苏省徐州市解放南路　邮编 221008)
营销热线	(0516)83885370　83884103
出版服务	(0516)83995789　83884920
网　　址	http://www.cumtp.com　E-mail:cumtpvip@cumtp.com
印　　刷	徐州中矿大印发科技有限公司
开　　本	787 mm×1092 mm　1/16　印张 14.5　字数 371 千字
版次印次	2024 年 8 月第 1 版　2024 年 8 月第 1 次印刷
定　　价	78.00 元

(图书出现印装质量问题,本社负责调换)

前　言

写作《创新管理与创意概念验证》这本书是对我多年来在创新管理实践中的一个总结和回顾，也是我对于如何将创意变成商业的探索和思考。

在现代社会，创新有利于企业、组织和个人更好地生存与发展。但是，我们不仅需要具有创意，更需要将创意转化为商业成功，进而创造真正的价值，而这常常是一个充满了挑战、不确定和风险的过程。因此，我希望通过这本书，与各位读者分享我的实践经验和思考，旨在为大家提供一些有用的工具、技巧和实践经验，帮助大家实现从创意到商业化的转化，填补创意实验基础研究与市场化之间的鸿沟，探索把创意推向市场的创新管理实践新模式。

本书从多个角度进行管理决策梳理，包括市场营销、经济学、生产管理、研发或设计工程等方面。首先，本书介绍概念验证在国内外的发展，结合创新实践的科学管理过程，创新性地提出创意概念验证理论，并分析创意概念验证的管理要素。其次，介绍如何将创意转化为应用设想，并进行技术可行性、专利可行性和商业可行性论证。接着，介绍如何对不同的创意成果进行分类知识产权保护，并详细介绍如何针对应用设想进行专利申请以及专利布局方案规划等。最后，本书介绍如何进行产品验证和市场验证，并进行用户体验验证和改进的管理实践。

通过本书，读者将了解到如何从创意到商业化的全过程，了解每个阶段所需的步骤和技能，并获得许多有用的工具和技巧来实现这个过程。我相信，无论是初创公司、创业者还是研发人员，都会受益于本书的指导。希望本书能够对你们有所帮助，激发你们的创新潜力，让创意推向市场。

最后,我要感谢我的团队成员,在本书的撰写过程中,陈烨、朱丽丽、吴春花、陈楠提了很多宝贵意见,他们的辛勤工作和支持让本书得以顺利出版,在此表示深深谢意!同时,也要感谢所有支持我的人,包括我的家人、朋友和合作伙伴。

由于时间所限,本书的不足之处在所难免,恳请广大读者不吝赐教。

著 者

2023 年 12 月

目 录

第 1 章 绪论 ………………………………………………………………… 1
1.1 概念验证概述 ………………………………………………………… 1
1.2 创意概念验证 ………………………………………………………… 13

第 2 章 创意发现 ………………………………………………………… 18
2.1 创意 …………………………………………………………………… 18
2.2 创意发现概述 ………………………………………………………… 18
2.3 创意发现应用 ………………………………………………………… 20
2.4 创意发现思维 ………………………………………………………… 23
2.5 创意发现方法 ………………………………………………………… 42

第 3 章 技术构思筛选 …………………………………………………… 58
3.1 创意成果 ……………………………………………………………… 58
3.2 创意成果的保护形式 ………………………………………………… 65
3.3 创意筛选 ……………………………………………………………… 70
3.4 创意筛选评价模型 …………………………………………………… 72
3.5 创意筛选的流程 ……………………………………………………… 78
3.6 创意筛选的难点 ……………………………………………………… 82
3.7 创意筛选的结果：技术构思 ………………………………………… 86

第 4 章 形成实际应用设想 ……………………………………………… 88
4.1 应用设想概述 ………………………………………………………… 88
4.2 应用设想保护 ………………………………………………………… 90

第 5 章　战略规划验证 … 124
5.1　技术可行性论证 … 124
5.2　专利可行性论证 … 130
5.3　商业可行性论证 … 137
5.4　研发制作方案 … 142
5.5　专利可视化验证在研发制作方案中的作用 … 145

第 6 章　产品系统化验证 … 161
6.1　产品系统化验证概述 … 161
6.2　产品系统化验证方法 … 162
6.3　产品系统化验证内容 … 163
6.4　产品系统化验证案例 … 180

第 7 章　产品商业化验证 … 182
7.1　产品商业化验证和商业模式 … 182
7.2　产品商业化验证步骤 … 184
7.3　商业化市场调研与分析 … 185

第 8 章　产品用户体验验证和改进 … 195
8.1　用户群体和目标用户群体 … 195
8.2　产品用户体验验证和改进 … 197

附录 … 201

参考文献 … 223

第1章 绪 论

1.1 概念验证概述

1.1.1 概念验证的含义

概念验证是一个广泛使用的术语,通常用于描述验证某个概念或想法是否可行、可靠或有效的过程。在商业、科研、工程等领域,概念验证通常是指在实际环境中对某个概念进行测试和验证的过程,其可以通过实验、原型设计、市场研究、数据分析等方法来实现。概念验证是产品开发过程中的一个重要阶段,其目的是评估产品的核心价值,以确保其合理性、可行性和需求。通过概念验证,人们可以更好地理解概念的可行性和局限性,以及识别出任何需要解决的问题。其中,概念验证通常是指通过提供资金和资源来支持研究人员和创业者在实践中验证和发展他们的想法和技术。这些计划旨在促进科技创新和商业发展,以帮助人们更好地将他们的研究成果转化为实际应用。

目前,国外概念验证主要是针对高校科研人员提出的创新想法和创意,以将其论文转化为商业化和可行性概念验证的项目。这一过程旨在验证创新成果是否具备市场开发的前景,为科研人员提供资金支持、顾问指导和创业培训等一系列支持措施。典型的例子有:麻省理工学院 Eric von Hippel 的研究主要关注用户创新和开放式创新,他强调概念验证应该通过与用户进行直接交流的方式来完成,这可以帮助产品团队更好地了解用户的需求和期望;哈佛商学院 Clayton Christensen 的研究重点是创新和技术转型,他强调概念验证应该是一种快速、低成本的过程,以验证概念是否可行,并且可以帮助企业在早期发现和避免失败的项目;Steve Blank 是创业公司和创业生态系统方面的专家,他强调概念验证应该是一种实验驱动的方法,通过快速试错来验证概念的可行性,并帮助创业公司在初始阶段迅速调整产品和商业模式;Alexander Osterwalder 是商业模式创新方面的专家,他强调概念验证应该是一种用户驱动的方法,通过了解用户需求和期望来确定产品的核心价值,并在早期阶段就对商业模式进行测试和验证;David Bland 是创新方法和实验设计方面的专家,他强调概念验证应该是一种科学方法,通过系统化的实验设计来验证概念的可行性,并且可以帮助产品团队更好地了解市场需求和竞争环境。

这些学者的研究内容涵盖概念验证的各个方面,包括用户需求、创新、商业模式、实验设计等,为企业和产品团队提供了指导和建议,可以帮助他们更好地完成概念验证的过程,确保产品的可行性和商业成功。但是,概念验证在国内并没有形成一个有参考性的、有可借鉴性的或者说有规模的市场化模式,虽然种种国外的新型模式表明概念验证可以帮助高新技术产业科技成果转化跨越"死亡之谷",但是概念验证如何去做?概念验证如何实现?如何在中国本土化落地就是需要考虑的问题。

概念验证过程通常包括调查、市场研究、定义产品功能、评估竞争对手和确定用户需求等环节。在概念验证过程中,产品团队会尝试验证其产品的核心概念是否符合市场需求和用户需求,以及其商业可行性。该过程可能涉及制作原型、用户测试和市场调研等环节。通过这些环节,产品团队可以收集用户反馈和市场数据,从而更好地了解产品的潜在市场和商业机会,并为后续产品设计和开发提供指导,从而制定出更加合理和实用的产品策略,提高产品成功的概率。

1.1.2 概念验证的阶段划分

通常,可以将创意概念验证划分为以下五个阶段:① 理论验证阶段:进行初步的研究和分析,验证其理论可行性;② 系统概念验证阶段:对系统的功能、性能等进行验证,以确定其可行性;③ 产品化验证阶段:开始研发商业化产品,验证其产品特性;④ 产品工程化验证阶段:继续优化和完善产品,验证其工程可行性;⑤ 产品消费市场化验证阶段:将产品投放市场,验证其市场可行性和消费者接受程度。

以上五个阶段是相互联系的,一般而言,必须通过前上一阶段才能进入下一阶段。通过这五个阶段的分别验证、互相验证、循环验证来提升创意和市场化的消费需求的契合度,进而形成更具吸引力的创意产物。

1.1.3 概念验证的发展

1. 国外发展概况

国外概念验证研究始于 20 世纪 60 年代,其发展相当迅速,并且受到了广泛的重视和支持，逐渐成为创新驱动经济增长的重要手段。因此，各种概念验证机构、基金、投资公司等机构不断涌现，并对创新的成果进行投资和支持。同时，许多国家和地区也出台了支持概念验证的政策和法规，进一步促进了概念验证的发展。

2001年，加利福尼亚大学圣迭戈分校建立了全球首个高校概念验证中心——冯·李比希创业中心。从此，概念验证逐渐受到了美国科技研究人员的关注。目前，美国已有30多所研究型大学建立了概念验证中心。2008年，新加坡政府启动了概念验证资助计划，鼓励高校和科研院所进行早期研究与验证，最高可获得25万新加坡元的资助。此举受到了国际科技界的称赞，使概念验证在新加坡得到了更大的推广。2011年，欧洲研究理事会（European Research Council，ERC）设立了概念验证计划，鼓励欧洲的高校和科研院所进行概念验证研究，促进科学技术的创新和发展。这些国外的概念验证政策和计划，不仅有助于提高科研人员的研究成果，更有助于推动科学技术的创新和发展。

在高校中，概念验证逐渐被视为创业教育的重要组成部分，在学生的创业实践和知识探索中得到了广泛应用。政府和企业也对概念验证进行了大力支持，通过提供资助、投资、设立孵化器等多种方式，促进创新的发展。概念验证的发展不仅为创新提供了基础，也为科研人员和创业者提供了广阔的舞台，激发了他们的创造力和创业热情。针对高校科研人员的创意想法进行概念验证，为其提供资金支持、顾问指导、创业培训等服务，是国外概念验证的主要方向。

对于概念验证是否有效，世界意大利博洛尼亚大学的Federico Munari 和Laura Tosky在2021年发表的论文中进一步给出了答案。FedericoMunari等将概念验证公共资金作为评估对象，借助ERC概念证明项目数据来展开评估工作时，收集了2000～2013年的4 300多个项目，利用电邮方式召回ERC项目，以完成调查工作，此次调查共收到回复2 069份，回复率约48%。由于部分学术带头人拒绝使用数据，因此答复完整性不高，最终的答复率只有42%，FedericoMunari和LauraTosky将获得ERC概念验证资助项目的评估结果与未得到资助的项目进行比较，结果表明，借助概念验证计划，可以推动科学发现价值化的发展，以将概念验证资助机制的意义和价值充分凸显出来。此外，在围绕科技成果商业化构建相应的生命周期模型后，借助这一模型对研究人员学术生涯早期进行研究，可以发现其会受到概念验证资金的极大影响。

2. 国内发展概况

国内的概念验证正在迅速发展，随着国内企业和政府对创新的重视，越来越多的概念验证机构和平台应运而生，并且逐渐形成了规范的验证体系和流程。同时，国内的投资机构也逐渐意识到概念验证的重要性,并开始大力投资和支持概念验证项目。此外,国内高校也开始积极参与概念验证的进程,通过开展合作研究、设立创业孵化基地等措施来推动创新创业,为创新创业的发展提供了强有力的支持。下面简要介绍国内典型省市概念验证的发展状况。

(1) 江苏

2023 年 11 月,江苏省科技厅、教育厅和财政厅发布《江苏省概念验证中心建设工作指引(试行)》。依托高校院所、企事业单位或社会组织建设,是通过优化整合人才、成果、资本和市场等要素,畅通科技成果转移转化"最初一公里",助力科研团队跨越科技成果转化"死亡之谷"的新型科技公共服务平台,重点开展"原理验证""产品与场景体系验证""原型制备与技术可行性验证""商业前景验证"等概念验证服务及关联服务。

江苏省首批:"概念验证中心"揭牌

2023 年 2 月 20 日召开的苏州高新区科技创新大会暨产业创新集群融合发展推进会上,8 家概念验证中心揭牌,成为江苏省首批揭牌运行的概念验证中心。以进一步激发原始创新动能,弥补基础研究成果和产业技术产品之间"断裂带",切实推动创新链、产业链、资金链、人才链深度融合,促进科研成果就地转化、就地交易、就地应用。高新区每年将对各概念验证中心从项目遴选、验证分析、投融资等方面开展工作绩效评估,对优秀的概念验证中心给予专项资金支持。

"创之社创意概念验证中心"成立

2021 年 4 月,创之社创意概念验证中心由徐州创之社通用技术产业研究院成立,以应用技术的产权化、产品化、产业化为主线,为高校、科研院所及企业提供创意概念验证服务,为解决科技成果或者创意成果转化过程中的痛点问题,如:专利和产品不匹配、协同研发基础服务缺失、高校成果转化不具象、民间发明家缺少研发支撑平台等。创之社创意概念验证中心建立了"先验证,后转化"的创意概念验证体系,通过全面验证创意的商业可行性和技术可行性,为后续的科技成果转化提供坚实的基础和数据支持。平台利用数据分解技术将技术构思转化为数字化数据,并借助大数据模型、虚拟仿真以及数据融合等工具,系统性地分析、验证和完善技术构思的实际应用和商业化潜力,将抽象的科技成果技术内容转化为具体的图像和数据,提高专利的商业价值和转化效率。创意概念验证中心提供创意筛选、专利布局、战略规划验证、产品方案设计、产品组装、标准、检验等一体化共性技术基础服务,将专利转化工作前移,对接高校专利成果,帮助创新主体制定专利转化的时间表和路线图,把经过验证后的高校、科研院所专利引进到企业,有效推进高校知识产权转化。由创之社创意概念验证中心负责人朱丽丽、李丰刚等共同研究并提出《创意概念验证工作规范》企业标准,提供了一个结构化的概念验证框架,旨在指导企业将创新想法转化为可实施项目的过程中,如何进行有效的评估和验证,通过举办研讨会和工作坊,帮助企业在早期阶段就能够识别和解决潜在的问题,从而减少资源浪费,提高创新项目的成功概率。

"创意概念验证平台"助力成果落地

2023年4月21日徐州市首个知识产权运营中心在云龙区正式揭牌运营,致力于打通专利成果转化"最初一公里"。云龙知识产权运营中心结合理论和实践,摸索推动专利成果转化新模式。运营中心依托内部实验室,搭建创意概念验证平台,提出创意概念验证体系,通过创意发现—技术构思—应用设想—规划验证—研发制作—样机验证—产品状态固化验证—商业化验证—用户体验及改进等流程,最终促进实验室基础研究成果通过市场化方式落地。

(2) 陕西

2019年,西安交通大学依托国家技术转移中心建立了我国高校首个概念验证中心。

2022年11月8日,西安电子科技大学出台概念验证基金项目管理方法。

2022年12月9日,西安碑林环大学创新产业带管委会、碑林区科技局、环大学科创集团、西安创新设计研究院联合征集一批概念验证项目,并提供资金支持。

西安交通大学概念验证中心揭牌

2018年4月,西安交通大学依托国家技术转移中心成立全国高校首个概念验证中心。通过国家技术转移中心平台联合政府背景资本发起成立特定领域的微种子概念验证基金,由主任或副主任作为GP合伙人。

四川数字经济产业发展研究院分享了西安交大"硬科技概念验证及中试平台"的探索实践,强调概念验证中心及中试平台是科技成果转化过程中的重要节点,是技术研发到产业化的关键环节。

"西安高新医疗器械概念验证中心"揭牌

2023年6月8日,创业园创业月谈2023年第三期活动陕西省生物医药科技成果转化座谈会暨西安高新区生物医药成果转化合作机构签约仪式于嘉会坊圆满举办,在活动中同时举行了"西安高新医疗器械概念验证中心"揭牌仪式,创业园与西安联创生物医药孵化器同各创新源头、创新服务要素签订"教育科技人才创新联合体""产业转化创新联合体"合作共建协议。

(3) 北京

2018年10月9日,北京市海淀区发布中关村科学城"概念验证支持计划",旨在弥补高校院所等科研机构研发成果与市场化、产业化、成果化之间的空白,助力创新主体跨越科技成果转化"死亡之谷"。

2021年,中国科学院科技创新发展中心与海淀区政府联合发起了"CAS概念验证计划",由智汇中科(北京)科技有限公司承办,运营经费100万元。

2022年6月,北京市科学技术委员会、中关村科技园区管理委员会印发《中关村国家自主创新示范区优化创新创业生态环境支持资金管理办法(试行)》,文件前两项支持内容即围绕概念验证展开。一是支持围绕高精尖产业领域建设第三方概念验证平台,为高等学校、科研机构、医疗卫生机构及企业等提供概念验证服务。二是支持高等学校、科研机构、医疗卫生机构与企业等创新主体联合开展产学研医协同合作,围绕核心技术和高价值科技成果,实施技术开发、产品验证、市场应用研究等概念验证活动。

2022年8月16日,北京市启动2022年概念验证平台建设项目申报工作。

2022年9月26日,北京市科学技术委员会、中关村科技园区管理委员会启动2022年度科技成果概念验证任务承接单位征集工作。

2022年12月9日,北京市科学技术委员会、中关村科技园区管理委员会公示2022年中关村开放实验室成果转化概念验证项目拟支持名单。

北京航空航天大学概念验证中心揭牌

2019年10月,"中关村科学城——北京航空航天大学概念验证中心"挂牌成立,由北京航空航天大学技术转移中心承建。中心聚焦航空航天、电子信息、人工智能、智能制造、新材料等优势学科领域,形成了"概念筛选—评审立项—验证辅导—验收评价"的全流程管理和服务模式。

北航概念验证中心为北京市首个获批的概念验证中心,为推动实验室成果走出实验室实现转化应用,在技术熟化阶段,提供概念验证支持。通过概念验证对原始创新成果进行资源条件匹配、高价值专利培育、应用研究预判、市场定位和商业谋划等全过程创新辅导,助力科研团队跨越科技成果转化"死亡之谷",弥补科技成果转移转化链条最前端验证阶段的缺失。

"医学概念验证与成果转化研讨会暨概念验证项目路演"活动成功举办

2023年5月30日上午,由首都医科大学科技成果转化部主办的"医学概念验证与成果转化研讨会暨概念验证项目路演"活动成功举办,以"医学概念验证与成果转化"为主题,采用专题研讨和项目路演的形式,围绕医学科技成果转化"最初一公里"的国内外经验及当前热点、难点问题,邀请行业专家进行研讨和分享,并进行了8个临床医学创新成果的推介路演。

8个项目参与"概念验证创新大赛"工业软件产业专场路演活动

2023年5月为全力支撑北京建设具有全球影响力的国家创新战略高地,探索科技成果转移转化新模式,打造中国科学院概念验证体系,由北京市科委、中关村管委会支持,中国科学院科技创新发展中心与中国科学院软件研究所、兴业银行股份有限公司联合主办,中国科学院科技创新发展中心概念验证中心和中科智汇工场共同承办的"智汇行动·概念验证创新大赛——中国科学院工业软件产业专场路演活动"圆满落幕。

(4)安徽

2022年11月,合肥市科技局发布《合肥市可转化科技成果评价办法(试行)》,提出"可转化科技成果"概念,依托安徽创新馆服务管理中心、合肥市产投集团下属科创集团等,建立市科技成果概念验证中心,鼓励有条件的高等院校、科研院所、新型研发机构、医疗卫生机构和企业建立概念验证中心,对科技成果进行打分评价。

2022年12月9日,由安徽创新馆、安徽省多肽药物工程实验室主办,安徽省创新药物概念验证中心承办,安徽科技大市场开展了首场科技成果项目概念验证活动。此次概念验证活动主要采用安徽省创新药物概念验证中心的分级评分策略,围绕项目技术成熟度、技术创新性、技术先进性、产业应用价值等方面对降糖抗栓生物制备技术项目等五个省外创新药项目进行概念验证。

2022年11月,合肥市科技局印发《合肥市可转化科技成果评价办法(试行)》,明确提出将依托安徽创新馆服务管理中心、合肥市科创集团等建立合肥市科技成果概念验证中心,鼓励有条件的高等院校、科研院所、新型研发机构、医疗卫生机构和企业建立概念验证中心。2023年3月3日合肥市人民政府办公室印发合肥市促进经济发展若干政策的通知(合政办〔2023〕7号)。通知指出,对中试平台(基地)建设,按实际投资额的30%给予最高500万元补贴;对概念验证中心和中试平台(基地)的运营,按其年度服务性收入的30%给予最高100万元补贴。2023年3月18日,合肥市委委员袁飞对合肥大科学装置集中区建设有限公司、安徽爱意果园投资管理有限公司、合肥中科清云科技有限公司等合肥市首批5家科技成果概念验证中心单位代表进行授牌。

合肥市中科科技成果概念验证中心成立

2023年5月,合肥市中科科技成果概念验证中心获批成立,是国内第一家正式在民政部门登记成功的专业化概念验证机构。中科合肥概念验证中心应用了清华大学技术创新研究中心主任陈劲教授团队开发的"清云科技评价系统",可为高校院所的科技成果转化工作提供批量化、标准化、智能化的分类分级评价,并将其精准匹配给创投机构、技术需求企业、技术经理人/技术经纪人、政府科技招商部门等关注科技成果转化的科技服务人员。

（5）浙江

2022年11月18日，杭州市科技局印发《杭州市概念验证中心建设工作指引（试行）》。

2022年11月30日，杭州市科技创新大会暨科技成果转移转化首选地推进会提出要支持概念验证中心建设，为促进科技成果转化为现实生产力，杭州首批认定的15家概念验证中心正式授牌。

杭师大硅材料概念验证中心揭牌

2023年5月13日，由杭州师范大学国家大学科技园牵头的"硅材料概念验证中心"在"创新驱动 转化未来"科技创新论坛——杭州师范大学115周年庆活动上成立，该中心的成立将为硅材料产业发展注入新动能。

该概念验证中心以杭师大国家大学科技园（杭州师范大学科技成果转化中心）为载体，打造了包含学术界、产业界和投资界领域的顾问专家团队，涉及成果转化、投资服务、项目服务等各方面高端人才。

浙江大学启真创新概念验证中心揭牌

2022年10月，浙大控股集团与浙江大学共同发起成立浙江大学启真创新概念验证中心。中心设立创新概念验证基金，建立"项目筛选、项目投资、项目培育、联合发展"四大机制，在生命健康、新材料、新一代信息技术、高端装备与制造、新能源、智慧海洋等战略性新兴领域，深度链接浙江大学等在杭高校院所从知识创新和技术创新成果到产品创新与市场落地全过程。

（6）广东

2022年4月，广州市发布《广州市促进科技成果转化实施办法》，指出要探索运营新机制，鼓励高等院校、科研机构探索概念验证中心建设模式，根据自身条件成立概念验证中心，对科技成果开展技术可行性、商业可行性研究，减少科技成果转化的风险。

2022年10月11日，深圳市科技创新委员会正式印发了《深圳市概念验证中心建设方案》和《深圳市概念验证中心和中小试基地资助管理办法》，进一步促进科技成果产业化，规范管理概念验证中心和中小试基地的建设和资助，提出将在2023年组建新一批市级概念验证中心和中小试基地，总数量不超过20个，最高资助金额将达到1 000万元。

2022年11月，深圳首家高校创新验证中心——深圳大学创新验证中心启动，通过提供验证资金、配套种子基金、专家咨询服务、创业人才培养、孵化空间等途径，对创新验证项目进行个性化支持。中心的设立有利于挖掘潜在的初期科研成果，弥补高校科研成果和产业化之间的"断裂带",有效提升科技成果转化率。

2022年11月4日,博士后在线与广东省大湾区新能源智能汽车产业技术创新联盟共同成立的广东首个"新能源·智能网联·汽车电子"孵化器、概念验证中心在博士后在线(宝安会展湾)高新培育产业园正式揭牌。

(7) 天津

2022年6月,天津市科技局发布2022年度科技成果概念验证后补助政策,建立科技成果概念验证资金,支持开展概念验证活动。

2022年11月,"科创中国"中科概念验证产学融合会议在天津滨海高新区举行。活动围绕"打造概念验证平台,共建信创生态,共赢能源未来"主题。

(8) 上海

2021年6月,上海市人民政府发布《上海市促进科技成果转移转化行动方案(2021—2023)》,指出要支持专业化机构开展科技评价、概念验证等服务,试点建立科技成果概念验证引导资金,鼓励投资机构、技术转移机构等投资早期科技成果。

2021年8月,上海市科学技术委员会发布《上海市2021年度"科技创新行动计划"科技成果转移转化服务体系建设项目申报指南》,围绕技术转移示范机构培育、企业开放式创新平台建设、科技成果转化概念验证平台试点3个方向进行专项支持。

2022年7月,上海市科学技术委员会发布《上海市2022年度"科技创新行动计划"科技成果转化服务体系建设项目申报指南》,进一步优化政策导向,围绕"科研机构概念验证中心培育"提出更为清晰的建设目标与建设内容。

根据《上海市促进科技成果转移转化行动方案(2021—2023)》,上海市科委自2021年以来连续三年发布科研机构概念验证中心试点项目申报指南,上海理工大学、华东理工大学分别于2021年和2022年获得立项。2023年,上海交通大学"生物医药概念验证中心"、上海交通大学瑞金医院"前沿医学成果转化概念验证中心"、上海市公卫中心"公共卫生与生物安全概念验证中心"分别获得立项建设。

2023年5月,《上海市吸引集聚企业研发机构,推进研发产业化的实施意见》提出,支持产业概念验证中心建设,提供早期科技成果评估、技术可行性评价等公共服务。

2023年9月,上海宝山区科委制定《宝山区概念验证中心管理办法》。

2024年1月,上海市人民政府办公厅印发《上海市大学科技园改革发展行动方案》的通知,提出支持大学科技园建设概念验证中心和中试基地,为高校科技成果从早期挖掘到后期熟化提供专业化支撑。

上海理工大学"医工交叉平台"概念验证中心揭牌

2021年,上海理工大学通过成立"医工交叉平台"开展概念验证中心建设,资金主要来源于多渠道的财政资金,已经向医生征集700余项临床需求,组织医学、工程、市场等领域专家进行项目筛选,近300项列入概念验证清单,已孵化5家医疗器械公司。

华东理工大学概念验证中心揭牌

2022年,华东理工大学概念验证中心基于学校技术转移中心设立,通过校企合作由企业投入资金,将概念验证纳入成果转化服务链条,建设覆盖资金平台、技术服务平台、知识产权平台和商业化顾问团队等的支撑体系,在建子平台如"华东理工——瑞昌国际低碳技术概念验证平台"。

(9)河北

2022年4月2日,河北省科技厅主持召开科技成果转移转化峰会,河北省科技厅一级巡视员郭玉明在致辞中表示,要鼓励企业与高校院所共建早期概念验证机构和中试熟化基地,加快场景应用示范工程建设,完善科技金融"联拨联投"机制,促进科技、金融、产业融合发展,更好发挥科技创新与成果转化对全省高质量发展的战略支撑作用。

2022年5月,河北省科技厅印发《关于推动金融服务科技创新发展的工作方案》,探索建立早期研发项目概念验证种子基金。依托省内外知名高校院所,建设概念验证中心,探索设立河北省概念验证种子基金,筛选支持一批具有引领性、颠覆性、高商业价值潜力的早期原发创意项目,给予一定的资金支持,对概念验证种子基金支持的项目,项目成熟后,定向推送给天使投资引导子基金,将概念验证种子基金的股权以市场化的方式,转让给天使投资引导子基金,形成科研项目全链条闭环支持。

2022年12月7日,河北省科技厅印发《关于服务科研人员激发创新活力的若干措施》,提出积极开展概念验证项目服务、推动科技资源开放共享。

(10)山东

2022年9月,淄博高新区齐鲁新材料中试基地的淄博产业技术研究院概念验证中心正式投入使用。

2022年11月16日,山东省内首家政府主导的技术转移概念验证平台,由聊城大学、聊城高新区管委会、山东省技术转移中心等单位联合共建的聊城概念验证中心在聊城大学科技园落地运行。

2023年3月,济南市委办公厅、市政府办公厅发布的《关于印发<济南市科技成果转化"倍增计划"行动方案(2023—2025年)>的通知》提出:支持高校院所建设概念验证中心。2023年5月16日济南市科技局起草了《济南市科技成果分类评价工作指引》

《济南市概念验证中心建设工作指引》《济南市科技成果中试示范基地建设工作指引》，2023年济南市已认定济南市概念验证中心3家，预计到2025年，将布局建设10家以上概念验证中心。

山东首个计算医学概念验证中心揭牌

2023年4月21日下午，国际计算医学人才技术资本峰会上，由山东产业技术研究院（青岛）牵头的山东省首个计算医学概念验证中心揭牌成立。中心基于医疗器械注册人制度，首创"医疗器械＋CRO＋CDO＋CMO"四位一体服务模式，将打造全球领先的医疗器械科技创新转化平台，提供全产业链的医工转化和数字化产业解决方案。下一步，中心将采用产业资源共享模式，为各类复杂创新型产品提供从前期市场调研、产品概念生成、产品设计开发，到原型机生产和测试的一站式服务，为国内外高端医疗器械的创新转化、规模生产、海外引进提供强有力的平台支撑。

(11) 成都

2023年7月，成都市科学技术局向各有关单位印发《成都市概念验证中心和中试平台资助管理办法（试行）》。围绕产品试制、产学研联合攻关等小试、中试需求，解决工业化、商品化关键技术问题而进行的试验或试生产，为规模化生产提供成熟、适用、成套技术而开展中间试验的科研开发实体。主要功能包括：面向社会提供概念产品试制、质量性能检测、二次开发实验、产品工艺验证、制程工艺改进、工艺放大熟化、小批量试生产、技术咨询等中试服务。

成都生产力促进中心相关部门对成都市加快建设概念验证中心、中试平台相关政策进行了宣讲。2023年7月，成都印发《成都市进一步有力有效推动科技成果转化的若干政策措施》，制定"建设科技成果转化中试平台"措施，明确将支持链主企业等建设一批面向社会开放的概念验证、中试熟化、小批量试生产等中试平台。

成都发布《成都市概念验证中心和中试平台资助管理办法（试行）》

2023年5月成都市科学技术局发布《成都市概念验证中心和中试平台资助管理办法（试行）》，对备案的概念验证中心，择优给予建设主体30万元后补助。自概念验证中心获备案次年度起，择优按概念验证中心年度服务性收入的30%给予运行补贴，连续3年累计给予概念验证中心运营主体最高100万元补贴。对获成都市备案的中试平台，择优给予建设主体50万元后补助。对聚焦成都市重点产业创新需求，已获得所在区（市）县在资金、土地、场地等方面支持并重点推荐，面向社会开放共享、辐射带动强、示范效应好的重大中试平台，按其自申报通知发布之日起前两年内购置中试设备费用的30%，给予建设主体最高3000万元后补助。

(12) 湖南

2023年02月27日,湖南湘江新区管理委员会印发《关于湖南湘江新区(长沙高新区)支持高质量科技成果就地转化的若干政策》的通知。结合新区产业特色,共建政府主导型的资源共享、协同创新的科技成果转化平台,经专家评审论证由新区批复同意,按照"一事一议"政策给予支持。

(13) 甘肃

甘肃首家概念验证中心揭牌

2022年9月,甘肃首家概念验证中心在甘肃融创立方文化产业有限公司(甘肃融创立方产业加速器)正式揭牌。中心围绕甘肃省区域经济社会发展需求,在生态环保、能源化工、中医药等众多产业领域遴选杰出项目进入优选储备区域,根据项目情况采取不同的方式进行合作与实践推广,共同促进高校科技成果转化。

1.1.4 概念验证的目的

概念验证的目的主要是评估新产品或新业务概念的可行性、商业可行性和市场需求。概念验证是一个早期的验证阶段,在产品或业务开发的早期阶段,可以帮助团队确认产品或业务概念是否值得进一步开发和投资,以及是否需要进行调整和修改,以最大限度地减少失败风险,并且为产品或业务的成功打下坚实的基础。具体总结如下:

(1) 确认产品或业务概念的可行性:概念验证的目的是确认产品或业务概念是否可行,并且是否符合市场需求和用户需求。通过对概念进行验证,可以确定产品或业务概念是否值得进一步开发和投资,以及是否需要进行调整和修改。

(2) 评估产品或业务的核心价值:概念验证的过程可以帮助团队更好地了解产品或业务的核心价值,并且确定如何以最有效的方式满足用户的需求。这可以帮助团队在产品或业务开发的早期阶段确定正确的方向和重点。

(3) 分析竞争对手和市场需求:概念验证的过程可以帮助团队了解竞争对手和市场需求的情况,从而更好地了解市场环境和用户需求,并且根据市场情况调整产品或业务的概念和策略。

(4) 提供成果转化和商业化验证的支持:概念验证是成果转化的早期介入,提供成果配置、资金支持、商业模式设计等一系列支持措施,以帮助团队将概念转化为商业化产品或业务。

1.2 创意概念验证

1.2.1 创意概念验证的含义、目的和优势

1. 创意概念验证的含义

创意概念验证是为了验证一个新创意或新想法的可行性和实现可能性,以及其是否符合市场需求和用户需求的一个过程。开展创意概念验证不仅可以帮助团队更好地了解潜在市场和商业机会,也可以帮助团队降低开发成本和风险,避免在产品或业务推出后才发现问题,从而减少企业的损失。

2. 创意概念验证的目的

创意概念验证是通过一系列评估和论证来分析创意的商业潜力,以支持创意者将其创意成功转化为商业产品。其研究目的主要是更好地评估一个创意的商业潜力和可行性,以及确定最佳的商业化策略。具体体现在:① 通过创意概念验证的过程,促进创新者与产业界的互动和合作;② 为有潜力的研究项目提供商业化的资金支持,帮助其评估市场前景并制定可行的商业计划;③ 支持教育,培养学生和研究人员拥有企业家精神和能力;④ 组织专门活动,展示技术并促进企业家之间的思想交流和形成新的合作关系。

3. 创意概念验证的优势

创意概念验证将目光和支持环节前移,服务于科研人员将创意转化为具体技术原型或可初步彰显其商业价值的技术雏形,从源头上杜绝科技和经济"两张皮"现象,有效提高科技成果转化为商业价值的成功率。其具有以下优势:① 可以有效地降低科技成果转化的风险,填补早期资金缺口,通过提供种子资金和风险控制等方面的支持,进而加速高校和市场创新的商业化。② 可以提高创意的成果转化率。创意概念验证能够支持和评估科研人员的创意,以判断其是否具有技术可行性和商业潜力,并帮助他们进行必要的修改。有了创意概念验证的支持,科研人员可以更快地将其创意转化为可行的技术原型,为后续的商业化提供有力的技术支撑。

1.2.2 创意概念验证的内容

创意概念验证的内容不仅包括对技术构思、实际应用设想、技术可行性、专利可行性、商业可行性等方面的评估和论证,还包括对产品系统化验证、产品商业化验证、产品用户体验验证和改进等方面的评估,以确保产品具有高效和可靠的表现。创意概念验

证的具体内容见表 1-1,创意概念验证技术思路如图 1-1 所示。总的来说,创意概念验证的目的是通过一系列评估和论证来分析创意的商业潜力,以支持创意者将其创意成功转化为商业产品。

表 1-1 创意概念验证的内容

项目名称	内容
创意发现	探索并开发创意发现的方法,使创意得以更有效的产生
技术构思筛选	筛选具有技术潜力的构思,以便进行更深入的研究
形成实际应用设想	形成实际应用设想,验证其可行性,并确定技术路线
战略规划验证	包括技术可行性验证、专利可行性验证和商业可行性验证
产品系统化验证	对产品进行系统化验证,以确保其可靠性
产品商业化验证	对产品进行商业化验证,以确保其具有竞争力
产品用户体验验证和改进	评估产品的用户体验,以确保其合理性,同时不断改进产品,使其符合市场需求和用户期望

1. 创意发现

本书所指的"创意发现"不是无目的性的艺术创造活动,而是针对特定需求,利用各种方法或者技法寻求问题解决方案的过程。它可以是针对尚未得到满足的需求,提出创造性的解决方案;也可以是针对已有解决方案的需求,提出比现有方案在性能、价格、美感、便利或舒适性等方面具有明显优势的新颖性解决方案。

2. 技术构思筛选

针对发现的技术热点和技术空白点,形成解决问题的相应技术构思,并对技术构思形成的整个过程,进行原理检查和价值分析,并筛选出最具有价值的技术构思,即创意。

3. 形成实际应用设想

形成实际应用设想是指通过筛选分析最具价值的技术构思,明确构成该技术构思的技术基本要素以及构成特性,并分析该技术构思可实现的主要功能,形成的产品形态、形成产品的预期应用环境、预期市场机会和收益,最终形成应用设想报告。

4. 战略规划验证

战略规划验证是由高层管理人员组织统筹推进的一个重要验证过程,旨在评估和验证应用设想的可行性和价值。该过程涉及多个方面,包括法律价值、市场价值、技术价值以及社会与文化价值。通过从多个角度进行分析,战略规划验证旨在确定并评估

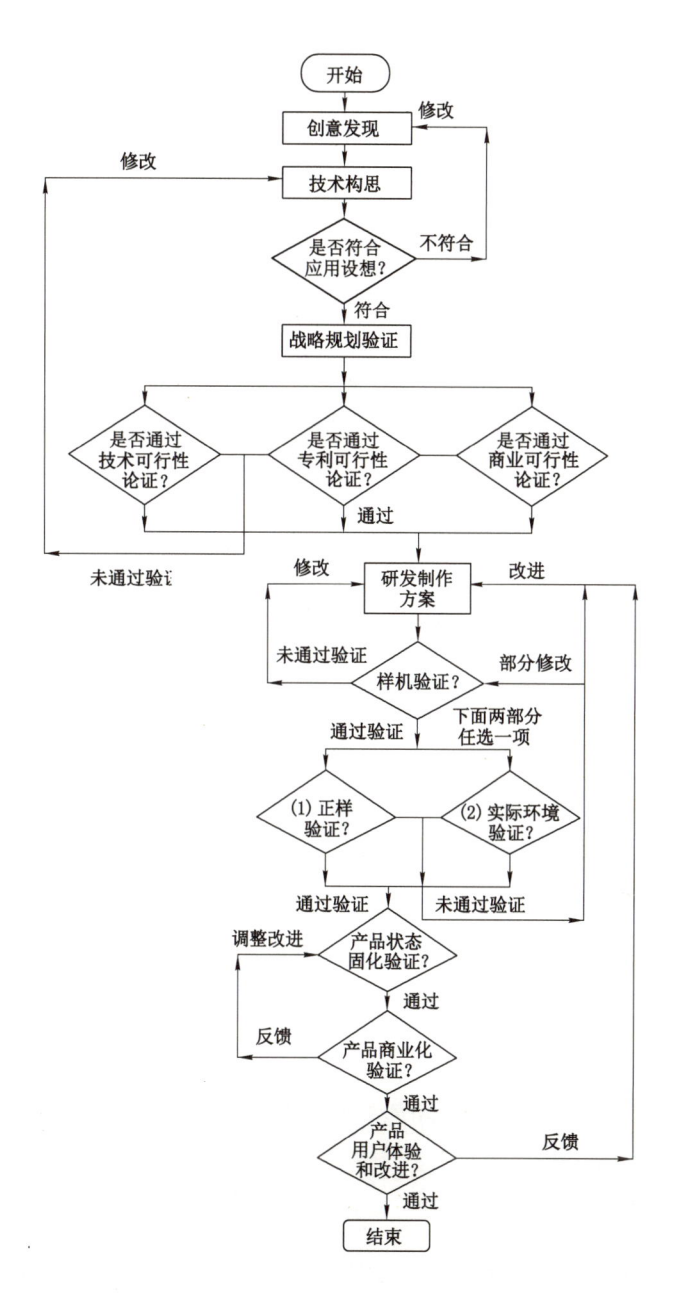

图 1-1　创意概念验证技术思路

应用设想的潜在价值及其技术可行性、专利可行性和商业可行性。

首先,法律价值方面,战略规划验证将考虑应用设想是否符合相关法律法规和知识产权要求。这包括对产品或服务是否涉及专利、版权、商标等方面的法律保护的评估,以确保产品或服务的合法性和可行性。

其次,市场价值方面,战略规划验证将研究目标市场的需求和竞争情况。这包括市场规模、增长趋势、目标客户群体以及潜在市场份额等的分析,以确定应用设想是否具有市场潜力和商业机会。

在技术价值方面,战略规划验证将评估应用设想的技术可行性和可靠性。这涉及对所需技术、资源和能力的分析,以确定是否具备实现应用设想的技术基础和可行性。

最后,社会与文化价值方面,战略规划验证将考虑应用设想对社会和文化的影响。这包括对社会接受度、道德伦理、环境影响等因素的评估,以确保应用设想符合社会和文化的价值观和期望。

通过战略规划验证,高层管理人员能够全面评估应用设想的可行性和价值,并基于此制定进一步的规划验证计划。这将为后续的产品系统化验证提供指导,确保产品能够在市场中成功推出并取得商业上的成功。

5. 产品系统化验证

产品系统化验证是指对应用设想的关键功能和部件,以及形成的产品样机、产品正样和定型产品等,对照相应领域产品标准、功能、性能、质量等,依次在模拟环境和真实使用环境中进行试验验证,并形成过程文件。

6. 产品商业化验证

产品商业化验证是指对产品的商业可行性和市场需求进行验证,以确定产品是否具备商业化的前景和可持续发展的可能性。

7. 产品用户体验验证和改进

产品用户体验验证和改进是指对已投放市场的产品进行市场调研,对消费者的使用体验进行评估和分析,以提高产品的竞争力和满意度。具体步骤如下:① 对生产的产品进行市场投放;② 经市场调研,形成消费者满意度调查;③ 根据消费者需求和投入产出核算,优化产品设计,促进产品功能升级迭代,进而提升产品体验。

1.2.3 概念验证和创意概念验证

从本质上来说,创意概念验证和概念验证既具有相同之处,也存在区别。相同之处在于:创意概念验证和概念验证都是为了验证一个新想法或新产品的可行性和市场需求,均为重要的验证过程,可以帮助团队降低开发成本和风险,提高产品或业务的成功率。区别在于:① 创意概念验证主要针对的是新想法或新创意的验证,而概念验证通常是在已经有一个基本的产品或业务概念的情况下,进一步确定其可行性和市场需求。② 创意概念验证的目的是确定一个新想法或新创意的可行性和实现可能性,验证其是否符合市场需求和用户需求。而概念验证的目的则是评估一个基本产品或业务概念的商业可行性,以及其是否符合市场需求和用户需求。③ 创意概念验证通常需要更多的探索和实验性质的研究方法,如用户访谈、问卷调查等;而概念验证则更多地涉及市场和竞争对手的研究,如市场调查、竞争分析等。④ 创意概念验证是一个较早的验证阶段,用于确定一个新想法或新创意是否值得进一步投资和开发。而概念验证则通常是在产品或业务开发的中后期,用于进一步评估和改进现有的产品或业务概念。

第 2 章　创 意 发 现

2.1　创意

　　学术界普遍认为，创意是在思维上的重大突破，是知识不断积累的结果，也是多种思维融合碰撞的结果。创意有很多种，如产品创意、方法创意、服务创意、营销创意和文化创意等，本书中所说的创意是指能够形成受专利保护的产品或方法的技术性创意。创意的集合体称为创意概念，它为产品的发展提供了一个整体的、长期的、有指导意义的创意方向，或者在产品的某个发展阶段对创意表达形成明确的界定。创意概念为创意的延展和发散提供了参照基础与衡量标准，并可形成许多相关的创意。

　　创意和创意概念是相互关联的，创意概念是创意的重要基础，创意是创意概念的具体体现。创意概念为创意的发展提供了方向，创意为创意概念的表现提供了实践。只有通过对创意概念的明确以及对创意的不断探索和实现，才能使创意得到充分的发展。

2.2　创意发现概述

2.2.1　创意发现的含义

　　创意发现是通过以创意概念为导向的方式，去探索和识别项目中最有价值的点，以形成一个优质创意集合的过程。在这个过程中，以创意概念为核心确定了项目的基础和边界，从而确保了整个项目的可行性和成功性。创意发现不仅仅是单纯的创意生成，更是以创意概念为基础，将项目的需求和可行性结合在一起，生成具有合理性和可行性的创意的过程。创意发现的重要性在于它能够为创意概念验证提供有价值的目标，并

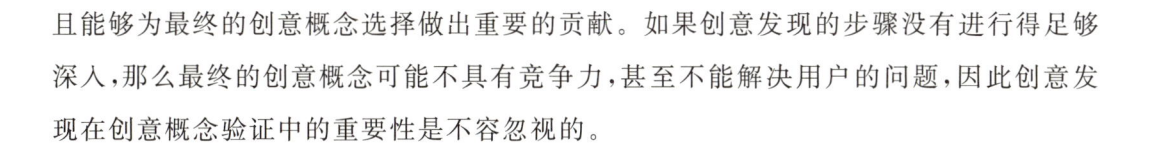

且能够为最终的创意概念选择做出重要的贡献。如果创意发现的步骤没有进行得足够深入,那么最终的创意概念可能不具有竞争力,甚至不能解决用户的问题,因此创意发现在创意概念验证中的重要性是不容忽视的。

2.2.2 创意发现的步骤

创意发现的具体步骤如下:① 识别问题,对现有状况进行深入分析,以找出需要解决的问题;② 寻求灵感,通过参考相关文献、学习行业内的先进经验,与专家学者进行沟通等方式,寻找有价值的灵感;③ 构想方案,通过个人思考和团队合作,形成多种创意的方案。

1. 识别问题

一般可以通过观察、问卷调查,与用户的沟通等方式来深入了解用户需求和问题,通常使用的方法为"5W2H"分析法。"5W2H"分析法是一种问题识别与分析方法,其中"5W"代表"What"、"Why"、"Where"、"Who"和"When",而"2H"代表"How"和"How much"。该方法通过回答7个问题,识别并分析问题的原因,并且为解决问题制定计划提供有力的支持。7个问题具体如下:① What(什么):问题是什么;② Why(为什么):为什么会发生问题;③ Where(哪里):在哪里发生问题;④ Who(谁):是谁导致了问题;⑤ When(何时):什么时候发生了问题;⑥ How(如何):如何解决问题;⑦ How much(多少):解决问题的成本是多少。通过回答以上7个问题,可以把问题分解成多个具体的细节,从而更清晰地识别问题,并制定合理的解决方案。

2. 寻求灵感

一个好的想法可能来自一个突然的灵感,即一个转瞬即逝的想法。当一个想法没有明确的应用要求时,也可以从自己的爱好和兴趣出发寻求灵感。以爱好为基础,形成思维材料,通过有意识的联想,可以提炼出想法。头脑风暴是应用最广泛的科学方法,可以用于收集和集体思考创新思想。它允许参与者从不同角度吸收不同的观点和信息,从而丰富自己的思维方法和想法的可扩展性。在很多情况下,热爱思考的人可以在意想不到的时刻或地点激发一些异想天开的灵感,但大多数人没有记录的习惯,因此很容易会忘记。

为了促进设计创新,苹果公司每周都会在设计团队中举行两种类型的会议——右脑创意会议和左脑产品会议。右脑负责创造性功能,代表情感;左脑负责逻辑推理,代表理性。举行这两种类型的会议是通过苹果公司深思熟虑的努力来实现的。在创意会议上,苹果公司鼓励集思广益和自由思考,没有任何限制。在产品会议上,设计师和工程师需要分解他们的想法,思考如何将他们最疯狂的想法变为现实。在产品开发过程中,这两种类型的会议像平衡的双方一样摇摆不定,直到达到平衡。苹果公司也遵循"10-3-1"的原则。这意味着,设计师需要提出 10 个完全不同的解决方案,然后在一段时间后将这些解决方案减少到 3 个,最终在几个月后完善最强的解决方案。正如史蒂夫·乔布斯(Steve Jobs)曾经说过的那样,"我对我们放弃做的,和我们最后选择做的,感到同样骄傲。"

3. 构想方案

构想方案的具体步骤如下:

(1) 确定问题:确定需要解决的具体问题,可以通过使用"5W2H"分析法进行评估;

(2) 收集信息:收集关于问题和用户需求的信息,这可以通过市场调查、问卷调查、专家评估等方法完成;

(3) 生成点子:利用收集的信息生成点子,激发创意,这可以通过使用头脑风暴、团队合作等技巧完成;

(4) 整理想法:整理生成的想法,并选择最有可能解决问题的想法;

(5) 评估想法:评估选定的想法,检查其可行性、现实性以及用户需求等因素;

(6) 完善想法:通过评估想法,如果有必要,可以对想法进行完善,以使其能够较好地解决问题;

(7) 将想法付诸实践:将想法付诸实践,形成创意发现汇总表。

2.3 创意发现应用

2.3.1 创意发现应用的重要性

创意发现是一种强有力的工具,它可以应用于各种领域,如商业、设计、科学研究等,帮助解决该领域内复杂和长期存在的问题,并提高创造力水平。因此,了解创意发现的应用以及创意发现思维的方法,是提高我们创造力的有效途径。

在商业领域,创意发现可以通过探索新的市场机会和用户需求,帮助公司提出具有竞争力的产品或者服务。例如,创意发现可以通过对用户需求、竞争对手产品、现有技术、未被利用的专利等进行研究,从而提出新的产品功能和创新性的设计,增加用户满意度,提高市场占有率,帮助公司在竞争激烈的市场中获得竞争优势,进而实现商业目标。苹果公司在推出 iPhone 之前,对市场需求进行了广泛的研究,他们认识到人们不仅需要一部电话,还需要一台能实现上网、看电子邮件、拍照片和播放音乐等功能的便携式设备。苹果公司通过创意发现的方法,成功地将这些功能整合到一款产品中,推出了 iPhone,并在市场上获得了极大的成功,成为现代手机行业的领导者之一。苹果公司的成功案例证明了创意发现在商业领域中的重要性,即通过创新的解决方案,创造出有竞争力的产品,从而帮助企业取得商业成功。

在设计领域,创意发现可以应用于产品设计、平面设计、工业设计等领域。它可以帮助设计师突破传统的思维框架,提出新的设计理念,从而使产品具有独特的外观和高效的功能。例如,一种新的手机外壳设计,采用了全新的材料和结构,不仅具有更好的耐久性,还具有更高的质感。创意发现在工业设计领域的典型应用案例是飞利浦的"自然视图"电视。该电视使用了一种全新的设计理念,其屏幕采用了弧形设计,旨在提供更真实、更舒适的观看体验。这种设计理念突破了传统电视的设计框架,以独特的方式展示了"自然的景象",并为消费者带来了全新的观看体验。这种创意发现不仅在设计领域获得了广泛赞誉,还帮助飞利浦公司在市场上取得了成功。

在科学研究领域,通过创意发现,研究人员可以提出新的研究方法和理论,推动科学的进展。例如,科学家可以通过创意发现的方法提出新的假说,并通过实验验证该假说的正确性;他们也可以利用创意发现的思路解决复杂的科学问题,如开发新的疗法、新的环保技术等。创意发现也可以帮助研究人员对既有问题和技术进行深入探索,探索新的可能性。具体地说,科学家可以通过创意发现的思维方法,结合现有的知识和资源,提出新的研究方法和理论,开拓新的研究领域。此外,创意发现也可以帮助研究人员发现研究过程中的潜在的问题,并对这些问题进行研究,从而获得新的科学发现。总之,创意发现在科学研究领域的应用不仅有助于提高研究人员的创造力,也为科学的发展贡献了重要力量。在科学研究领域,一个典型的创意发现是基因组学领域的 CRISPR-Cas9 技术的案例。CRISPR-Cas9 技术是一种新型的基因编辑技术,能够精准地修改 DNA 序列,从而用于治疗基因相关疾病。该技术的发现得益于科学家对大肠杆菌免疫系统的研究,他们发现 CRISPR-Cas9 系统可以切割 DNA,进而发展成一种新的基因编辑工具。这一发现为基因组学领域带来了重大的革命性变化,不仅可以帮助人类解决一系列基因相关疾病,还可以用于改良农业和生态系统。该技术的发现不仅有助于提高研究人员的创造力,也为科学的发展做出了重要贡献。

此外,创意发现对于问题解决具有重要意义,因为它提供了一种不同的思考方式和解决问题的方法。通过对问题进行更深入和全面的分析,创意发现可以帮助人们找到问题的根本原因,并提出创新的解决方案。例如,在医疗领域,创意发现可以帮助医生和研究人员找到新的治疗方法与药物,从而改善疾病的治疗效果。在环境保护领域,创意发现可以帮助人们找到更加可持续和环保的生产方式,从而减少对环境的影响。另外,创意发现还可以通过提供多样性和创新的解决方案,促进创造力的发展。创意发现鼓励人们从不同的角度思考问题,并通过结合不同的思路和知识,找到新的创新解决方案。这种方法可以帮助人们发掘他们的创造潜力,提高他们的创造力水平。通过不断地挑战自己,人们可以持续提高他们的创造力,实现更高的目标。

2.3.2 创意发现与背景技术撰写

在创意发现阶段,根据项目需求设定的目标,对项目所处的行业发展情况、竞争环境和市场情况等进行充分分析,明确创新方向或重点解决问题,明确主要竞争对手或竞争机会。同时,依据以上因素与主要竞争对手的匹配程度制定出可行性方案设计。在撰写背景技术阶段时,需要对所提交的资料进行筛选、整理、分析和论证,以选择最优和最佳方案,并将其提交到决策阶段。具体撰写要求如下:

(1) 背景技术报告应包括项目背景、项目目标、实施方案、主要创新方向、解决问题和技术方案等。

(2) 背景技术报告应符合国家相关法律法规,与国家政策及有关部门文件保持一致。

(3) 背景技术报告的文字说明内容,一般不超过1 500字。

(4) 撰写报告时,应保证所采用的信息来源合法有效。同时,所采用的资料、数据和方法等与原信息有较大出入的,应当进行说明。

(5) 所采用的资料和数据应准确可靠。撰写报告时,应注意引用有关部门发布的统计资料或其他权威数据。对于不同类型数据来源间的引用,要充分考虑其相关性与可靠性,以确保所引数据的可靠性。

(6) 所选择信息和资料,还应注意其真实性和准确性,并要保证其与原始信息相一致。这是对项目进行创新的基础,也是确保项目能够实施的关键。

对于一个项目来说,前期创意发现阶段需要做多少个创意来完成?这就需要根据每个人的工作性质、业务性质等不同而定。通常来说,前期创意发现阶段可能不需要进行多个项目的调研、分析与撰写。

如果涉及专业性较强的行业和业务相关领域,则需要从企业所处行业和发展阶段、专业领域内技术现状等方面进行多学科的深度调研与分析。而如果是跨界或涉及多个领域且相关研究机构不在同一地区,则可以先从该地区或该机构已有数据信息入手进行搜集分析,并在此基础上结合项目开展前期所面临的问题和挑战,针对问题和挑战对本地区或本机构内现有技术进行深入分析。

通常来说,每一项创意都需要包括三个部分:一是项目背景技术分析;二是项目目标/任务/问题研究分析;三是项目相关的关键核心技术或关键指标的收集。

在各个领域中,创意发现都扮演着不可或缺的角色。然而,仅仅了解创意发现的应用并不足以创造出令人惊艳的创意。要真正做到这一点,必须深入了解创意发现的思维方法。创意发现的思维方法涉及如何从一个新的角度来看待问题、如何引导我们的想象力,以及如何在繁忙的日常工作中找到时间进行创造性思考。因此,理解创意发现的思维方法对于在任何领域实现成功的创意发现都至关重要。

2.4 创意发现思维

2.4.1 创意发现思维的含义

创意发现思维是一种主动进行创造性思考以期能够产出具有积极意义的创意的思维活动。它不是简单地观察和理解现有信息的过程,而是通过创造性地组合和变换信息,找到新的思路和解决问题的方法。这种思维活动不仅要求人们具有高度的创造性、想象力和思维能力,而且需要有勇气和冒险精神去尝试新的想法和方法,是一种具有开创意义的思维活动。创意发现思维是以感知、记忆、思考、联想、理解等能力为基础,以综合性、探索性和求新性为特征的高级心理活动,需要人们付出艰苦的脑力劳动。创意发现思维不仅能揭示客观事物的本质及其内在联系,而且能在此基础上产生新颖、独特、具有重大社会价值的思维成果。

创意发现思维的重要意义在于,它可以产生新颖、独特、具有重大社会价值的思维成果,推动人类社会的发展和进步。通过创意发现思维,人们能够探索新的可能性,创造新的价值,解决既有问题,从而开辟新的前景。此外,创意发现思维也能够帮助人们实现自我价值的提升,促进个人的成长和发展。一项创意发现思维成果往往要经过长期的探索、刻苦的钻研甚至多次挫折方能取得,而创意发现思维能力也要经过长期的知识积累、素质磨砺才能具备。通过长期的学习和实践,人们可以逐步掌握创意发现思维的技能和方法,提升自身的综合素质和竞争力,实现更高的自我价值和更广泛的人生发展空间。因此,创意发现思维不仅是一种重要的社会力量,也是人们自我发展的重要动力,对于个体和社会的发展都具有重要的意义。

2.4.2 创意发现思维的步骤

创意发现思维是一个非线性、循环和动态的过程,需要大量的创造性思维和灵活性,以便发现新的解决方案和机会。创意发现思维的过程,离不开繁多的推理、想象、联想、直觉等思维活动。创意发现思维的过程可以概括为以下几个步骤:

(1) 问题发现:在创意发现思维的过程中,人们首先需要识别问题或挑战,从而确定需要解决的任务或目标。

(2) 信息收集:在确定问题后,人们需要积极收集相关信息,通过阅读、观察、调查等方式,了解已有的解决方案、知识和经验,以及相关的限制和约束条件。

(3) 信息处理:在收集到信息后,人们需要对信息进行分析、分类、比较和重组,以便形成概念和模型,同时也要学会用不同的角度、角色和思维方式来思考问题。

(4) 创意生成:通过对信息的处理和思考,人们可以产生创意。这些创意可以是全新的、独特的、有价值的,也可以是旧有概念的重新组合和改进。

(5) 创意评估:在产生创意后,人们需要评估它们的可行性、有效性、适用性和可接受性,并筛选出最适合当前应用场景的创意,以便进一步开发和实现。

(6) 创意实现:人们需要将创意付诸实践,并不断修改和完善它们,以便最终得到一个满意的问题解决方案。

2.4.3 创意发现思维的特征

1. 能动性

能动性主要表现在主动联想推理、构思假设以及控制大脑三个方面。主动联想推理,即在遇到问题时,不需要外力驱动,以自身从以前的活动中积累的知识和经验为基础,通过一系列的逻辑推理过程,最终演绎出新的解决问题的方案,取得新的创意成果。构思假设,即预设方向,形成导向性的思维上限,通过假设减少自身创意发现活动的盲目性,避免其漫无目的地发散和扩张,好的假设能够指导人们集中精力沿着正确的方向进行创意发现活动。控制大脑,创意虽然由大脑产生,然而创意发现思维在大脑中的地位却不是消极的、被动的,而是处于积极的、主动的控制地位。研究发现,人在进行创意发现活动时,大脑的神经细胞会出现"聚会"的神奇现象。众所周知,大脑中存在着上百亿数量的神经细胞,细胞之间有着明确的组织和严密的分工,使得它们之间的联系活动井然有序。单纯的几个细胞或者功能区无法支撑大脑进行复杂问题的思考,需要依靠大脑皮层上的众多相互关联的细胞和功能区同时活动,数量庞大的神经细胞聚集在一

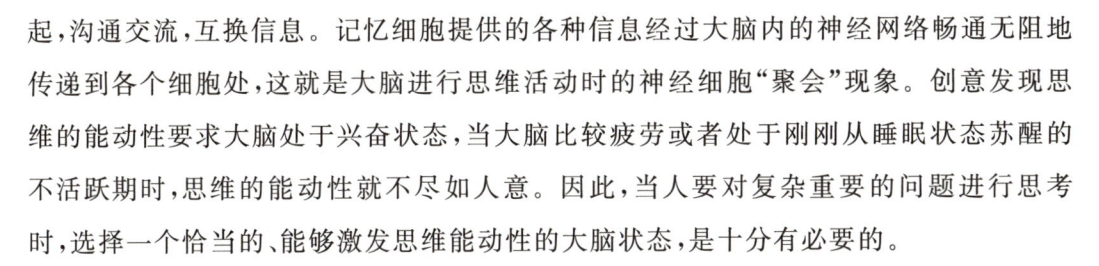

起,沟通交流,互换信息。记忆细胞提供的各种信息经过大脑内的神经网络畅通无阻地传递到各个细胞处,这就是大脑进行思维活动时的神经细胞"聚会"现象。创意发现思维的能动性要求大脑处于兴奋状态,当大脑比较疲劳或者处于刚刚从睡眠状态苏醒的不活跃期时,思维的能动性就不尽如人意。因此,当人要对复杂重要的问题进行思考时,选择一个恰当的、能够激发思维能动性的大脑状态,是十分有必要的。

2. 变通性

变通,即灵活,是创意发现思维的重要特征之一。创意发现思维的变通性是指,在寻找问题答案的过程中,具有较强的转换思维方向和创造性思考的能力。具体是指,具有较强变通性的人能够从不同的角度看待问题,迅速切换视角并找到新的思路和解决方案。他们不会受到惯性思维的束缚,也不会局限于过去的经验和已有的解决方案。相反,他们能够灵活运用自己的知识、技能和经验,将这些元素整合起来,创造出全新的想法和解决方案。

例如,有一个人想要设计一种更加舒适的椅子,但是他已经尝试了各种传统的椅子设计,却一直没有找到满意的解决方案。这时,具有较强变通性的人可能会放弃对传统椅子设计的思考,转而去寻找其他具有舒适性的物品或者设备,如床垫、沙发、汽车座椅等,来寻找灵感。他们可能会发现某些物品或者设备具有非常出色的舒适性设计,然后借鉴这些设计思路,将其应用到椅子的设计中,创造出一种全新的、更加舒适的椅子。这说明,在遇到复杂问题时,具有变通性的创意发现思维使人们能够快速地将一个看似无法解决的问题转化为具有解决可能性的问题。因为具有较强变通性的人能够快速地从一个角度转换到另一个角度,又或者是快速地放弃一个假设,转而构思另一个假设,通过尝试不同的方法和思考方式来解决问题,从而更有可能发现新颖、独特的问题解决方案。

总之,创意发现思维的变通性特征是非常重要的,它能够帮助人们更好地适应复杂多变的现实环境,从而取得更加出色的成果,同时也有助于提高个人的创造力和思维能力。

3. 独特性

独特性是指进行创意发现思维活动时,思维开展的角度和思路与众不同,通过思维活动产生的成果是新颖的、独到的、有积极意义的。创意发现思维的独特性主要表现在以下几个方面:① 突破常规:具体体现在其能够突破常规的思维方式,发现全新的思维路径和解决问题的方法。这种能力通常需要具备一定的创造力和创新性,能够在现有思维模式的基础上进行创新性的延伸和拓展。② 有远见:具体体现在其具备远见和预见未来的能力。这种能力需要具备对问题和现象的深刻理解与分析,能够从中发现问题的内在规律和趋势,并提前预判未来的趋势和方向,并为未来的发展提供创新性的解决方案。③ 不拘一格:具体体现在其不拘一格的思维风格。这种思维风格通常是基于广泛的知识背景和经验积累,能够将不同领域的知识和思维方法进行跨界融合,产生出独特的思维成果。④ 勇于冒险:具体体现在其需要具备勇于冒险和尝试的勇气。创新和创意往往需要冒一定的风险,可能需要付出失败的代价,但具备独特性的思维者通常能够在风险和收益之间把握好平衡点,找到最适合的方式来实现目标。

例如,在设计一个新型飞行器的过程中,传统思维方式可能会仅仅考虑如何优化已有的设计,而创意发现思维则会寻找创新的思路和方法。一个具有创意发现思维的设计师可能会尝试将自然界的一些动物或植物的特点运用到飞行器设计中,如蝙蝠的翼膜、鸟儿的骨骼结构等。这种从不同角度思考,从不同领域获取灵感的思维方式,正是创意发现思维的独特性特点所体现出来的。通过这样的创新思路和方法设计出来的飞行器,不仅具备更好的性能,还可能带来更多的创新应用价值,推动航空科技的发展和进步。

4. 敏感性

敏感性是指,当面对一定的情境或者问题时,能够快速地反应和产生新的想法或者解决方案,能够敏锐地察觉到事物背后的潜在问题和机会,从而具备快速的决策能力和抓住机遇的能力。此外,敏感性还要求人们对自己所产生的创意和想法进行客观评价,有意识地挑选和筛选出最有潜力的创意,以便进一步加以发展和推广。具有敏感性特点的人往往对事物的变化和新奇性非常敏锐,能够及时地察觉到事物的变化和发展趋势,而且能够在瞬息万变的情境中快速做出反应。同时,他们还能够以创新的眼光看待问题,能够发现他人所忽视的问题和机会,进而提出独特的解决方案和建议。因此,敏感性是创意发现思维中非常重要的一个特征,能够帮助人们更好地应对变化和挑战,以及抓住机遇,从而取得成功。

当代,汽车行业是一个充满竞争的领域,汽车制造商需要不断地进行技术创新来满足消费者需求和市场变化。在这个行业中,具有创意发现思维敏感性的公司可以更快地捕捉到市场上的变化和机会,从而在市场上取得竞争优势。丰田汽车公司是一个具有创意发现思维敏感性的企业,公司在设计和制造汽车方面不断地进行创新。例如,公司在2000年推出了第一款混合动力车型Prius,这在当时是一个非常新颖的想法。随着环保意识的增强和对燃油效率的要求不断提高,Prius迅速赢得了市场份额,并成为混合动力汽车领域的领导者之一。这是因为,丰田汽车公司的创意发现思维敏感性使其能够在市场需求变化之前就进行了技术创新。

5. 从量变到质变

量变是指事物发展过程中数量的变化,质变是指事物发展到一定阶段之后发生的根本性转变。创意发现思维的从量变到质变是指创意的产生是在大量知识和经验积累的基础上逐渐积累和融合,达到一定程度后经过不可见的加工和酝酿,最终在某个瞬间以突破性的方式表现出来,从而实现质的飞跃。这个过程不是一蹴而就的,而是需要长时间的积淀和酝酿,只有达到了一定程度,才会出现量变到质变的突破。这个过程类似于化学反应中的"化学势",在反应物达到一定浓度和温度的条件下,才能发生反应并释放出能量。创意发现思维的从量变到质变也需要在一定的条件下才能实现,如在某个瞬间集中注意力,或经历某个特殊事件或结合不同领域的知识等。总之,创意发现思维的从量变到质变需要一定的条件,即需要大量知识和经验的积累和融合,以及长时间的酝酿和加工,最终才能实现质的飞跃。

苹果公司在推出第一代 iPhone 之前已经积累了丰富的技术和经验,包括 iPod 的设计和生产经验,Macintosh 操作系统的开发经验,等等。这些经验和知识的积累为 iPhone 的开发提供了坚实的基础。从而,在 iPhone 的创意发现过程中,苹果公司实现了创意发现思维的量变到质变。他们将触摸屏幕技术应用于手机,使得用户可以使用手指直接控制手机,而不需要物理键盘。这项创新性技术的出现,推动了整个智能手机市场的发展,使得手机的使用方式发生了革命性的变化。同时,这项创新也为苹果公司带来了巨大的商业成功和声誉。苹果公司在 iPhone 开发中的创意发现思维的从量变到质变的特征体现在,他们将已有的技术和经验与新的想法结合起来,重新定义了手机这一产品的概念和使用方式。这种创意发现思维的从量变到质变的过程,是由多年的技术和经验积累,以及对用户需求的敏感性和对未来趋势的洞察力所支撑的。

2.4.4 创意发现思维的基本模式

1. 发散思维与集中思维

发散思维是指,在进行思维活动时,人的大脑处于扩散状态,具体表现为在进行思维活动时视角开阔,多维度、多角度向外发散,因而发散思维又称放射思维、辐射思维、求异思维或者扩散思维。发散思维通过假设不同的思考方向,对已有的知识和经验进行分散、重组,进而获得新灵感。它是创意发现思维最重要的组成部分。发散思考,要求去模式化,即突破常规思维模式,刻意不使用常规逻辑模式去思考问题。通常情况下,人的头脑中会设置一个僵化的、模式固定的思维框架,在该框架下,在遇到新问题后人的第一反应是沿着这个固定的思维方向去思考问题,发散思维就要求人要克服自己的思维定式,寻求新的思考方向来探索问题的答案。发散思维需要先明确一个出发点,以该出发点为基础,向四面八方辐射思考。

发散思维包括以下几种发散方法:一是结构发散,即以某个事物的结构为发散基础,就该结构的各种可能性朝着四面八方去思考。二是功能发散,即以某个事物的功能为发散基础,就该功能的各种可能性朝着四面八方去思考。三是形态发散,即以某个事物的形态为发散基础,就该形态的各种可能性朝着四面八方去思考。四是组合发散,即以某个事物为发散基点,向四面八方去思考与该事物可能相关联的其他事物,以创造出新的有价值的事物为目标。五是方法发散,即以问题的答案为发散基础,就该答案的各种可能的原因以及各种可能的原因产生的各种可能的结果进行推测。

集中思维,又称求同思维、同一思维或者聚敛思维,它是相对于发散思维而言的。集中思维是从已有的各种信息中得出一个结论,从现有的繁多的材料中寻出一个答案。集中思维的过程就是甄别、筛选再到加工、整合已有信息来得出结论的过程,是创意发现思维的一个重要组成部分。集中思维是一种寻求答案的思维方式,在创意发现思维中,集中思维可以帮助人们快速准确地处理大量的信息,从而找到问题的核心和解决方案。集中思维的特点包括:

(1)注重分析和整合:集中思维是一种分析和整合信息的过程,它通过分类、比较、筛选等方法,将大量的信息分解成小块,然后将这些小块重新组合,找到问题的核心和解决方案。

(2)逻辑性强:集中思维强调逻辑性和系统性,需要按照一定的思维模式和逻辑规则进行思考,从而使得出的结论更加准确和可靠。

(3)结论明确:集中思维的最终目的是得出一个明确的结论,因此需要将所有信息整合到一起,以便最终得出正确的结论。

(4)重视事实:集中思维注重事实和证据,需要收集、分析、评估各种信息和数据,从而得出客观、准确的结论。

(5)面向目标:集中思维需要面向目标进行思考,即要明确问题所在和需要解决的目标,从而更加有效地进行信息分析和整合。

发散思维和集中思维之间是密切相关的,二者之间互相依存、互相促进,甚至在一定条件下能够互相转化。当人们发现用之前的思维模式不能解决遇到的问题后,就容易想到利用发散思维来寻求答案,在这个过程中就会产生新的思维方式,而对这些思维方式进行筛选、提炼或者总结,会形成新的思维模式,这样发展下去,就会使人的思维能力不断提高,呈现螺旋上升的态势,这就是创意发现思维能力的成长特点。

2. 正向思维与逆向思维

正向思维是一种从已知信息、经验和常识出发,沿着一定的"规律"和"准则"进行思考的方式,它是创意发现思维的重要组成部分。客观存在本身所拥有的规律有多种,可以是时间上的规律、空间上的规律、位置上的规律或者性质上的规律等。例如,从内到外、从前到后、从上到下或是从下到上、从左到右或是从右到左、从高到低或是从低到高、从硬到软或是从软到硬、从冷到热或是从热到冷等。正向思维还包括思考过程的逻辑性和系统性,在正向思维过程中,人们通过对已有信息的理解、整合和运用,来解决问题、创新或发现新的知识。在此过程中,人们通常会根据已有的经验和常识,运用逻辑推理、归纳演绎等方法,逐步找到解决问题的答案。

举个例子,假设一个人想要设计一款新型的咖啡机,他可以通过分析市场上已有的咖啡机种类、功能和价格等信息,来了解消费者的需求和偏好,同时也可以考虑新的材料和技术,来提高咖啡机的效率和质量。在此过程中,他会运用正向思维来整合已有的信息,找到一些可以改进或创新的点,并逐步完善和优化方案,最终设计出一款满足市场需求的新型咖啡机。

逆向思维是指将普遍的、约定俗成的或者司空见惯的,在人们的通常思维下似乎已经盖棺定论的事物或者理论反过来进行思考的一种思维方式。它的一个重要特点就是"求不同",即"反其道而行",让思考的方向转向事物的对立面,深入探索事物的反面,进而产生新的有益的思想、理论或者判断。逆向思维并不是一件容易的事情,当大家习惯于遵循着事物发展的正方向规律去发现问题并谋求问题的解决办法时,你需要跳出固定的思维方向并独自朝着相反的方向去探索,在这一过程中需要克服自身的从众心理、传统认知观念、改变自身的逻辑思维方式,如果无法做到,逆向思维则无法实现。实际上,对于一些特殊的问题来说,反过来思考,从结论开始往已知条件倒推,或许能够让问题更加简单明了。

逆向思维具有以下三大特点:① 普遍性:逆向思维适用于各种领域、各类活动,考虑到对立统一规律的普遍适用性,而且其从形式上也是多种多样的,每一种对立统一的形式,就会相应地对应一个逆向思维的角度,因此逆向思维的形式也是多种多样的。例如,软硬之间、高低之间等性质上相互对立的两极的互换,上下之间、左右之间等结构和位置上相互对立的两极的互换;再如,过程的逆转:液态到气态或者气态到液态,磁转化为电或者电转化为磁等。无论何种方式,只要是从事物的一个方面想到与其对立的另一面,就都可以称之为逆向思维。② 批判性:逆向是和正向相较而言的,正向是指常识性的、普遍认同的常规的做法或者习惯的想法,逆向思维则与之相反,它是对常规的反叛,需要对惯例、传统、常识提出不同的意见。逆向思维能够跳出思维定式的束缚,打破因习惯和经验形成的僵化的认知模式。③ 新颖性:按照传统的方法和思维循规蹈矩地解决问题虽然较为简单,但也容易让自身的思路变得僵化、呆板,挣脱不掉思维定式的束缚,最后得出的答案往往都是司空见惯的。事实上,任何客观存在的事物都有着多方面的属性,在之前知识或经验的影响下,人往往只能看到自己熟悉的一面而容易忽略另一面。逆向思维能够突破这一障碍,重点就是出乎意料,给人一种耳目一新的感觉。

3. 侧向思维与横向思维

侧向思维是一种非常规的思维模式,它着眼于总体,将问题要素间的关系作为重点,采用非逻辑的探索方法,设法找到要素和要素之间的新的联结方式,在此基础上找寻解决问题的各种方法,尤其是新方法,是在技术创新构想形成过程的前期经常采用的一种思维模式。在利用侧向思维进行探索的过程中,需要理智把控逻辑。与正向思维、逆向思维和多向思维的模式不同,侧向思维是一种在正向思维的侧面开辟出新思路的创造性思维。通俗地说,侧向思维是一种运用从其他领域中获取的知识和经验,从侧面解决问题的迂回的思维模式。侧向思维主要包括以下方法:

一是侧向移入,是指脱离本专业、本行业的知识范围,挣脱惯性思维,将目光转向其他方向,引导注意力关注更开阔的领域;又或是把在其他领域已被验证的、较为成熟的好的技术和方法原理等知识经验直接移植过来加以运用;又或是受到其他领域中事物的属性、特征、机理的启发,进而对原来思考的问题有了新的构想。侧向移入是解决技术难题或进行产品创新、方法创新的一种基本的思维模式。以轴承为例,为了减少轴承转动时的摩擦,人们一直在对轴承进行持续改进。但常规的改进思路无非是变换滚珠的形状、改变轴承的构造或者使用性能更加良好的润滑剂等,无法带来更大的突破。然而,有人就把视线转到了其他领域——气垫船,气垫船内的高压空气可以使其漂浮在水面上,磁性相同的材料会相互排斥,并在排斥力的作用下保持一定的距离。将上述设想移植到轴承中,不需要润滑剂和滚珠的轴承就被发明出来了,一种是磁性轴承,另一种是空气轴承,前者由磁性材料制成,后者需要将高压空气吹入轴套中,使转轴呈悬浮状态。侧向移入的应用实例不胜枚举:鲁班被茅草上的细齿划破手指而发明了锯子;威尔逊(Wilson)受到大雾抛石子现象的启发,发明了能够监测到基本粒子运动的云雾器;格拉泽(Glaser)通过观察啤酒冒泡的场景,构思出了气泡室的设想。种种事例表明,从其他领域受启发或者借鉴是创意发现的一条捷径。

二是侧向转换,是指不依照初始的设想或者常规方法直接去解决问题,而是将这个问题再转换成侧面的其他问题,或者将可能的解决问题的手段转换为侧面的其他手段的创意思维方式。它不受束缚于原有的思维模式和初始设想,通过将问题转化为侧面的其他问题或者寻找替代的解决手段来达到解决问题的目的。这种思维方式可以拓展思维的广度和深度,打破常规思维模式,开启新的思路和可能性。一个能够体现侧向转换思维的例子是解决"如何减少交通堵塞"的问题。在正向思维中,人们可能会考虑增加道路容量、改善交通信号灯等措施。但在侧向转换的思维方式中,人们可以将问题转化为"如何减少人们驾车的需求",进而考虑提高公共交通的质量和覆盖率、促进非机动车出行等方式。这种思维方式可以打破常规的思维模式,从不同的角度去思考问题,寻找更多可能的解决方案。

三是侧向移出,是一种需要克服线性思维,致力于挣脱本领域框架束缚的思考方式。它是指把当前已取得的发明、已存在的构想、已知的技术原理和已有的产品,从现在使用的领域和对象中脱离出来,外推到其他意料不到的领域或者对象上,以产生创新的想法和解决问题的方法。它是和侧向移入正相反的一种思维模式,可以打破既有的限制和框架,为人们提供新的思考角度和可能性。例如,智能手机在刚刚问世时只是一种电话和短信通信工具,然而,通过侧向移出的思考方式,人们将其应用到其他领域,如移动支付、电子商务、社交网络等,推动了整个移动互联网时代的到来。

横向思维是一种前进式的思维模式,但它突破了逻辑思维的限制,让思维拓展至更加宽广的领域。之所以这样说,是因为相较于逻辑思维垂直纵向的思考形态,横向思维能够创造出更多的切入点,甚至可以进行从终点再返回到起点的思考。逻辑思维是一旦发现不合逻辑的地方就不再进行思考,而横向思维则会继续向外扩展延伸。可以这样说,逻辑思维的着眼点是分析,而横向思维的着眼点是寻找更多答案,二者之间是相互对立的。横向思维的特点是不局限于任何范围,以偶发性设想来挣脱逻辑思维方式,进而能够创造性地提出更多令人惊异的新观点、新想法或者创造出新事物,属于创意发现思维的一种。事实上,横向思维就是一种疑难解决方法,它最重要的就是发现创意。

横向思维的方法主要包括以下几个:一是让事物立体化:从多个角度对事物进行审视,先思考它可能是什么或者可以是什么,而不要急于下结论,直接判定它是什么。二是从终点回到起点:先构思出能够抵达终点的目标,然后从终点回到起点,就容易发现以前未曾走过的路径。三是逃离逻辑:脱离先前思考的事物,不再纠结于传统的逻辑。四是偶然触发:借助随机产生的各种构想、概念或者结构等来触发新思路。五是创意提取:从随机产生的各种构想、概念中发现并提取有价值的创意。六是概念交叉:让新产生的各种新想法新概念和终点目标进行交叉碰撞产生创意。

4. 平面思维与立体思维

平面思维是指人的众多思维线条在一个平面上交叉联结,帮助人们建立更加全面的思维框架,从哲学的角度来说,属于普遍联系的范畴。创意发现思维的平面思维方式,可以帮助人们从多个角度、不同的方向维度来思考问题,从而拓展思维的广度。平面思维的特质是广阔性与跳跃性,其本质是联系和想象。平面思维是线性思维朝着横向和纵向拓展的产物。当确定好思维中心后,就要明确需要围绕这个中心从哪几个方面去分析问题,即思维定向。当这些点处在同一平面的不同方位时,就形成了平面思维模式。在平面思维模式下,人们可以自由地进行想象和联系,创造出新的思路和解决方案。同时,平面思维的跳跃性也能够帮助人们跳出已有的思维框架,开阔思维的视野,从而激发出更多的创意。

假设你正在开发一款新的智能家居产品,想要增加用户体验和使用便利性。在考虑这个问题时,可以使用平面思维方式,将问题从不同的方向进行分析。例如,首先确定思维中心为增加用户体验和使用便利性,然后从以下几个方向进行分析:① 环境感知:智能家居产品可以通过感知环境变化,自动调整温度、光线、湿度等,提高用户的舒适度和便利性;② 语音识别:增加语音控制功能,让用户可以通过语音指令控制设备,避免频繁使用手机或遥控器;③ 人机交互:通过优化用户界面,让用户可以更轻松地控制设备,同时提供反馈,让用户能够直观地了解设备的工作状态;④ 安全保障:加强智能家居产品的安全性,保护用户的个人隐私和设备的安全。通过从不同方向进行分析,可以得到更多的创意和解决方案,从而提高智能家居产品的使用便利性和用户体验。

立体思维:又称空间思维、多元思维、多维型思维、全方位思维或者整体思维,是能够挣脱点、线、面的束缚,从上下左右、四面八方对问题进行多维度、全方位思考的思维方式,通俗地说,就是要"立起来思考"。立体思维的特征可以分为内在特征和外在特征两个方面,内在特征表现为多维性、系统性、层次性、整体性、动态性和联系性;外在特征表现为鲜明性、个体性、具体性、联想的多极性、全方位的开放性和结果的可感触性。

立体思维常常从三个角度去思考问题。一是一定的空间:世界上客观存在的所有事物都有一定的存在空间,立体思维就是对事物的存在空间进行充分考虑,然后跳出事物本身空间的边界,用更广阔的、更多维的角度去审视和思考问题。二是一定的时间:世界上客观存在的所有事物都有一定的存在时间,从时间的维度去思考,对比古今,往往能够使我们发现问题发展的时间规律,从而窥视未来,拥有前瞻意识。三是事物相互联系:几乎世界上客观存在的所有事物都不是孤立的,它们相互联系,形成千丝万缕的关系网络,从这个关系网络中进行问题的思考,很容易就可以找到事物的本质,进而拓宽创意发现的道路。

例如,某公司想要开发一款更加智能化的家用电器,如智能空调。在使用立体思维的方式下,公司可以从多个方面考虑如何提高这款产品的智能化程度:① 从软件技术角度:可以使用人工智能算法,让空调自动学习用户的使用习惯,自动控制温度等参数,从而提高使用体验;② 从硬件技术角度:可以加装传感器,通过感知房间内的温度、湿度、人员数量等信息,自动调整空调的工作模式,提高能效;③ 从用户体验角度:可以开发智能手机 App,让用户可以远程控制空调、设置预约、查询能耗等,提高用户的便捷性。通过立体思维,公司可以从多个维度出发,考虑如何提高产品的智能化程度,以此获得更好的市场竞争力。

5. 逻辑思维与形象思维

逻辑思维,又称知性思维,是一种能够沿着正确、合理的路线去思考问题的能力。即通过对事物的观察、判断、比较、分析、概括、综合、抽象、推理,运用科学的推演方法,准确而有条理地展现思维过程的能力。它是为了分析人们的思维、思维的结构以及在思维过程中起作用的规律而产生的。人们通过逻辑思维把握具体认知对象的本质规律,从而达到认识客观世界的目的。逻辑思维的特点是以"推理"为中心和依据,以逻辑形式表达事物的内部联系和外部关系,以概念为中介来反映客观现实,属于理性认识的范围,是人认识过程的高级阶段。逻辑思维具有较强的抽象性,又具有形象思维和逻辑思维所共有的直观特征。

创意发现思维中的逻辑思维方式主要表现在以下几个方面。一是分析问题:逻辑思维能够帮助人们对问题进行分析、分类、辨析,找到问题的本质和关键点。通过逐步深入剖析问题,找出不同因素之间的联系和影响,进而找到解决问题的方法。二是推理演绎:逻辑思维可以帮助人们进行推理、演绎,针对一个已知的前提和规则通过逻辑推导的方式得出结论。通过推理演绎的过程,可以在不直接观察到事物的情况下,得出有关事物的结论,有助于在创意发现过程中找到新的联系和发现新的结论。三是形成概念:逻辑思维有助于人们对事物的抽象概念的形成和理解。在创意发现过程中,可以通过对事物的观察和分析,将相似的事物抽象成为一个概念,从而为创意发现提供思维基础。四是判断决策:逻辑思维能够帮助人们进行判断、决策,分辨出真假、优劣、好坏等,从而在面临抉择的时候做出准确的决策。五是发现逻辑漏洞:逻辑思维能够帮助人们发现逻辑漏洞,即当推理中出现不合理的地方时,能够及时发现并纠正,以保证整个推理过程的正确性和合理性。

综上所述,逻辑思维是创意发现思维中不可或缺的一部分,通过逻辑思维,人们能够发现问题的本质和事物之间的关系,形成新的概念和理论,并在实践中取得创新的成果。

形象思维,是人在认识客观世界的过程中,对事物的外在形象,即表象进行选择时形成的,是利用事物的直观形象或者表象去解决问题的一种思维方法。它在感受、储存客观形象体系传递的形象信息的基础上,联合主观认知与当时情境下产生的情感进行判断(包括审美判断、科学判断等),然后利用一定的方式、工具或者手段(包括绘画线条色彩、文学语言、音响节奏、旋律和操作工具等),对事物形象(包括艺术形象和科学形象)进行描述和再创造以及利用。形象思维的基本特点包括以下几个方面:

(1) 形象性:它是形象思维的基本特点。形象思维的反映对象是客观事物的形象或表象,体现出的是直感、意象及想象等形象性的观念,它进行表达的工具是能够被感官所感知到的图像、图形、样式和象形符号等。形象思维的形象性使其拥有直观性、生动性和整体性的优点。

(2) 非逻辑性:形象思维和逻辑思维不同,逻辑思维对信息的处理是逐步地、线性地、首尾相接地进行,而形象思维则是能够调用众多的形象性素材,通过取舍、筛选、整合等一系列过程,最终使其合在一起构成一个新的形象,或者直接从一个形象跳到另一个形象上。它对信息或者素材的加工过程不是系列性的,而是平行性的,是面性或者立体性的加工。它能够让思维主体快速地从整体上把握问题。形象思维是似真性或者或然性的思维,思维产生的结果需要等待逻辑的验证或者实践的检验。

(3) 粗略性:形象思维对问题的反映是粗线条的,对问题的把握是概略性的,对问题的分析是定性或者半定量的,因此形象思维一般用于对问题进行定性分析。而逻辑思维能够给出确切的数量关系,因此在实际思维活动中,人们通常需要把逻辑思维与形象思维结合在一起,协同使用。

(4) 想象性:想象是指思维主体利用现有的形象构想出新形象的过程。形象思维在实际思维过程中往往并不满足于对现有形象的一一重现,它更致力于通过对现有形象的再加工来获取新形象的产品。因此,形象思维具有创造性的特点,这是在它形象性的基础上形成的。这也体现了一个道理:拥有极强想象力的人通常都拥有丰富的创造力。

2.4.5 创意发现思维的理论模式

创意发现是一种创造性的思维活动,需要人们灵活运用各种思维方式和原理。创意发现的基本思维方式包括侧向移出、侧向移入、平面思维、立体思维和逻辑思维等。这些思维方式在创意发现过程中相互作用,帮助人们从不同角度、不同层次、不同维度去审视和解决问题,创造出新的想法和解决方案。而创意发现思维的基本原理则是人们在进行创意发现时所依据的原则和规律,包括创造原理、组合原理、综合原理、分离原理等。这些原理指导着人们在创意发现过程中的具体操作,是创意发现的关键环节。

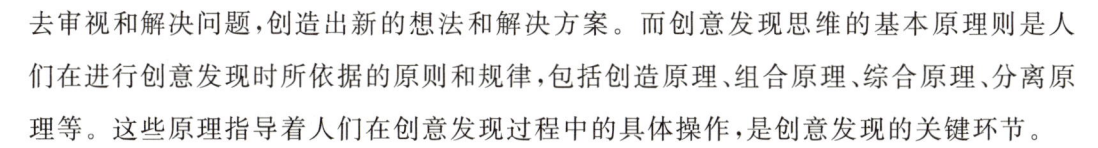

1. 创造原理

从主观与客观的关系上讲,创造是人类采用创造性活动主动适应环境的能力,是人类适应性表现的最高形式,是智力发展的高级水平。创造活动发生的前提是需求与动机的产生,在现实生活中,主体需求与创造动机是相辅相成、互相促进、缺一不可的。在一定条件下,人们会表现出一定的需求,从而引起相应的行为反应。当主体所处的外界条件发生变化后,其需求也会有所变化,所以说人的需求与动机不是绝对独立、固定不变、一成不变的。因此,创造活动也是持续不断的。创意发现就是主体的创造活动,是创造主体与创造环境相互作用的结果,创意发现作为一个活动和过程,是创造动力系统、创造人格和创造能力系统、创造性思维共同作用的产物。

以下从智能垃圾桶的发明为例进行说明。

垃圾桶是人们日常生活的必备品,用于存放垃圾并对垃圾进行分类,便于对不同类型的垃圾进行有效处理,极大地改善了环境状况。随着科技的进步和人们生活水平的提高,智能家居逐步成为人们日常生活中不可缺少的一部分,由此也对垃圾桶提出了更高的要求。然而,目前市场上的智能垃圾桶均不具备"空接垃圾"和"召之即来"的功能,若智能垃圾桶较远,需要用户走过去丢垃圾,费时费力;若远距离扔垃圾,又会使垃圾掉落地上,使办公室或居室变得脏乱。另外,针对多有行动不便的用户,走到垃圾桶边丢垃圾无疑非常困难,北京小米移动软件有限公司从上述需求出发,发明了一种包括运动底座的智能垃圾桶,在桶体上设置检测模块和控制模块,通过检测模块检测到垃圾空中的位置,将位置信息发送到控制模块,控制模块计算最终落点,驱动运动底座前往落点位置接住垃圾,实现了丢垃圾自由,能够实现"空接垃圾"功能。通过检测模块检测到用户向垃圾桶招手,将招手信息发送到控制模块,控制模块驱动运动底座前往用户面前,实现了垃圾桶"召之即来"的功能。

2. 组合原理

组合是指以某一事物出发,以此为发散点,尽可能多地与另一个或者另一些事物联结成具有新价值或者附加价值的新事物。组合原理在运用中并不是简单的叠加,应满足以下两个条件:① 不同技术因素构成具有统一结构与功能的整体;② 组合物应该具有新颖性、独特性和价值。组合原理中常用的组合方式一般有以下几种:

(1)材料组合:为了满足某种需要,人们通过不同性能的材料组合,可以开发出新材料。例如,为了获得一种坚固的建筑材料,人们将钢筋和水泥组合为钢筋混凝土,从而改变了人类的生活。

(2) 元件组合:将两件或两件以上物品组合在一起,从而增加新的功能,形成新产品。例如,把温度计、湿度计、雨量计、风速计、风向计等组合成气象观测的百叶箱,这种组合中的物品都能发挥各自的功能,并且各自产生的结果能够解决新的问题,即气象观测问题。

(3) 现象组合:把不同的科学现象组合起来,会出现新的技术现象,对新现象加以研究,形成新的技术原理,从而获得创新成果。例如,日本索尼研究所的山田敏之把"霍尔效应"与"磁阻效应"两个现象组合后,取得了磁半导体的研究成果。

(4) 增减组合:增减组合是在原有产品的基础上,通过增减其中的元件,从而获得创新产品。这种组合可以让产品具有新的功能,形成新的产品。例如,潜水服加上加热装置,复印机加上翻译功能,净水装置加入高温处理过滤装置以杀死寄生虫卵等。这些在原产品上增加的元件,都使原产品增加了新的功能。有些产品的结构,它们具有相同的部件装置,若把它们组合在一起,就可共用一个装置,从而减少零部件,降低成本。例如,把录像机和电视机组合成一台新机,共同使用一个接收系统;组合音响共同使用一套功放及声频系统。这些组合,大大降低了成本并减小了体积。

超声波牙刷

在购物网站上,一种新的超声电动牙刷很受人们追捧。它结合了电动牙刷和超声波的功能,清洁效果优于一般的电动牙刷和普通牙刷。超声波牙刷在刷牙时,利用强力的摆动速度,通过流体动力来清洁牙齿,摆动频率每分钟可达 31 000 转,利用共振的原理,产生动态流体强力清洁作用。由于超声波牙刷是利用超声波能量的空化效应达到清除牙周病菌和不洁物的目的,其可以全方位深入手动刷牙根本无法到达的牙缝甚至牙根内。超声波能量通过刷头的刷毛传递到牙齿和牙龈表面,使菌斑、牙垢和细小的牙石松动,破坏在龈袋及牙面各处隐藏的细菌的繁殖;同时,超声波能量通过触及牙刷的刷毛传递到牙根表面,并渗透到牙龈内部,作用于细胞膜后,可以加速血液循环,促进新陈代谢,从而抑制牙周炎症和牙龈出血,防止牙龈萎缩。

3. 综合原理

综合原理是指在创意发现过程中,人们将研究对象的各个部分、各个方面结合和统一起来加以研究,从而在整体上把握研究对象的本质属性和内在规律。综合原理并不是将事物的各要素、各部分、各方面进行简单加和,其基本特点和最高宗旨是根据事物各部分的本质特征和发展规律,全面地加以概括和总结、精练和提升,进而在思维中真实地再现出事物的整体,并从中寻找整体的最优结构,进而获得最佳整体功能。可见,综合是在科学分析基础上择优而进行的组合。根据在创意发现过程中综合方式和综合对象的不同,综合原理可分为形式综合、辩证综合、实体综合和理论综合。

(1) 形式综合是将事物各部分的内部属性和相互关系进行机械式的结合。这种综合所产生的整体具有明显的加和性特征,其所借助的思维方式属于形式逻辑,因而只适合于结构简单且有机性差的研究对象。

(2) 辩证综合是将事物各部分的内部属性和相互关系进行全面性的有机结合。这种综合所产生的整体具有非加和性特征,其所借助的思维方式属于辩证思维,因而适合于结构复杂且有机性强的研究。

(3) 实体综合是以物质实体作为研究对象的综合。它有两种表现形式,一种体现为揭示某自然物质整体的结构与功能,另一种体现为人工合成的自然物质或全新的物体。前者导致科学发现,后者导致技术发明。

(4) 理论综合是对已有的科学知识所进行的综合,它也有两种表现形式,一种体现为学科内的知识综合,另一种体现为在不同学科之间对不同理论和知识的综合。前者导致发现自然规律,建立理论体系,后者导致产生新的横向性或综合性的学科。

基于物联网通信传输信号的水文监测浮标

物联网是指通过各种信息传感器、射频识别技术、全球定位系统、红外感应器、激光扫描器等各种装置与技术,实时采集任何需要监控、连接、互动的物体或过程,采集其声、光、热、电、力学、化学、生物、位置等各种需要的信息,通过各类可能的网络接入,实现物与物、物与人的泛在连接,实现对物品和过程的智能化感知、识别和管理。浮标是浮于水面的一种航标,是锚定在指定位置,用以标示航道范围、指示浅滩、碍航物或表示专门用途的水面助航标志。为了精确地检测不同地域的水文信息情况,武汉大学综合了浮标的结构特征和物联网技术的数据采集、数据处理等功能,发明了一种基于物联网通信传输信号的水文监测浮标,该浮标集成了发电系统、浮标体、锚固装置、照明系统、浮标监测系统和物联网系统,对各项水文信息进行系统地监测收集处理,再通过物联网系统进行远距离控制和传输,从而辅助实现远距离的实时监测,为实时监测和控制河流各项指标的实现提供了可能。

4. 分离原理

分离原理是指把某一对象进行科学分解和离散。可以通过一个典型的例子进行说明,如图 2-1 所示。一般情况下,可以将椅子分解为支腿、靠背和坐板,对支腿进行分析,支腿长度固定,不能适应不同身高的人群,把它改成可升伸缩的,椅子就变成了升降椅;

对坐板进行分析,坐板太硬,坐着不舒服,把它改成充气式的,椅子就变成了气垫椅;对靠背进行分析,它和坐板之间的连接关系是固定的,将其改成角度可调节的连接关系,椅子就变成了躺椅和座椅的结合。

图 2-1 分离原理典型案例

由上述例子可知,分离原理有至少三点优势:① 分离后,可以更好地分析其特性;② 分离的物体能更灵活地进行操作和处理;③ 便于生产,能够产生新的事物。

另一个典型的例子是,工业设计领域中的"模块化设计"。模块化设计的思想是将一个整体系统分解为若干个相对独立、可独立组装、测试、维修的模块,并规定它们之间的接口。通过这种方式,设计师可以更好地理解整个系统的构成,更加灵活地对每个模块进行操作和处理,并且可以根据需求进行增减或替换。此外,这种分离的方式还可以提高生产效率,减少成本,同时也为不同领域的设计师提供了更多的可能性和自由度,从而推动了创意的发展和创新的实现。

当然,我们也要注意到分离原理可能产生如下一些副作用:① 可能增加事物的复杂性;② 可能失去事物原本的能力和作用;③ 分割的可行性需要更多地考虑和验证。

5. 还原原理

还原原理是指研究已有事物的创意起点,并深入追溯到它的创意原点,再从创意原点出发寻找各种门路,用新思想、新技术重新创造该事物,从原点去解决问题的原理,同时将最主要的功能抽取出来并集中精力研究其实现的手段和方法,以取得创新的最佳成果。在创意发现过程中,还原原理能够帮助人们更加深入地了解和掌握事物的本质,从而发现新的解决问题的方法和思路。例如,在设计产品时,可以从产品的基本功能出发,了解用户真正需要的是什么,进而寻找实现这个功能的新方法,创造出更加切实可行的解决方案。还原原理在创意发现中扮演着重要的角色,能够帮助人们在创造性思维中不断探索事物的本质和可能性，从而取得最佳的创新成果。

电动扳手的发明

为了让螺母的拆卸更加方便省力，人们设计了一种带有金属头的手工工具，该工具的主要部分是一个长手柄，在手柄的一端或者两端开设开口或者套孔，用于夹持螺母，在使用时，将开口或者套孔套在螺母上，转动长手柄，利用杠杆原理拧转螺母，就可以很轻松地将螺母拆卸，这种工具就称为扳手。它的创意起点就是"如何才能够让螺母的拆卸更加方便省力"，可追溯的创意原点就是"带动螺母转动，将其从螺丝上拧下来"。从这个创意点出发，用扳手拧比用手拧更加省力。那么，有没有比扳手更省力的工具呢？扳手还需要人施力，如果设计一种用机械力带动螺母转动进而将其拧下来的工具呢？为了达到这一设想，人们设计了一种以交流电机为动力的工具，其原理是利用电磁铁使电机正转，再通过传动机构将动力传递到转把上，驱动转把和其上的套筒转动将螺母拧下来，这就是电动扳手的由来。

6. 移植原理

移植原理是一种借取某一领域的科学技术成果，引用或渗透到其他领域，用以变革或改造已有事物，为解决某一问题提供启迪、帮助的原理。

移植原理的基本特征如下：① 移植是借用现有技术成果进行新目的下的再创造，它使现有技术在新的应用领域得到延续与拓展。② 移植实质上是各种事物的技术和功能相互之间的转移和扩散。③ 移植领域之间的差别越大，则移植创造的难度也越大，成果的创造性也越明显。

移植原理主要分为成果推广型移植和解决问题型移植，具体如下：① 成果推广型移植：即把现有科技成果向其他领域铺展延伸的移植，其关键是在搞清楚现有成果的原理、功能及使用范围的基础上，利用发散思维方法寻找新载体。② 解决问题型移植：即从研究的问题出发，通过发散思维，找到现有成果，通过移植使问题得到解决。

一种卡扣拉链快递盒

拉链是依靠连续排列的链牙，使物品并合或分离的连接件。拉链独特的"开""合"功能，使其被大量用于服装、包袋、帐篷等。快递盒是一种由纸皮制作，用于对物品进行打包，使其能够方便地进行远距离运输的容器。快递盒在装入物品后，还需要再用胶带对其进行封口，一般要缠绕很多圈胶带，使得用户在拿到快递后还要找工具将胶带划开，使用非常不方便。为此，吉某某和颜某某创造性地将拉链用于快递盒，发明出一种卡扣拉链快递盒，包括盒体和盒盖，盒盖的中部设有条形的卡扣拉链，卡扣拉链的两侧设有多个卡齿，盒盖上设有与卡齿匹配的卡槽。快递盒拆开前，卡扣拉链与盒盖上的卡齿配合来封装快递盒,拆快递盒本体时,只需用手拎住快递盒本体盒盖上卡扣拉链的一端,朝盒盖顶部的任意方向用力,将快递盒本体盒盖上的卡扣拉链的卡齿和盒盖上的卡槽分离拉开来开启快递盒的封口,使用非常方便。

7. 换元原理

换元原理是指主体在创意发现过程中采用替换或代换的思想或手法,使创意发现活动内容不断展开、研究不断深入的原理。通常是指在创意发现过程中,创意主体可以有目的、有意义地去寻找替代物,如果能找到性能更好、价格更优的替代品,这本身就是一种创新。这一原理可以在创意发现过程中产生意想不到的效果。例如,当一个设计者在设计一款汽车时,可以考虑用更轻的材料来代替当前使用的材料,从而达到减轻汽车重量、提高燃油效率的目的。此外,还可以通过代换不同的功能部件,如换用更好的发动机、更优秀的刹车系统等,从而提高汽车的性能。

一种增强型锚索托盘

锚杆托盘作为锚杆支护系统中的一个重要部位,其性能直接影响到锚杆的支护效果,托盘的作用是把螺母锁紧力矩所产生的推力传递给顶帮,产生初锚力,同时又将巷道顶帮的压力传递给锚杆,产生工作阻力,共同加固围岩,阻止巷道顶帮的位移。锚索托盘是煤矿井巷支护中大量应用的易耗品,一般由煤矿企业自行加工制造。市场上应用较多的托盘尺寸为 300 mm×300 mm×16 mm,重量约为 11.3 kg。托盘表面设计成凸起圆拱形状,锚索的预紧力只能作用在托盘孔周围小范围面积上,预紧力扩散的范围较小,不能实现对锚索的可靠支护。为了改善这种情况,中煤第五建设有限公司徐州服务分公司研发了一种增强型锚索托盘,这种托盘在托盘表面冲压出六道加强凹凸筋替换传统碟形托盘上的凸起圆拱形状,通过这六道加强凹凸筋,锚索的预紧力能够作用在托盘孔周围很大面积上,能够充分发挥锚索支护作用。

8. 迂回原理

在很多情况下,创意发现活动会遇到许多暂时无法解决的问题。而迂回原理就是鼓励人们开动脑筋、另辟蹊径。不妨暂停在某个难点上的僵持状态,转而进入下步行动或进入另外的行动,带着创意发现活动中的这个未知数,继续探索新问题,不要钻牛角尖、走死胡同。因为有时通过解决侧面问题或外围问题以及后继问题,可能会使原来的未知问题迎刃而解。

低渗透煤层瓦斯抽采

我国煤炭资源丰富,地域分布广泛,但煤层赋存条件差异较大,含瓦斯煤层较多,瓦斯含量高。随着采掘作业进度的加快,瓦斯涌出量也随之增大,工作面瓦斯威胁着矿井安全生产。传统的煤矿井下瓦斯治理一般是通过瓦斯抽放管将煤层中的瓦斯抽出,防止在采煤时出现瓦斯突出的情况。但这种方法并不适用于低渗透煤层的瓦斯治理,所谓低渗透煤层,是指煤层透气性差,煤层渗透性系数小于 $0.1~m^2/(MPa \cdot d)$,瓦斯很难通过煤层达到瓦斯抽放管处,属于较难抽采煤层。在低渗透煤层内,人们为了尽可能多地抽取瓦斯,采用增加瓦斯抽放管的布设密度、加大抽吸力等方式,均不能很好地解决问题。后来,人们放弃在低渗透煤层中直接抽采瓦斯的方式,转而对低渗透煤层进行研究,即提高低渗透煤层的渗透性,进而发明了将高压水注入钻孔后的煤层内,利用水压使煤层裂开的技术——水利压裂技术。在水压的作用下,煤层的渗透性增强了,那么煤层内的瓦斯也就容易抽采了。

9. 逆反原理

逆反首先要求人们敢于并善于打破头脑中常规思维模式的束缚,对已有的理论方法、科学技术、产品实物持怀疑态度,从相反的思维方向去分析和思索,探求新的发明创造。实际上,任何事物都有着正反两个方面,这两个方面同时相互依存于一个共同体中。人们在认识事物的过程中,习惯于从显而易见的正面去考虑问题,因而阻塞了自己的思路。如果能有意识、有目的地与传统思维方法"背道而驰",往往能得到极好的创新成果。

吹风机和吸尘器

吹风机依靠电动机驱动转子带动风叶旋转,当风叶旋转时,空气从进风口吸入,由此形成的离心气流再由风筒前嘴吹出。空气通过时,若装在风嘴中的发热支架上的发热丝已通电变热,则吹出的是热风;若选择开关不使发热丝通电发热,则吹出的是冷风,吹风机就是以此来实现烘干和整形的目的。吸尘器的吸尘原理是,吸尘器的风机叶轮在电动机的高速驱动下,将叶轮中的空气高速排出风机,同时使吸尘部分内空气不断地补充进风机。这样不妨与外界形成较高的压差。吸嘴的尘埃和脏物随空气被吸入吸尘部分,并经过滤器过滤,将尘埃和脏物收集到尘筒内。吹风机和吸尘器都是利用叶轮的高速旋转形成气压差来进行工作的,只不过吹风机是从机体向外吹风,而吸尘器则是向机体内吸气,利用同一原理的正反两方面达到不同的目的,进而产生了完全不同的两个创新产品。

10. 仿生原理

仿生原理是一个仿生学名词。仿生学是研究生物系统的结构、功能、能量转换、信息控制等特征,并将研究结果应用于技术系统,以改善现有的技术工程设备,创造新的工艺过程、建筑构型、自动化装置等的科学。它是一门属于生物科学与技术科学交叉的边缘科学,其任务是将生物系统的优异能力及产生的功能原理和作用机理作为生物模型进行系统研究,再运用于新技术设备的设计与制造,或者使人造技术系统具有类似生物系统的特征。

水母的顺风耳

海上风暴来临之前,海浪与空气摩擦产生 8～13 Hz 的次声波,人耳无法听到,而水母特殊的听觉系统可以听到这种声音。在水母耳的内部,有一个极小的听石。摩擦产生的次声波震动了听石,听石再次把次声波的振动传给水母耳壁内的神经感受器,水母才能听到风暴声。于是,水母便游离岸边,去寻找安全之地,使自己免受风浪的袭击。科学家通过研究,仿照水母耳朵的结构和功能,发明了水母耳风暴预测仪,把这种仪器安装在舰船的前甲板上,当接收到风暴的次声波时,可令旋转 360°的喇叭自行停止旋转,它所指的方向就是风暴前进的方向,指示器上的读数即可告知风暴的强度。这种预测仪能提前 15 h 对风暴做出预报,对航海和渔业的安全都有重要意义。

11. 群体原理

科学的发展,使创新越来越需要发挥群体智慧,才能有所建树。早期的创新多是依靠个人的智慧和知识来完成的,但随着科学技术的进步,要想"单枪匹马、独闯天下",去完成像人造卫星、宇宙飞船、空间实验室和海底实验室等大型高科技项目的开发设计工作,是不可能的。这就需要创造者能够摆脱狭窄的专业知识范围的束缚,依靠群体智慧的力量和科学技术的交叉渗透,使创新活动从个体劳动的圈子中解放出来,焕发出更大的活力。

具有防渗水结构的钢筋混凝土预制墙板

钢筋混凝土预制墙板是在预制厂或建筑工地加工制成供建筑装配用的加筋混凝土板型构件,简称墙板或壁板。采用预制混凝土墙板建造装配式大板建筑,能够有效减少现场湿作业,节约现场用工,克服季节影响,缩短建筑施工周期。目前使用的钢筋混凝土预制墙板在相互拼接时,大多会在接缝处浇注混凝土以对相邻的墙板进行加固,但单独浇注混凝土的预制墙板连接强度较差,且接缝处容易开裂渗水,影响使用效果。为了解决这个问题,陕西建工第九建设集团有限公司的 5 人研发团队发明了一种具有防渗水结构的钢筋混凝土预制墙板,该墙板通过在墙体与墙体之间形成"L"形接缝,以及设置在墙面内的遇水膨胀止水条进行双重防水,提高了连接处的防渗性能,更广泛地应用于各个领域。

2.5 创意发现方法

2.5.1 创意发现方法概述

创意发现是一种创造性思维活动,需要人们灵活运用各种思维方式和原理。在创意发现过程中,人们可以运用侧向移出、侧向移入、平面思维、立体思维和逻辑思维等思维方式,通过创造原理、组合原理、分离原理、还原原理、换元原理等基本原理来解决问题,从而产生新的想法和解决方案。但同时,创意发现在实践中也会面临各种障碍:① 心理障碍:有时创意发现需要勇气和探索精神,缺乏信心和动力可能会阻碍创意发现的进展。此外,受到环境和经验等因素的影响,人们的思维方式可能会受到限制,难以超越固有思维模式,产生新的想法和方法。② 缺乏信息和知识:如果缺乏相关信息和知识,可能会阻碍创意发现的进展。例如,在解决某个问题时,如果缺乏相关领域的知识,可能会难以找到解决方案。③ 时间压力:创意发现需要时间和精力,但是如果时间不够或压力过大,可能会导致创意发现的效果不佳。人们可能会因为时间紧迫而无法充分思考或尝试各种可能性。④ 组织文化:某些组织可能存在文化上的障碍,如不愿意接受新思想、拒绝改变等,这可能会阻碍创意发现的进展。⑤ 成本和资源:创意发现需要成本和资源,如果没有足够的资金、技术和设备等,可能会影响创意发现的质量和效果。

这些障碍可能会阻碍人们的创造力和创新能力,因此寻找一些有效的创意发现方法是至关重要的。这些方法可以帮助人们克服创意发现中的障碍,激发他们的创造力,提升他们的创新能力。下面介绍几种常见的创意发现方法,以帮助人们在创意发现过程中取得更好的效果。

创意发现方法对提高个人的创意能力具有重要的意义。创意能力的三个重要组成要素为创意发现方法、专门知识和激励(包括内在激励和外在激励),其在很大程度上能够决定一个人创意能力的高低。图 2-2 为创意能力的组成要素表示。

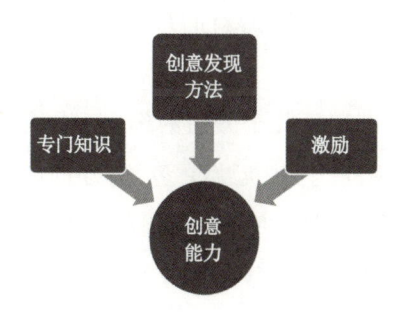

图 2-2 创意能力的组成要素

创意发现过程大体分为五个步骤,即产品分析、问题发现、方案酝酿、方案产生和理论验证,如图 2-3 所示。在这个过程中,激励负责发动和维持创意发现过程,并对产生方案的某些方面有影响作用;专门知识则用于创意发现过程的全部知识和技能,它决定了初始方案搜索的可能途径,并为所产生的可能方案提供理论验证标准;创意发现方法则决定创意过程方向的执行和控制,它对解决方案的搜索方式也起决定作用。

产品分析 → 问题发现 → 方案酝酿 → 方案产生 → 理论验证

图 2-3 创意发现过程

通过掌握创意发现方法,个人能够更好地理解和应用专门知识,提高对知识的理解和掌握能力,为创新提供更加丰富和深刻的知识储备。同时,创意发现方法还可以帮助个人在创造性思维中寻找激励,并增强对于自我内在动机的掌控力,进而激发出更多的创意想法。另外,创意发现方法还可以帮助个人拓宽思维视野,以更加灵活的方式处理问题,创造出更具创意性的解决方案。

创意发现方法的灵活运用能够为企业带来更多的创新想法,增强企业的创新能力和实际价值,对企业创新发展具有不可忽视的作用。企业应重视创意发现方法的应用,通过持续创新不断提高企业的竞争力和市场占有率。同时,运用创意发现方法,企业可以更好地开拓创新思路,探索新的领域,发现新的机遇,从而实现更高效的创新和更大的竞争优势。鉴于此,各行业各领域都应该利用创意发现方法促进本领域内的创新发展。例如,在科学研究领域,创意发现方法可以帮助科学家在研究过程中发掘问题和挑战,提出新的研究方向和假设,并在实验和观察中探索新的现象和发现。在产品设计和开发领域,创意发现方法可以帮助设计团队发掘潜在问题和机会,提供新的设计思路和解决方案,从而改进现有产品或开发全新产品。在教育培训领域,创意发现方法可以帮助学生、教师等培养创意思维和解决问题的能力,改善学习和工作成果等。无论在哪个领域,创意发现方法都能够帮助企业创造新的想法、概念和问题解决方案,形成行业发展的持续动力。

具体来说,创意发现方法有以下几个方面的作用。一是提高创新效率:创意发现方法可以帮助企业更快速地发现问题,并提出更多、更好的解决方案。这样,企业就能够更快地推出新产品、新服务,提高市场反应速度,从而在市场竞争中取得更大的优势。二是降低创新风险:创意发现方法可以帮助企业在新产品、新服务的设计中更好地把握市场需求和用户体验,从而减少不必要的风险。同时,它也可以帮助企业在创新过程中更好地控制成本和时间,减少浪费。三是增加创新成果:创意发现方法可以激发企业员工的创造性思维,通过掌握和应用创意发现方法,能够有效提高员工的创意能力和解决问题的能力。这样可以在企业内部鼓励员工积极创新,为企业带来更多的新想法和解决方案,从而增加创新成果并提高企业的竞争力。此外,通过长期的创新实践,企业还可以积累更多的专门知识和经验,为未来的创新发展打下更坚实的基础。

2.5.2 创意发现方法分类

创意发现方法主要包括完美审视法、分解技法、组合创新技法、信心交合法、焦点法、寻找缺陷法、列举法、主从分析法、类比法和智能嫁接法等。通过了解每种方法的特点和优势,个人和企业可以更好地选择适合自己的方法,进一步开拓创新思路,探索新的领域,发现新的机遇,从而实现更高效的创新和更大的竞争优势。

1. 完美审视法

从现有产品或方法出发,溯因推理,对该产品或方法进行逆向审视评估,即评价现有的产品或者方法是否满足需求预期,或者针对需求预期是否有更好的解决方案——审视评估现有产品或方法是否完美,是否还有改进空间。

对现有产品或方法的评估主要包括其相关性、有效性及优质性,其中相关性与有效性需要根据问题所包含的需求及约束条件确定,而优质性则需要对照相应的产品设计标准。例如,在对现有的产品结构(功能载体)进行审视评估时,需要验证其是否满足设计问题中所包含的需求(如有效实现该产品功能)、约束条件(如满足对产品成本的约束、生产难易程度的约束)以及产品相关的功能技术参数。

若不满足相应条件,则该猜想需要进行修改、改进;或对产品结构等进行直接修改;或需要由方案空间反馈回知识空间,对所运用的求解知识进行修改,进而再产生新的创意想法,甚至将该想法直接放弃。改进后的方案猜想需再次进行评估,直至其满足相应条件方能留在方案空间。

需要说明的是,利用完美审视法不一定是现有产品或者方法存在缺点或者不足之处,而是在当前使用场景下,将想要获得比现在更好的使用体验、更低的生产成本、更节能环保的产品或者方法等作为内在动力,从而寻求更好的问题解决方案。

一种用于水杯密封的旋牙件

水杯是一种常见的盛水容器,在每个水杯使用的生命周期内,安全、防漏、食品材质是必要的约束条件。为了提高水杯的密封性,防止在携带过程中漏水,水杯厂家在生产水杯时,会在瓶盖与瓶身的连接处设置密封结构,通常是在瓶盖内内嵌密封圈来实现密封,以同时满足安全、防漏、食品级材质的要求。为了让公司的产品能够有更好的用户体验,以期快速占领市场,小水怪(深圳)智能科技有限公司的研发团队通过对市场上的同类型水杯进行研究,发明了一种用于水杯密封的旋牙件。该旋牙件包括中盖,通过螺钉与中盖固定的环形固定板,设置在环形固定板内侧面上的围栏,设置在环形固定板上且位于围栏外侧的第一硅胶密封圈,卡接在围栏内部的卡接板,设置在卡接板上的螺纹柱,设置在螺纹柱外侧面上的第二硅胶密封圈,以及卡接在螺纹柱另一端上的封装箱。

该旋牙件的各部件通过拼接的方式组装在一起,相对于现有的密封结构与瓶盖呈一体式的设计使其更易拆卸,用户在长时间使用后,可以将其拆卸下来进行清洗,则水杯内的容水环境更加干净,更好地满足了人们对于安全和食品材质的要求。同时,在中盖与瓶身紧密连接之后,设置的第二硅胶密封圈与瓶身的内侧壁具有较好的密封效果,第一硅胶密封圈与瓶口顶部达到第二层密封效果,且整体的设计结构简单,达到了防漏要求且使用方便。

2. 分解技法

分解技法是一种常用的创意发现方法,它将一个整体产品分解成若干部分,将分解出来的每一部分都看成一个独立的个体进行细致的分析研究,并通过对其中的某一部分进行改进和完善,最终与被分解出来的其他部分配合形成一个新产品。这种方法的好处在于,通过对原产品进行分解和改进,可以找到原产品的不足之处,从而创造出更加完善、实用的新产品。按照分解前后的功能对比,可以将分解技法分成两类。一是原功能型分解:具体是指将某个整体"分成若干部分"或"分出某一部分,经过改进后作为一个新整体时,其功能结构基本不变或稍做变化,其功能目的(指功能的用向)同整体时的功能目的一样,只是其所展现的功能更加完善和实用。这样的分解创造称为原功用分解。例如,普通的螺丝刀,刀把和刀头是固定的,遇到不同规格的螺钉就要准备几把螺丝刀。通过分解,把刀把和刀头分开,创造出多用活动螺丝刀。二是变功能型分解:具体是指将某个整体"分成若干部分"或者"分出某一部分",经过改进后作为一个新的整体和新的组合整体时其功能目的不同于整体原来的功能目的。例如,普通的水杯,将杯身、杯底和杯把分解开分别进行改进,杯身加长,杯底直径变大,杯把变成环绕在杯身上的加强环,再将改变后的杯身、杯底和杯把重新组合在一起,就可以变成在家庭中使用的小型花盆。

无叶风扇基座及无叶风扇

无叶风扇因其独到的造型和先进的技术备受市场青睐。无叶风扇主要包括基座和喷嘴,而基座又包括动力系统和外壳。在运行时,动力系统在高速运转时会吸入从基座外壳进入的空气,然后将空气送入喷嘴组件吹出。市场上现有的无叶风扇在工作时会产生较大的噪声,珠海格力电器股份有限公司针对这一问题进行改进,对现有的无叶风扇进行进一步分解并分析,发现动力系统在工作时产生的噪声通过基座上设置的进气结构向外扩散,导致无叶风扇噪声较大。图2-4为无叶风扇的结构分解图。

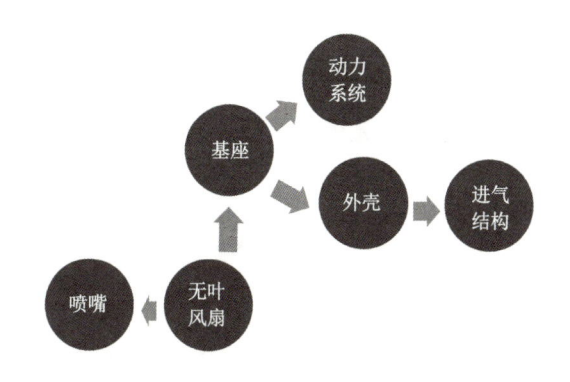

图 2-4　无叶风扇的结构分解图

改进后的无叶风扇基座包括外壳，设置在外壳上的进气结构（包括空气入口和空气出口，以及连通空气入口与空气出口的气流通道），设置在进气结构中的消音组件。无叶风扇基座通过在气流通道中设置消音组件，由消音组件成型的与气流通道连通的消音腔对气流通道中的空气噪声进行降噪消音，从而降低了无叶风扇工作时的噪声，改进了进气结构，提升了用户体验。

3. 组合创新技法

组合创新技法是一种将已知的事物或产品重新组合，以创造新的价值的方法。这种技法涉及将两个或多个不同的元素、组成部分或概念合并在一起，以产生全新的事物或概念。通过组合创新技法，人们可以从已知的事物和概念中提取有价值的元素，重新组合形成全新的创意和解决方案，从而实现创新和改进。常见的组合创新技法包括主体附加、异类组合、同物自组和重组组合等。

（1）主体附加：该技法是指将一个产品或事物作为主体，添加其他元素或事物，形成一个新的产品或方案。这种技法可以通过增加新的元素来改善原有产品或事物的性能和功能，从而创造出更具创新性和实用性的新产品或方案。例如，智能手表将传统手表的功能与智能手机的功能进行了结合，添加了许多新的元素，如计步器、心率检测、电话、信息推送等，形成了一款新的智能产品。这种主体附加的组合创新技法，不仅改善了手表的传统功能，还为用户带来了更多的便利和创新的使用体验。

（2）异类组合：该技法是指将两种或以上看似毫不相干的事物进行组合，产生出新的产品或方案。例如，将医疗设备和智能化技术进行结合，产生出智能医疗设备。其特点如下：第一，组合对象（设想和物品）来自不同的方面，一般无明显的主次关系；第二，组合过程中，参与组合的对象从意义、原理、构造、成分、功能等方面可以互补和相互渗透，产生 1＋1＞2 的价值，整体变化显著；第三，异类组合是异类求同，因此创造性较强。

（3）同物自组：该技法是一种将若干个相同的事物进行组合，形成全新事物的创新技法。在折叠智能手机的例子中，就是将两块大小相同的屏幕通过可折叠的设计组合在一起，形成了一个可以折叠的手机，从而创造了全新的用户体验和设计理念。同物自组技法的优点在于，可以利用相同的元素创造出多种不同的组合形式，同时可以降低设计和生产成本，提高效率。

（4）重组组合：任何事物都可以看作是由若干要素构成的整体。各组成要素之间的有序结合，是确保事物整体功能和性能实现的必要条件。如果有目的地改变事物内部结构要素的次序，并按照新的方式进行重新组合，以促使事物的功能和性能发生变化，这就是重组组合。

一种可电解水的喷雾水杯

小水怪（深圳）智能科技有限公司发明了一种可电解水的喷雾水杯。该喷雾水杯将电解片、雾化片和水杯进行组合，同时在杯盖上开设对应雾化片的喷口和驱动电路，电解片和雾化片分别与驱动电路电性连接，使用者可以根据需要将水雾化或将水电解，操作简单、使用方便。利用组合方法，让水杯在盛水的基本功能之外，还可以将水电解或雾化，改善饮水和干燥的空气，在很大程度上改善了人们的生活质量。

一种穿戴式糖尿病监测装置及系统

某医疗器械公司使用组合创新技法，将一个可穿戴设备、一个独特的传感器和一个在线数据平台组合在一起，开发出了一种智能血糖监测系统。该系统可以定时测量血糖水平，将数据上传到在线数据平台，医生和患者可以通过手机或电脑随时查看数据，进行监测和分析。通过将这些不同的元素组合在一起，该公司创造了一种全新的产品，为糖尿病患者提供了更便捷、更准确的血糖监测方式。

4. 信息交合法

在创意发现过程中，知识是连接问题与创意方案的桥梁，它通过在问题空间与创意空间之间传递有用的信息支持两个空间的探索，从而产生满足约束条件的可接受的创意方案。信息交合法是指将不同领域或不同问题空间的知识信息进行交融、交叉，以寻求新的启示和解决方案的方法。这种方法基于不同领域之间的联系和相互作用，将来自不同领域的信息结合起来，形成新的思维模式和解决方案，产生出更好的创意解决方案。图2-5为从问题空间到创意空间的过程展示。

信息交合法在创意发现过程中具有重要的意义。首先，它可以促进知识之间的互动和交流，从而产生新的知识和新的想法。其次，它可以帮助创意主体从不同的领域和角度审视问题，扩展思维的广度和深度。再次，它可以促进创意主体发现新的联系和关联，从而产生创意的契机。最后，问题求解的过程伴随着新知识的产生——不同信息的

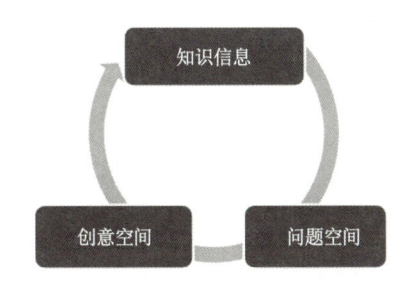

图 2-5 从问题空间到创意空间的过程展示图

交合可产生新信息以及不同联系的交合可产生新联系,通过信息交合产生创意的同时也增加了创意主体信息库的知识储备,为可持续的创意发现提供良好的基础。因此,信息交合法可以帮助创意主体更加深入地理解问题和挖掘潜在的解决方案,从而产生更具创新性和实用性的创意方案。

需要注意的是,这里的创意主体不仅可以是个人,更可以是群体,创意群体之间的横向信息交互和共享,可以有效填补个人知识或者经验的空白,为问题解决提供更加广阔的视角。图 2-6 展示了利用信息交合法进行创意发现的过程。

图 2-6 利用信息交合法进行创意发现的过程

从图 2-6 可以看出,为了求解问题,创意主体需根据问题分析结果在背景知识中进行检索。背景知识包含了创意主体在创意发现过程中所能接触到的所有知识,可将其看作是一个综合的数据库,它向创意主体提供不同领域及不同抽象层次的知识信息来源,包括发明原理、科学效应、专利知识、设计案例等。由于检索到的背景知识与问题求解之间往往可能存在一定的距离,因此并不能直接运用到问题的求解中,而需要通过知识还原、迁移等处理,将不同领域的源知识处理为当前问题求解的求解知识,添加到知识空间并激发创意方案的产生。

装药托盘的发明

术前麻醉准备很重要的一个环节就是抽药,每一次麻醉前都会准备大量的药物,包括镇静药、镇痛药、肌松药、急救药等。麻醉中用到的所有药品都要严格按照患者的体重精确地给药,为了避免用错药或者用错剂量,手术室一般会采用双人核对制,在一个医务人员抽完药之后,必须给注射器贴上标签,注明药品的名称和稀释的浓度,还要将空的安瓿瓶通过套子套在对应的注射器针头上,以方便后一个医务人员进行核对,但这种防错方式显然会大大增加抽药人员的工作量,且在术前给药时还需要再把空安瓿瓶一一从注射器上拿下来,非常不方便。某护士发现了这一问题,但他一直没有找到好的解决方法。在他将这个问题告诉自己的朋友——一个医疗器械厂家的机械工程师之后,工程师很快给出了一个解决方案:分类托盘,其能够将注射器和对应的空安瓿瓶放在一起并和其他注射器分开的托盘。由工程师提供托盘的基本结构和形状,某护士根据自己的工作经验对托盘的构型进行调整和细化,最终发明了一种装药托盘。该托盘主要包括第一条形块、空瓶置放槽、注射器置放槽、第二条形块和药品置放槽,在使用时事先将安瓿瓶和对应的注射器配套放置在药品置放槽和注射器置放槽内,在手术前进行抽药,并将空安瓿瓶放在对应的空瓶置放槽内便于核对,从而简化了配药流程,节省了配药时间。

5. 焦点法

焦点法是一种帮助创意主体在创意发现过程中保持聚焦的方法,它可以帮助创意主体从问题的广泛领域中找到一个具有代表性的子集,然后在该子集中进行深入探索,以便更好地理解问题的本质,进而产生更加有针对性的解决方案。焦点法使创意主体更加关注问题的解决,避免在创意发现过程中思维无限制地扩散。它可以应用于个人创意过程和团队创意过程中,既可以帮助个人保持思维的聚焦,也可以帮助团队更好地协作和沟通。焦点法的实践可以分为以下几个步骤:

(1) 问题聚焦:根据初始问题,确定一个初始目标,以此为基础产生创意想法。这个初始目标可以是一个大概的方向,如提高用户体验,或者是更加具体的要求,如在现有的移动应用中增加社交功能。

(2) 创意发散:在初始目标的引导下,创意主体进行自由联想和创意发散,不加限制地产生尽可能多的创意想法。

(3) 约束添加:随着对问题的深入理解,创意主体可以添加更多的约束条件,如技术限制、预算限制、用户需求等,以更加清晰地描述问题,并对创意想法进行评估。

(4) 创意评估:基于添加的约束条件,对创意想法进行评估,筛选掉那些不能满足问题要求的想法,并对剩余的想法进一步细化和完善。

(5) 解决方案聚焦:在剩余的创意想法中,选取最优的解决方案,并将创意发散和约束添加的过程进行迭代,进一步完善方案,最终达到解决问题的目的。

总的来说,由于初始状态的问题抽象程度较高,约束较少,可仅用一个目标来提供一个大致的方向,由此产生众多的甚至基于不同原理的创意想法。随着创意发现过程的推进,创意主体对问题的理解也不断加深,进而加入更多的需求和约束条件来更加清晰地描述问题,创意主体由此可以对创意想法进行评估,剔除掉那些不能满足问题要求的创意想法,剩余的想法在拥有更好定义的问题和领域知识的引导下被细化为更完善的创意方案。

灭蚊灯

蚊子吸食人体血液,让皮肤瘙痒难耐,还会传播登革热、疟疾、黄热病等疾病,因此灭蚊就显得尤为重要。开始时,人们想要解决的问题比较笼统,就是消灭蚊子。灭蚊的方式有很多,如用蚊拍、蚊香熏灭驱赶、喷洒驱蚊药水等。随着生活水平的增加,人们对灭蚊方式提出了更多的要求,如安全、环保、省力,在这些条件的约束下,电蚊拍被发明了出来,蚊虫接触电蚊拍后触电死亡,免除污染的同时又安全省力。但随后使用者又提出了一个新的要求:虫尸清理。上海荣升灭蚊灯有限公司在仔细研究用户需求后,发明了一种安全有效、清洁卫生的新型灭蚊装置——灭蚊灯。它采用光谱为 $365\sim420~\mu m$ 的黑光管诱蚊后,通过吸入法将蚊虫吸入储虫室脱水而死或用风机叶片直接将蚊虫杀灭后落入储虫室,可分离的储虫室便于对虫尸进行清除。这种灭蚊方法既安全有效,又清洁卫生,是一种理想的灭蚊器具。

问题发现是一个由模糊、抽象的功能需求向具体的技术需求转化的过程,使得支持创意主体的知识抽象度和粒度不同。在创意发现初期,针对问题的功能性需求,创意主体往往需要的是抽象程度较高的跨领域原理类知识,而随着对问题理解的不断深入,则更需要抽象程度较低的领域类或结构类知识。

6. 寻找缺陷法

寻找缺陷法可以看作是对问题表达和现有解决方案的再理解,是一个逆向思维过程。一次创意过程会产出一个具有明确表达的问题以及针对该问题的解决方案,这个问题解决方案的载体可以是产品也可以是方法(产品的生产方法、使用方法等),将这个问题解决方案的载体放在不同的使用情境中,从不同特征的使用者的角度出发,重新理解该方案以及该方案所要解决的问题,往往能够发现新的问题表征以及问题解决方案的局限性。这种方法可以帮助创意主体发现问题解决方案的潜在局限性和改进空间,为问题的再定义和解决方案的优化提供思路与启示。

室内用取暖桌

取暖桌又称电暖桌,是集桌子和取暖器为一体的新型取暖器具。在传统桌子的基础上,融入现代科技和美学,利用远红外辐射和对流采暖,增加无明火安全取暖功能。从采暖的角度来说,市场上现有的取暖桌足以解决问题。但是代入使用者的角度,在使用手机的场景下,现有的取暖桌不能对手机进行充电,取暖和使用手机不可兼得;对怕冷的人来说,取暖桌的温度太低,对怕热的人来说,取暖桌的温度又太高,不能进行温度调节;在喝水或者喝茶的场景下,取暖桌的取暖覆盖不到桌子边缘的茶杯,不能对茶杯内的水进行保温;在地面凹凸不平的使用场景下,取暖桌不能调平,容易发生晃动,等等。针对上述问题,湖南瑞奇电器有限公司发明了一种室内用取暖桌,该取暖桌集成了充电、保温、调平和温度调节等功能,解决了目前市场上的电暖桌功能较为单一,只能进行简单的加热,使用时非常不方便的问题。

从上述案例可知,所寻找的创意实际上就隐含在具体的情境中,只是一时没有被察觉而已。另外,新的问题常常是在一定的情境或事件中自然而然地出现的,问题的条件和目标常常是不确定、不明确的,因此想要寻找现有问题解决方案的缺陷,创意主体必须思考分析现有产品的背景信息,寻找各种可能的理解角度。

7. 列举技法

列举技法是一种通过罗列事物的各个方面来分析问题、拓宽思路、找到更好解决途径的创意发现方法,包括属性列举法、缺点列举法、希望点列举法等。它主要是针对事物的特性、存在的问题、优点、人的需求和愿望等进行一一列举,不断地克服不足,加以创新和完善。列举技法的基本程序如下:① 确定对象:根据技术发展和市场前景选择某项技术或产品作为改进对象;② 列举属性、缺点或者希望点:罗列改进对象的属性、缺点或者希望点;③ 提出问题:针对所列举的属性、缺点或者希望点提出问题或者问题解决方案。通过列举各种可能的属性、缺点或者希望点,创意主体可以更全面地理解问题,发掘问题的潜在解决方案。

(1) 属性列举法

属性列举法是指依据一定的规则,列举研究对象的各种性质,通过对这些性质的逐项分析,寻求改变来诱发创新设想的方法。该方法的主要特点是,将事物整体依照其不同属性分解为不同的部分或方面,然后就某一部分或方面,运用问题的基本概念或其他方法提出局部或整体的创新问题。所谓事物的属性,包括外部特征、内部结构、整体形态、功能、性能、运动方式、操作和做工方式等。这些属性可分为名词类属性、动词类属性和形容词类属性三类。名词类属性包括结构、材料、制造方法等,动词类属性包括功能、作用等,形容词类属性包括形状、颜色、重量、感觉等。

案例 1:尽可能多地列举玻璃杯的属性

主要包括:① 结构包括杯身、杯底和杯盖;② 杯身和杯底为玻璃材质,透明;杯盖为金属材质,不透明;③ 杯身和杯底无颜色,杯盖有颜色;④ 单层;⑤ 散热速度较快;⑥ 可以用来盛水、果汁、牛奶等;⑦ 重量较重;⑧ 杯盖和杯身之间为螺接;⑨ 杯盖内置有密封胶圈;⑩杯底比杯身厚。

(2) 缺点列举法

缺点列举法是指通过对事物或对象的缺陷一一列举的方式,找出改进或创意方向,是一种普遍应用的创意发现技法。缺点列举法的实施办法为:通过调查表、座谈会、产品跟踪、产品委托试用等方法得到改进对象的缺点反馈,将这些缺点进行整理归纳(结构缺点、材料缺点、性能缺点、功能缺点、工艺缺点等),制作缺点分类列表,针对列表中列举的改进对象的缺点进行处理:缺点改进或者缺点利用。

其中,根据缺点改进方式的不同,缺点列举法又可以分为改良型缺点列举法和再创型缺点列举法。改良型缺点列举,是针对已有一定完善程度的事物的某些特征缺陷或不足之处进行列举,在保持其原有基本状态的前提下,着手进行改进和完善,使其达到满意的创作目标的方法。再创型缺点列举是指从生产生活需要的角度出发,发现现有事物具有较大的缺陷,使用极不方便和安全,从而彻底改变事物原有的结构或重新构想,创造一种与原有事物有本质不同的事物的方法。

另外,世界上的事物总是一分为二的,是对立的统一物。缺点利用实际上是一种反向思维方法。面对缺点,反过来想一想,就有可能"利用缺点"为人类服务。例如,机械加工中的摩擦力容易使机器的转动部位损坏,但是把摩擦力用于交通领域,则成为车辆行走以及安全的重要保障。煤焦油曾经是令人头痛的废物,今天却成了重要的化工原料。目前,垃圾问题是许多城市的负担,但将来,垃圾处理工厂会成为很有发展前途的行业。

案例2:尽可能多地列举出日常生活中使用的文件柜的缺点

主要包括:① 容易倒;② 比较沉,不易移动;③ 文件放在里面容易滑动;④ 文件底部容易弯折;⑤ 不便于对文件进行区分,找文件时比较费力;⑥ 柜子密封性不好,里面的文件容易受潮;⑦ 柜子底部不方便打扫,顶部容易落灰。

(3) 希望点列举法

希望点列举法是通过列举事物被希望具有的特征,从而寻找创造的目标和方向的方法。即根据人们提出的种种希望,经过归纳,沿着所提出的希望达到的目的,进行创造发明。希望点列举法一般可以分为功能型希望点列举法和原理型希望点列举法。功能型希望点列举法是在不改变原事物基本作用原理的前提下,针对事物不具备而又有所希望的方面,将希望点一一罗列,进行变换和创新的一种思维模式。原理型希望点列举法是针对现有事物的某些不足列举出希望点,并根据希望或理想,打破原事物概念的束缚,从全新的角度再创造一种思维模式。希望点列举法同样需要用到调查表、座谈会、产品跟踪、产品委托试用等意见反馈方法得到人们对改进对象提出的希望。

案例3：尽可能多地列举出对快递盒的希望

主要包括：①希望能够防水防潮；②希望能够在运输过程中不易变形；③希望能够对其内的物品进行减震缓冲；④希望拆开的时候比较方便；⑤希望能够对其内的物品进行保温；⑥希望能够保持其内物品的新鲜度；⑦环保、无毒无害、无异味。

8. 主从分析法

从发明利益属性的角度来说，现有产品或者方法往往是能够解决一个或者一类问题的技术方案，如螺丝解决的是两个器物机件之间连接紧固的问题，空调解决的是室内温度调节问题，该技术方案通常由若干技术特征组成。技术特征可以是零件、部件、材料、器具、设备、装置的形状、结构、成分、尺寸等，也可以是工艺、步骤、过程，所涉及的时间、温度、压力以及所采用的设备和工具等，还可以是各个技术特征之间的相互关系。

从对问题解决的关联性角度划分，技术特征又可以分为普通技术特征和必要技术特征。普通技术特征是指能形成现有技术的集合，必要技术特征则是解决发明创造技术问题的技术方案中必不可少的特征，缺少任一必要技术特征，技术问题则不能解决。普通技术特征和必要技术特征是毛与皮的关系，普通技术特征为必要技术特征搭起了框架，必要技术特征依附在这一框架内，直接作用于问题的解决。

主从分析法是一种将对问题解决有直接贡献的必要技术特征作为主要改进对象进行分析，将普通技术特征作为从属的或者次要改进对象进行分析的一种创意方法。

磁化杯的功能和结构

以磁化杯为例，湖北运动人杯壶制造有限公司发明了一种新型磁化杯，包括杯子和磁化机构，其中磁化机构是由设置在杯盖内的磁化器和设置在杯体内胆底面或者杯盖内的磁力棒组成，杯盖内的磁化器通电后驱动磁力棒转动，有效地加速杯内液体在磁场内的流动性从而加速液体流动，液体流过磁场时（或在磁场中停留）水体垂直切割线（或由水的热运动切割磁力线）产生磁感应，在磁场作用下，使水体的理化性质发生变化，就可成为有生物效应的磁化水。宁波爱的磁化环保科技有限公司（现宁波爱你康环保科技有限公司）发明了一种强磁磁化杯，包括杯壳和底盖，杯壳的内部设置有内胆层，内胆层的下部向上凸起形成多个管壳，带有磁性的永磁片安装在管壳内，从而在内胆层内形成多个互相重叠的磁场，以实现对水的磁化。

从上述案例可知，两种磁化杯所要解决的问题都是水的磁化，即将自然水放入磁化杯磁化后能够成为磁化水，普通技术特征都是杯子，必要技术特征都是磁化机构。通过改变磁化机构的结构、磁化方式、安装位置等，产生了两个完全不同的新颖的创造性产品。另外,从案例中可知,必要技术特征发生变化(结构、数量、安装位置等发生变化),普通技术特征也会随之发生变化。

9. 类比法

类比法是一种通过移植原理进行联想比较和模拟仿效的创意发现方法。该方法可以帮助创意主体跳出思维定式的束缚,从而获得更多的创造性设想,特别适用于新方案的提出和新产品的开发。类比法通常需要通过视觉激励加上头脑中的联想,使思维向更多方向展开探索,从而找到比较对象之间的相似点或不同点,并在异中求同或在同中求异的逻辑推理中寻求更多的创意方案。类比法的关键是发现和找到原型,也就是类比的对象。从熟悉的对象类推出陌生的事物,从已知探索未知。如果没有类比的对象,类比的方法就无从运用。

异质同化是指在创造或发明新事物时,通过对现有事物的知识进行分析研究,找出等待创造事物和现有事物之间的相同点或相似点的过程。在类比法中,异质是指两个不同的事物,其中一个是等待创造的事物,另一个是已有的事物。同化则是指找出两个不同事物的相同点或相似点,即将已有的知识应用于新的情境中。通过异质同化的过程,创意主体可以跨越不同领域的知识边界,找到新的思路和创意,从而达到创造的目的。

同质异化是指在发明创造新事物时,将已有事物的共性或特点应用到待创造事物的设计中,以创造具有相似性或相同性质的新事物。这种方法需要对已知事物进行分析,发现它们之间的共性和特点,然后将这些共性和特点运用到待创造事物的设计中,以创造出更具有创新性和实用性的产品与服务。在类比法中,同质异化是创造新事物的关键环节,也是实现创意的关键之一。通过同质异化的方法,创意主体可以发掘已有知识和经验中的潜在价值,从而获得更多的灵感和创意,进而更加高效地发现新的解决方案,创造出更具创新性和实用性的产品与服务。在类比法中,异质同化和同质异化是相辅相成的两个重要方面,需要结合运用,才能取得更好的创意发现效果。

从羽毛球到爆破孔封堵器

石门揭煤是在巷道掘进过程中,遇到煤层时,揭露煤层的过程。当煤层底板下降距巷道顶板法距 3.0 m 至煤层顶板下降到巷道底板时,采用远距离放炮或者振动放炮揭开或者穿过煤层。在揭煤施工过程中,掏槽眼爆破孔深度不超过 1.2 m,其他爆破孔深度不超过 1.0 m,掏槽眼每眼装药量不超过 0.76 kg,其他爆破孔每眼装药量不超过 0.38 kg。煤体及煤体以上 0.5 m 范围内不布置爆破孔,只在岩石中布置爆破孔。煤体内爆破孔最小抵抗线不小于 500 mm,岩体内爆破孔最小抵抗线不小于 300 mm。放炮采用毫秒延期电雷管爆破作业,一次打眼,一次装药,一次起爆。爆破时,严禁人员在爆破孔附近逗留,爆破前,必须对爆破孔进行封堵,防止炸药漏出,同时延长爆炸气体的作用时间。传统的方法是利用黏土炮泥进行封堵,炮泥需现场加工,速度慢,且成品质量参差不齐,存在封泥不足或不实的问题。那么有没有一种封堵装置可以改善上述情况呢?马某某和张某某从羽毛球中得到启示,他们在打羽毛球时发现,将球筒底部的羽毛球拿出来特别费力。经过仔细研究发现,原来是羽毛球球翼部分向外张开,且比球筒的内径要大,将球放入羽毛球内时,球翼发生变形,和球筒内壁之间产生抵撑摩擦力,导致羽毛球卡在球筒内。之后他们又想到,如果将球筒看成爆破孔,那么羽毛球不就是很好的封堵装置吗?进而发明了一种爆破孔封堵器,它能够通过封堵喇叭的变形和爆破孔周壁紧密接触产生摩擦力,将爆破孔封堵严密,结构简单且方便使用。

10. 智能嫁接法

智能嫁接法的基本思想是在一个事物的本体上添加新的产品、方法、结构、原理或材料等,使其具备新的功能,解决新的问题。智能嫁接可以分为整体嫁接和部分嫁接两种形式。整体嫁接是指将一个完整的产品、方法或原理等整体添加到另一个产品或方法上,以创造新的解决方案。例如,将钢筋整体添加到混凝土中,形成了钢筋混凝土。部分嫁接是指将一个产品的部分结构、材料、原理或方法等添加到另一个产品上,以形成新的产品或解决方案。例如,将喷雾香水的喷头添加到水杯上,形成了喷雾水杯。智能嫁接法的主要优势是可以在已有知识和经验的基础上进行创新,从而更加高效地发现新的解决方案。

一种吸附灭活病毒口罩产品

目前,市场上效果较好的口罩如N95、N99型等的核心滤材是聚丙烯熔喷布,通过聚丙烯熔喷布滤材的阻隔作用,对黏附病毒的飞沫进行阻隔,但这种方式仅起到隔绝病毒的作用,并不能有效灭活病毒,因此该类口罩在使用过程中和废弃时仍然存在很大的感染风险。为此,中国科学院大连化学物理研究所通过在聚丙烯熔喷布生产设备上加装吸附灭活病毒纳米功能材料喷涂装置,将吸附灭活病毒纳米功能材料喷涂固载到特定温度范围的聚丙烯熔喷布纤维上,从而生产出吸附灭活病毒熔喷布滤材,并将其应用于口罩的生产中,制备出吸附灭活病毒口罩产品。该类型口罩从外至内依次包括疏水防黏层、吸附灭活病毒熔喷布滤材和吸水防黏层。通过将吸附灭活病毒纳米功能材料固载到熔喷布滤材中,使该口罩不仅能够有效过滤粉尘,还能够高效吸附灭活病毒。

以上所述的多种创意发现方法在解决不同问题时具有不同的优势和适用范围,因此在实际运用过程中,需要根据具体情况来选择最为合适的方法,具体见表2-1。

表 2-1　各种创意发现方法对比

方　法	描　述	适用领域
完美审视法	对问题进行逐步深入的研究和思考,逐步发现其中的细节和潜在的问题	需要高度专业技能和深度思考的领域
分解技法	将复杂的问题分解成较小的组成部分,以便更好地分析和解决问题	需要分析和解决复杂问题的领域,如机械制造、电子工程等
组合创新法	将现有的知识和想法进行创新性的组合和应用,以创造新的价值和解决方案	需要快速解决问题的领域,如互联网、信息技术等
信息交合法	在多个领域或行业中收集信息和想法,并将它们结合起来,以创造新的价值和解决方案	需要跨领域创新的领域,如生物技术、能源技术等
焦点法	将注意力集中在问题的一个特定方面,以便更好地发现问题的潜在解决方案	需要集中注意力来解决问题的领域,如煤矿开采
寻找缺陷法	发现问题或产品中的缺陷,并提出创新的解决方案	需要发现和解决问题的领域,如产品设计、质量控制等
列举技法	将一系列相关的思路或元素罗列出来,以寻找新的解决方案	需要创造新的概念或解决方案的领域
主从分析法	帮助分析每个技术特征的属性并分类,分析它们之间的关系及其对问题解决的贡献程度	在复杂的产品设计和开发中,尤其是需要对不同技术特征进行权衡和决策的领域
类比法	通过将不同领域和行业的概念和解决方案进行比较和联系,找到新的想法和解决方案	需要创造性地解决新的问题和挑战的领域
智能嫁接法	在不同本体上创造性地添加不同的技术和功能形成新的问题解决方案	在产品或服务的改进和创新方面,特别是在已有产品或服务的基础上进行改进和升级,如汽车制造领域

综上所述,不同的创意发现方法适用于不同的问题和情境。选择适当的创意发现方法可以帮助个人和企业更加高效地发现新的想法和解决方案,推动创新发展。另外,在选择创意发现方法时,不仅需要考虑问题本身的性质和要求,以及创意主体的经验和知识背景,同时也需要根据实际情况来评估各种创意发现方法的优缺点,选择最适合当前问题的方法来进行创意发现。

第 3 章　技术构思筛选

3.1　创意成果

创意成果是指在创造性思维和创新过程中产生的新想法、概念或解决方案。它可以是对问题的新见解、新的产品或服务构思、创新的商业模式等。创意成果是创新的基础，是从头脑中孕育而出的创新元素。

技术构思则是指在创意成果中涉及的技术方面的设想和构想。它关注的是如何利用技术手段来实现创意成果中的目标和解决方案。技术构思涉及技术的可行性、实施方法、技术架构等方面，它为创意成果的实现提供了技术支持和方向。

创意成果和技术构思之间存在着相互作用和影响。创意成果为技术构思提供了创新的思路和目标，它激发了对技术的探索和应用。同时，技术构思也对创意成果的实现提供了技术的支持和可能性。技术构思可以帮助评估创意成果的可行性、确定实施路径和所需的技术资源。

在创新过程中，创意成果和技术构思相互交织、相互促进。创意成果驱动着技术构思的发展和完善，而技术构思则为创意成果的实现提供了实际可行的方法和工具。

3.1.1　创意成果的表现形式

创意是一种创造性思维的过程和结果，是指人们产生独特、有创造价值的想法和解决问题的新方法的能力。创意是人类创造新事物、解决复杂问题的重要动力和基础，是人们不断探索未知领域、发掘潜力、激发创造活力的重要手段。而创意成果可以体现在很多方面，包括艺术、商业、科技、设计等。

1. 艺术领域

在艺术领域，创意成果可以通过多种形式体现，如绘画、雕塑、摄影、建筑等。通过

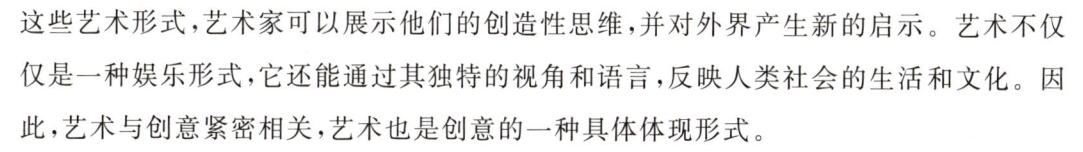

这些艺术形式,艺术家可以展示他们的创造性思维,并对外界产生新的启示。艺术不仅仅是一种娱乐形式,它还能通过其独特的视角和语言,反映人类社会的生活和文化。因此,艺术与创意紧密相关,艺术也是创意的一种具体体现形式。

(1) 绘画

对于绘画,创意可以通过独特的画面设计、颜色的使用、画法选择等来体现。例如,画家可以选择将普通的生活场景变成一幅富有张力和美感的作品;他也可以使用不同的颜色调和方式,以表现出具有独特个性的画面。典型的绘画领域的创意体现形式主要包括抽象画、超现实主义画、表现主义画、新艺术画等。这些只是绘画领域创意体现形式的一小部分,随着绘画技术和艺术家的创意不断发展,创意体现形式还会有更多的变化。

(2) 雕塑

对于雕塑,创意可以通过创新的设计、对材料的巧妙使用、创造出独特的造型等来体现。例如,雕塑家可以选择将不同的材料结合在一起,创造出具有独特色彩的作品;他也可以使用不同的造型语言,创造出具有独特艺术特征的作品。典型的雕塑领域的创意体现形式主要包括抽象雕塑、超现实雕塑、表现主义雕塑、环境雕塑等。这些只是雕塑领域中的一些创意体现形式,在不断发展的雕塑领域中还有许多其他有创意的表现形式。

(3) 摄影

对于摄影,创意可以通过对光线的运用、构图方式的使用、拍摄对象的选取等来体现。例如,摄影师可以选择在特定的光线下拍摄作品,以表现出独特的光影效果;他也可以使用不同的构图方式,以表现出不同的视觉效果。典型的摄影领域的创意体现形式主要包括创新的构图、色彩处理、聚焦技巧、合成技巧、拍摄主题等。

(4) 建筑

对于建筑,它是一个充满创意的领域,典型的建筑领域的创意体现形式主要包括独特的建筑形态、创新的建筑结构、环保建筑、多功能建筑、可持续发展建筑等。

2. 商业领域

在商业领域,创意成果可以通过多种形式体现,常见的方式包括:① 品牌设计:创意的图案、字体、颜色等元素可以用于品牌设计,以此来吸引消费者的注意力。② 产品设计:创意的元素可以应用在产品设计上,如一款新颖的手机外壳或一件充满创意的衣服。③ 广告创意:创意可以用在广告中,如创意的广告语、图片、动画等元素。④ 市场推广:创意可以用在市场推广中,如创意的促销活动、优惠券等。

(1) 品牌设计

品牌设计中的创意可以通过许多不同的形式体现出来,包括:

① 形象标识:品牌的标志性图形或符号可以通过创意的设计来体现,如苹果公司的苹果图形。

② 品牌颜色:颜色可以通过创意的使用来影响品牌形象,如红色代表热情,蓝色代表信任。

③ 品牌字体:品牌字体的选择和设计可以影响品牌的形象,如清新、简洁的字体可以体现出品牌的年轻和现代感。

④ 品牌广告:创意广告可以吸引用户的注意力,并在用户心目中留下深刻的印象,如使用动画、音乐等元素的创意广告。

⑤ 品牌活动:品牌活动可以通过创意的策划和执行来提升品牌形象,如举办创意的品牌活动以提高用户对品牌的认识和关注。

这些创意体现形式可以帮助品牌从众多的竞争对手中脱颖而出,在用户心目中留下深刻的印象,从而提高品牌的认知度和形象。

(2) 产品设计

产品设计中的创意可以通过许多不同的形式体现出来,包括:

① 使用不寻常的材料或结构,如将木头、玻璃、纺织品和金属结合在一起,形成独特的产品外观。

② 创新性地解决问题,如设计出一种可折叠的自行车,以方便人们携带。

③ 对于产品的功能、使用方法、操作方法等进行改进,使其变得更加实用和方便。

④ 使用现代科技,如虚拟现实、增强现实等,使产品更具吸引力。

⑤ 通过创意的设计,使产品具有视觉冲击力,从而让产品在消费者心中产生强烈的印象。

这些都是产品设计领域的创意体现形式,运用好产品设计可以帮助企业在竞争激烈的市场中脱颖而出,吸引更多的消费者。

(3) 广告创意

广告创意中的创意可以通过许多不同的形式体现出来,包括:

① 引人入胜的广告语:创造一个吸引人的口号,能够深入人心,进而引导消费者的行为。

② 富有趣味性的广告:通过幽默、创意的表现方式,吸引消费者的注意力,提高产品的知名度。

③ 生动形象的广告：通过视觉形象、动画特效等手段，呈现出产品的特点和优势，使消费者对产品产生兴趣。

④ 跨界合作的广告：通过与其他行业的合作，让产品的形象和价值更加具体，从而吸引消费者的注意。

这些仅仅是广告创意中的一些典型体现形式，实际上，广告创意的可能性远不止这些。只要有足够的创意和执行力，任何一种广告形式都可以成为创意的体现。

（4）市场推广

市场推广中的创意可以通过许多不同的形式体现出来，包括：

① 创新的营销策略：例如，通过社交媒体进行线上推广，或者举办创意的活动，吸引消费者的关注。

② 创意的广告语：例如，广告语具有启发性、诙谐幽默的特点，吸引消费者的关注。

③ 创意的广告形式：例如，利用现实生活中的场景或事件，以抓住消费者的眼球，并吸引他们的关注。

④ 创意的包装设计：例如，利用创意的包装设计，吸引消费者的注意力，并将产品与其他产品区分开。

⑤ 创意的活动设计：例如，利用创意的活动设计，吸引消费者的关注，并增加品牌知名度。

这些例子只是市场推广中创意体现形式的一部分，还有很多其他的创意形式，具体情况取决于市场环境、产品特点等因素。

3. 科技领域

在科技领域，创意成果可以通过多种形式体现出来，包括：

① 软件设计：通过独特的界面设计，创造出更人性化、更容易使用的软件体验。

② 硬件设计：将外观设计和功能设计相结合，让产品更加美观实用。

③ 新材料的应用：引入新的材料和技术，创造出更先进、更有创意的产品。

④ 用户体验：通过改变用户与产品之间的互动方式，让产品更加有趣、有感觉。

⑤ 科学技术的突破：创新的科技突破，如人工智能、大数据、云计算等，让科技应用更加普及，更加方便人们的生活。

4. 设计领域

在设计领域，创意成果可以通过多种形式体现：

① 异形设计：在产品或者建筑的设计中，采用一些不规则、独特的形态，通过对形状的创新来吸引消费者或者游客的目光，从而达到宣传和营销的目的。例如，上海的东

方明珠广播电视塔和迪拜的哈利法塔就是非常成功的异形建筑设计。

② 色彩运用：在设计中，色彩的运用也可以是一种创意的体现。通过对色彩的组合、搭配、变化等方式，创造出一种视觉上的冲击和美感。例如，苹果公司的标志设计中就采用了简洁的黑白色调，给人留下深刻的印象。

③ 视觉效果设计：这种设计的目的是产生视觉上的冲击和效果，从而吸引人们的目光。例如，在很多商场的电梯门口会有一些变换着颜色和图案的 LED 灯，这些灯光的变化可以吸引人们的注意力。

④ 材质创新：在设计中，材质的运用也可以是一种创意的体现。通过对材质的创新和运用，可以创造出独特的设计效果。例如，某些运动品牌在鞋子的设计中采用了一些新型材料，既轻量化了鞋子，又增加了舒适度。

⑤ 空间设计：空间设计是指在室内或者室外空间的设计中，通过灯光、色彩、材质等手段，创造出独特的空间效果。例如，酒店的大堂、博物馆的展示厅等空间设计中，往往会采用一些独特的灯光、颜色和材质等元素，营造出独特的空间氛围。

综上所述，创意成果是一种创造性的思维产品，它通过人们头脑里形成的崭新念头（即创意）产生，因此创意成果并非实际事物，而是一种想法上的未完成品。

3.1.2　创意成果的特点

创意成果的特点可以概括为独特性、创新性、可行性、价值性和影响力。

(1) 独特性

创意成果的独特性是指其与已有成果的差异和独特之处。具有独特性的创意成果能够吸引人们的目光，使其在市场上具有竞争优势。下面列举几个例子，说明创意成果的独特性。

iPhone：iPhone 是苹果公司开发的一款智能手机，其独特之处在于整体设计和用户体验，如使用无物理键盘、触摸屏幕进行操作，以及搭载 iOS 操作系统等，这些都是其他手机所没有的特点，这使得 iPhone 成为市场的领导者。

Airbnb：Airbnb 是一个在线住宿预订平台，其独特之处在于"分享经济"模式，即将房屋出租给旅客，通过在线平台进行交易，这种模式在传统酒店和旅馆行业中是独一无二的。

Tesla 电动汽车：Tesla 电动汽车在汽车行业中具有独特性，它使用电动动力系统代替了传统燃油发动机，采用大型触摸屏幕进行控制，同时具有高性能、长续航等特点，这使得 Tesla 成为全球电动汽车市场的领导者。

Nike 鞋类产品：Nike 是一家著名的运动品牌，其独特之处在于运动鞋的设计和材料使用，如 Air Max 鞋款采用气垫技术进行缓震，Flyknit 鞋款使用无缝编织材料进行设计，这些特点使得 Nike 的运动鞋在市场上具有巨大的竞争优势。

这些例子说明，创意成果的独特性可以来自于产品的设计、功能、材料、技术等方面，而且它们都能够吸引人们的注意力，并在市场上获得成功。

（2）创新性

创意成果的创新性是指其与已有成果相比较，能够提供新的解决方案、新的理念或新的设计思路，能够满足人们不断变化的需求和期望。具有创新性的创意成果能够推动产业的发展，引领行业的变革。下面列举几个例子，说明创意成果的创新性。

3D 打印技术：3D 打印技术是一种全新的制造技术，它能够将数字模型转化为实物，并且可以在短时间内完成生产，这种技术的出现可以实现快速生产和个性化定制，推动了制造业的变革。

微信小程序：微信小程序是一种轻量级的应用程序，能够在微信平台内独立运行，可以为用户提供便利的服务，如在线购物、游戏、社交等，这种新的应用程序模式能够满足用户的需求，提升用户体验。

物联网技术：物联网技术是一种将物品通过互联网连接起来的技术，能够实现智能化控制、数据采集和实时监控等功能，如智能家居、智能制造等，这种新的技术模式能够推动社会生产力的提升。

科技独角兽企业：科技独角兽企业是指在创新技术领域中具有巨大潜力和市场价值的企业，如谷歌、Facebook、腾讯等，这些企业靠着不断的创新和技术突破，不断推动产业的变革和升级。

这些例子说明，创意成果的创新性可以来自于技术、商业模式、产品服务等方面，而且它们都能够满足人们不断变化的需求和期望，进而推动产业的发展和升级。

（3）可行性

创意成果的可行性是指其在技术、市场、经济等方面的可行性。在技术方面，创意成果需要能够落地实现，达到预期的技术效果和成果；在市场方面，创意成果需要满足市场需求和消费者的需求，具有市场潜力和商业前景；在经济方面，创意成果需要具备可持续性和盈利能力，能够为企业创造价值和利润。下面列举几个例子，说明创意成果的可行性。

光伏发电技术：光伏发电技术是一种利用太阳能进行发电的技术，具有清洁、可再生、零排放等特点，不仅能够保护环境，而且还能够为企业带来经济效益。因此，这种技术具有技术可行性、市场潜力和经济可行性。

网约车平台:网约车平台是一种新型的出行方式,通过移动互联网技术和车辆管理系统,能够为用户提供更加方便、安全和高效的出行服务。这种平台具有技术可行性、市场潜力和商业前景,因此受到了广泛的欢迎。

人工智能医疗:人工智能医疗是一种将人工智能技术应用于医疗领域的创意成果,能够提高医疗效率、减少医疗误诊和提升患者体验。这种技术具有技术可行性、市场潜力和经济可行性。

可降解塑料:可降解塑料是一种新型的塑料制品,能够在自然环境中分解为无害物质,减少了对环境的污染。这种材料具有技术可行性、市场潜力和环境保护意义。

这些例子说明,创意成果的可行性需要综合考虑技术、市场和经济等方面的因素,只有具备了可行性,才能够被实际应用和产生实际价值。

(4) 价值性

创意成果的价值性是指其能够带来的经济、社会、文化等方面的价值和意义。创意成果的价值性可以是直接的经济效益,也可以是间接的社会效益和文化价值。下面列举几个例子,说明创意成果的价值性。

5G通信技术:5G通信技术是一种新型的移动通信技术,能够提供更快的网速和更稳定的连接,使得人们可以更加方便地进行移动办公、远程教育、在线医疗等活动。这种技术具有巨大的经济和社会价值,可以带动新一轮的产业革命和数字化转型。

绿色能源:绿色能源是一种新型的能源形式,如风能、太阳能等,能够替代传统的化石能源,减少碳排放,降低环境污染和气候变化带来的影响。这种技术具有环境保护和可持续发展的价值和意义。

生物医药:生物医药是一种新型的药物研发和制造技术,可以利用生物学的知识和技术,研发出更加安全和有效的药物。这种技术具有直接的经济和社会价值,能够提高医疗水平和患者生活质量。

虚拟现实技术:虚拟现实技术是一种新型的数字媒体技术,能够模拟出逼真的虚拟世界,让人们可以身临其境地感受和体验不同的场景和情境。这种技术具有文化和娱乐价值,可以丰富人们的精神生活。

这些例子说明,创意成果的价值性需要综合考虑其对经济、社会、文化等方面的贡献,只有具备了价值性,才能够得到社会的认可和推广应用。

(5) 影响力

创意成果的影响力是指其对相关领域、产业或社会的深远影响和推动作用。创意成果的影响力可以表现在技术创新、经济发展、社会变革等多个层面上。下面列举几个例子,说明创意成果的影响力。

互联网:互联网是一种新型的信息技术,能够连接全球各地的人们和信息资源,实现信息的快速传播和共享,对全球经济、文化和政治等领域产生了深远的影响。互联网的出现和发展推动了数字经济、电子商务等新兴产业的崛起,改变了人们的生活和工作方式,成为当今世界上最具影响力的创意成果之一。

人工智能:人工智能是一种新型的智能计算技术,能够模拟人类智能的思维和决策过程,对机器学习、自然语言处理、图像识别等领域产生了深刻的影响。人工智能的发展已经引领了新一轮的产业革命,将改变未来经济和社会的格局和面貌。

移动支付:移动支付是一种新型的支付方式,能够利用移动终端实现线上和线下的支付,对传统的支付方式产生了颠覆性的影响。移动支付的出现改变了人们的消费习惯和支付方式,促进了数字经济的发展,提升了经济效率和用户体验。

智慧城市:智慧城市是一种新型的城市管理和服务模式,利用物联网、大数据、人工智能等技术,实现城市基础设施和公共服务的智能化、数字化和网络化。智慧城市的发展能够提高城市的智能化水平、优化城市管理和公共服务,实现城市可持续发展和智能化升级。

车联网:车联网是一种新型的智能交通技术,能够实现车辆之间、车辆与道路之间的信息互联,提高交通安全和效率,改变人们的交通出行方式,对于城市交通管理和智慧城市的发展产生了重要的影响。

这些例子说明,创意成果的影响力可以是跨越性的,它不仅能够改变人们的生产和生活方式,还能够引领新的技术、经济和文化发展趋势,促进社会的进步和发展。创意成果的影响力需要综合考虑其应用领域、技术水平、市场需求和社会影响等多个因素,只有具备了影响力,才能够真正地推动社会的发展。

3.2 创意成果的保护形式

不同类型的创意成果可以通过不同的知识产权保护形式来保护,保护形式的选择需要考虑到创意成果的实际情况、保护的范围和期限等多个因素。知识产权具有时间性、地域性、无体性、专有性等特征。2020年发布的《中华人民共和国民法典》中的第一百二十三条规定,民事主体依法享有知识产权。知识产权是权利人依法就下列客体享有的专有的权利:① 作品;② 发明、实用新型、外观设计;③ 商标;④ 地理标志;⑤ 商业秘密;⑥ 集成电路布图设计;⑦ 植物新品种;⑧ 法律规定的其他客体。下面介绍几种常见的创意成果保护形式,如著作权、商标权、商业秘密、专利权等。

3.2.1 著作权

《中华人民共和国著作权法》第三条所称作品是指,文学、艺术和科学领域内具有独创性并能以一定形式表现的智力成果,包括:文字作品;口述作品;音乐、戏剧、曲艺、舞蹈、杂技艺术作品;美术、建筑作品;摄影作品;视听作品;工程设计图、产品设计图、地图、示意图等图形作品和模型作品;计算机软件;符合作品特征的其他智力成果。而著作权是指文学、艺术、科学作品的作者依法对他的作品享有的一系列的专有权。

3.2.2 商标权

《中华人民共和国商标法》第三条规定,经商标局核准注册的商标为注册商标,包括商品商标、服务商标和集体商标、证明商标;商标注册人享有商标专用权,受法律保护。第八条规定,任何能够将自然人、法人或者其他组织的商品与他人的商品区别开的标志,包括文字、图形、字母、数字、三维标志、颜色组合和声音等,以及上述要素的组合,均可以作为商标申请注册。

商标权是民事主体享有的在特定的商品或服务上以区分来源为目的排他性使用特定标志的权利。商标权的取得方式包括通过使用取得商标权和通过注册取得商标权两种方式,在我国,商标注册是取得商标权的基本途径。当他人在相同或类似商品(或服务)上使用相同或近似的商标,导致消费者混淆,取得商标专用权的注册商标所有人可以依法对其进行排斥或追究侵权责任。

需要注意的是,商标注册并不是必需的,商标使用也可以取得商标权。商标使用是指在商品或服务上实际使用商标,并取得了一定的知名度和地位。当商标使用人在商品或服务上使用了商标,而且该商标已经具有一定的知名度和地位,并且已经被公众广泛认可,那么该商标使用人就可以依法对其商标享有一定的权利。但是,商标使用的保护范围相对较窄,难以排除其他人的使用,因此商标注册是取得商标权更为有效和可靠的途径。

3.2.3 商业秘密

商业秘密是指不为公众所知悉、能为权利人带来经济利益,具有实用性,并经权利人采取保密措施的设计资料、程序、产品配方、制作工艺、制作方法、管理诀窍、用户名单、货源信息、产销策略、招投标中的标底及标书内容等技术信息和经营信息。企业可以通过这些信息在市场竞争中保持优势,商业秘密只要一直保持保密性,没有被竞争对手或企业外个人通过不正当手段获取披露,其价值就持续有效。

3.2.4 专利权

专利权是指国家根据发明人或设计人的申请,以向社会公开发明创造的内容,以及发明创造对社会具有符合法律规定的利益为前提,根据法定程序在一定期限内授予发明人或设计人的一种排他性权利。专利的主要作用是保护创新者的权益,鼓励创新和发明,促进技术进步和社会发展。专利权人可以在专利保护期内独占利用发明创造,防止他人在未经许可的情况下利用发明创造,从而获取利益和市场优势。

1. 专利的含义

专利,从字面上是指专有的权利和利益。专利属于知识产权的一部分,是一种无形的财产,具有与其他财产不同的特点。在现代一般是由政府机关或者代表若干国家的区域性组织,根据申请而颁发的一种文件。这种文件记载了发明创造的内容,并且在一定时期内产生这样一种法律状态,即获得专利的发明创造在一般情况下他人只有经专利权人许可才能予以实施。

2. 专利的分类

(1) 中国专利分类

中国专利主要分为三种:发明专利、实用新型专利和外观设计专利。

① 发明专利:《中华人民共和国专利法》第二条第二款规定,"发明,是指对产品、方法或者其改进所提出的新的技术方案。"这种产品是指工业上能够制造的各种新制品,包括有一定形状的固体、液体、气体之类的物品(例如,人为创造的物品,如电脑、飞机、油漆配方、药品配方等),所谓方法是指对原料进行加工,制成各种产品的方法(例如,发酵、分离、成型、输送、实验、操作方法等)。

② 实用新型专利:《中华人民共和国专利法》第二条第三款规定,"实用新型,是指对产品的形状、构造或者其结合所提出的适于实用的新的技术方案。"实用新型专利的保护范围要小于发明专利,它只保护产品的具体特性。

③ 外观设计专利:《中华人民共和国专利法》第二条第四款规定,"外观设计,是指对产品的整体或者局部的形状、图案或者其结合以及色彩与形状、图案的结合所作出的富有美感并适于工业应用的新设计。"

（2）国外专利分类

美国专利主要分为三种：发明专利、植物专利和外观设计专利。

① 发明专利：发明是指对产品、方法或其改进所提出的新的技术方案，申请发明专利的产品必须具有某些功能或实用价值。自申请日起 20 年为发明专利的保护期限，缴纳维持费的时间点分别为自注册日起第三年半、七年半及十一年半。保护范围涉及组合物或者使用该组合物的方法的专利，其有效期可以延长，最多可以延长 5 年。

② 植物专利：凡发明、发现及无性繁殖任何特殊及新植物品种，包括耕种培养的变化、变种、混合及新发现的植物种苗，都可依照美国专利法的规定取得植物专利，但不包括由块茎繁殖的植物或在非栽培状态下发现的植物。自申请日起 20 年为植物专利的保护期限，缴纳维持费的时间点分别为自注册日起第三年半、七年半及十一年半。

③ 外观设计专利：在外观设计专利的定义上，美国外观设计专利定义和中国外观设计专利定义相比差别不大。自授权日起十五年为外观设计专利的保护期限，且不收取年费。公开后于半年内仍可提出专利申请，以保护该外观设计的专有性，这是美国专利新颖性判断上和中国专利的一个重大差别。

欧洲专利主要分为两种：欧洲发明专利和欧盟外观设计专利。

① 欧洲发明专利：是授予具备工业生产应用性、独创性和创造力的创造发明。欧洲地区推行《欧洲专利公约》（European Patent Convention），即 EPC 体系，在 EPC 体系的国家包括欧盟体系的国家，也包括非欧盟成员国的国家。

② 欧盟外观设计专利：可直接向欧盟商标专利局提出申请，同时在 28 个国家有效。

日本专利主要分为三种：发明专利、实用新型专利和外观设计专利。

① 发明专利（称作特许）：是指针对产品技术结构、方法、工艺流程或工艺参数改进所提出的新的技术方案。自申请日起 20 年为发明专利的保护期限，可申请延长保护期限的专利类型包括医药品和农药发明专利，但不得超过 5 年。

② 实用新型专利（称作实用新案）：是指针对产品的形状、构造或者其结合技术特征改进所提出的适于实用的新的技术方案。实用新型专利不包含实质审查这一步骤，授权时间一般在申请日后 6 个月，自申请日起 10 年为实用新型专利的保护期限。申请人可以就同一发明创造选择申请发明专利或实用新型专利。

③ 外观设计专利（称作意匠）：是指针对产品的形状、图案或者其结合以及色彩与形状、图案的结合所作出的富有美感并适于工业应用的新设计。自注册日起 20 年为外

观设计专利保护期限。接受申请的专利语言只限于日语。

3. 专利的作用

专利可以保护创新者的权益,促进技术进步和社会发展,提高企业的市场竞争力和地位,增加技术转移和交流,促进国际合作和交流等。因此,专利的申请和保护非常重要,需要加强知识产权保护意识,提高创新和发明的积极性与效率。具体来说,专利具有以下几方面的重要作用。

(1) 鼓励创新:专利制度可以激励人们进行创新和发明,提高创新的积极性和创新效率,促进技术进步和社会发展。

(2) 保护创新者的权益:专利保护可以使创新者获得独占权,防止他人在未经许可的情况下利用发明创造,从而保护创新者的权益和利益。

(3) 提高市场竞争力:专利保护可以使专利权人在市场上获得优势和利益,提高企业的市场竞争力和地位,促进企业的发展和成长。

(4) 增加技术转移和交流:专利保护可以促进技术的转移和交流,加速技术的传播和应用,促进技术的普及和发展。

(5) 促进国际合作:专利制度可以促进国际合作和交流,推动全球技术和经济的发展。

4. 专利权的基本属性

专利权的基本属性包括排他性、区域性和时间性,具体介绍如下。

(1) 排他性:也称独占性,是指在专利权保护期限和法律管辖范围内,任何单位或个人未经专利权人许可都不得实施其专利;对于发明和实用新型,即不得以生产经营为目的制造、使用、许诺销售、销售、进口其专利产品;对于外观设计,即不得以生产经营为目的制造、许诺销售、销售、进口其专利产品,否则属于侵权行为,专利权人可就其侵权行为提起诉讼。

(2) 区域性:是指专利权受区域限制,只有在法律管辖范围内才能有效使用。技术发明由专利申请地(一般指国家)授予专利权,专利保护范围仅在申请地,对专利申请地以外的其他国家或地区不具有法律效力,同时在其他国家或地区受到侵权不会受到保护。然而,申请人可以在多个国家或地区同时申请同一专利,该专利可在获得授权后在专利申请地受到法律保护。

(3) 时间性:是指专利的有效性只存在于法律规定期限内。专利在超过规定年限后,便会自动丧失专利权。专利中的技术便会向社会公开,为所有人所共有,其他企业和个人可以免费利用该专利进行产品创作。不同国家的专利法或国际公约规定的专利保护期限也有所不同。

3.3 创意筛选

创意的产生是一个有组织的管理过程,由创意生成和创意识别两个相继的子过程组成。创意生成阶段是以"发散思维"为基础的,主要任务是广泛搜索知识和技术,建立新的知识关联,列出不同的解决方案,从而形成创意库。创意识别阶段则是以"收敛思维"为基础的,核心是对创意库进行评估,选择少数高质量的创意想法。目前,仍缺乏关于创意产生全过程以及有效企业管理机制的研究。

创意的类型主要有两种,一种是突破性创意(radical new idea),即建立在不同科学技术原理之上,能彻底改变组织实践或产品的新思想;另一种是渐进性创意(improvement new idea),即对现有产品、技术或工作流程进行改进和完善的新想法或建议[6]。员工创意过程是指将这些新颖、有用的想法进行细化、倡导,并最终获得管理者的认可和采纳,取得组织合法性席位的过程。

创意产生是创新的理念基础和最初阶段,包括问题识别、信息收集、提出方案等环节[7]。创意实施包括方案评估和选择、执行方案等环节,是创新的第二阶段也是至关重要的一个阶段[8]。创意产生主要是个体内部的认识活动,而创意实施主要是工作场所中人际间的社会过程。

个体创意常常是发散的且缺乏明确指向的[10],在很大程度上具有不确定性。因此,需要通过对涌现出的不同创意从概念上进行界定,进而完成对创意的筛选。从创意输入到创意概念共识,也是群体在集体创造这一社会互动过程中帮助个体的第一步。

3.3.1 创意筛选的步骤

创意筛选是一个多阶段的评估过程,从创意形成到专利申请和产品开发,需要不断地进行评估和改进,以确保最终成果满足市场需求。这是一个动态和迭代的过程,需要对产品创意不断进行评估和改进。创意筛选是采用适当的评价系统及科学的评价方法对各种创意进行分析比较,从中把最有希望的设想挑选出来的一个"过滤"过程。创意筛选的核心是"去芜存菁",即基于收敛思维对创意进行认真分析与整理,评估各个创意的新颖性与实用性并据此筛选出少数高质量的创意想法。

个体创意常常是发散且缺乏明确指向的,在很大程度上都具有不确定性。需要通过对涌现出的不同创意从概念上进行界定,进而完成对创意的筛选。此外,个体的认知和认知结构也可能影响他们对创意的评价和选择。管理者的有限理性决定了他们只能在有限的范围内做出有限的选择,其态度也会影响他们对创意的收集和评价(如搜寻方向和搜寻强度)。因此,管理者需要尽可能地保持客观,并在评估创意时考虑客观条件和自身需求,以确保他们选择的创意具有实用性和可行性。

创意筛选一般要经过以下两个步骤:① 初选。经过初选,淘汰那些不符合市场要求或不符合企业目标或企业力量暂时达不到的创意,以减少创意数量。② 精选。对初选留下来的创意方案,从不同角度加以分析,进行详细评审,全面比较衡量它们的利弊,从中选出最佳的创意方案。

创意筛选需要经过多个环节,以保证最终选出的创意方案最佳。初选确保了创意方案是合法、可行的,并符合市场和企业需求;而精选则需要全面比较各个方案的优缺点,从中选择最优解。在筛选过程中需要从多个角度,如市场前景、技术可行性、经济效益、竞争力等进行详细评估,保证最终选出的创意方案是最具价值的。

3.3.2　创意筛选的目的

创意筛选的目的是确保企业在进行创意活动时,充分考虑市场需求、企业发展目标、创意可行性、资源利用等因素,最大限度地发掘创意的价值,实现创意的价值最大化。创意筛选的目的主要包括:

① 权衡各创新项目的费用、潜在效益与风险,尽早发现和放弃不良创意,选出商业价值大、潜在盈利高的创意。

② 创意筛选的过程中可以对原有创意做出修改与完善,使得新创意更适应市场需求,与公司发展目标相契合。

③ 为创意的最终实施打下基础,减少从创意到实施过程中的风险,确保创意能够顺利实施,并获得预期的效果。

④ 有效利用企业资源,降低创新项目的成本,提高创意实施的效率。

⑤ 提高创意质量,保证创意实施的长效性,从而增强企业的竞争力。

⑥ 提高员工创新意识,激发员工的创造力,使员工成为企业创新的主力军。

3.3.3　创意筛选的原则

创意筛选的原则主要包括:① 可行性原则:技术上的可行性、经济上的可行性和政策法规上的可行性;② 效益性原则:对创新项目的市场潜力、回报周期、盈利幅度等做出分析判断;③ 适应性原则:与公司现有的研发力量、生产力量、销售力量以及顾客需求相适应,与公司长期目标相一致;④ 创新性原则:探索新的技术、新的市场和新的商机,并能够提供与市场相适应的领先优势;⑤ 全面性原则:在创意筛选的过程中,考虑到不同的因素,如市场趋势、消费者需求、政策环境等,以全面评估创意的价值;⑥ 高效性原则:加快筛选速度,使得能够尽早选出优秀的创意,抢占市场先机。

3.4 创意筛选评价模型

3.4.1 相对指数评价模型

相对指数评价步骤如下:首先,要确立相关的评价因素,通常包括产品质量目标、企业的技术能力、生产能力、销售能力、竞争状况、市场潜力、利润率等;然后,根据各个评价因素对企业的重要程度不同给予不同的权重,并将各因素的评分与权重相乘;最后,将各评价因素的得分数相加得到该创意的总分。

案例:相对指数评价在新产品开发决策中的应用

假设 ABC 电子公司正在考虑推出一款全新的智能手表产品。他们希望使用相对指数评价方法来评估不同的设计方案,并决定哪个方案具有最高的潜在商业价值。下面是一个示例案例,包含数据支持的相对指数评价步骤:

1. 确立评价因素

ABC 电子公司确定以下评价因素对于新产品的成功至关重要:

- 产品质量目标(权重:20%)
- 技术能力(权重:15%)
- 生产能力(权重:15%)
- 销售能力(权重:10%)
- 竞争状况(权重:15%)
- 市场潜力(权重:20%)
- 利润率(权重:5%)

2. 给予权重并评分

基于对每个评价因素的重要程度的理解和数据分析,ABC 电子公司给予了相应的权重和评分。以下是示例数据:

产品质量目标:权重 20％

 方案 A:评分 8.5/10

 方案 B:评分 9.0/10

 方案 C:评分 8.0/10

技术能力:权重 15％

 方案 A:评分 7.0/10

 方案 B:评分 8.5/10

 方案 C:评分 7.5/10

生产能力:权重 15％

 方案 A:评分 8.0/10

 方案 B:评分 7.5/10

 方案 C:评分 8.5/10

销售能力:权重 10％

 方案 A:评分 7.5/10

 方案 B:评分 8.0/10

 方案 C:评分 8.5/10

竞争状况:权重 15％

 方案 A:评分 7.5/10

 方案 B:评分 8.0/10

 方案 C:评分 8.5/10

市场潜力:权重 20％

 方案 A:评分 8.0/10

 方案 B:评分 8.5/10

 方案 C:评分 9.0/10

利润率:权重 5％

方案 A：评分 7.0/10

方案 B：评分 7.5/10

方案 C：评分 8.0/10

3. 计算相对指数评分

根据给定的权重和评分，计算每个方案的相对指数评分。以下是示例计算：

- 方案 A：$(8.5×0.2)+(7.0×0.15)+(8.0×0.15)+(7.5×0.1)+(7.5×0.15)+(8.0×0.2)+(7.0×0.05)=7.825$

- 方案 B：$(9.0×0.2)+(8.5×0.15)+(7.5×0.15)+(8.0×0.1)+(8.0×0.15)+(8.5×0.2)+(7.5×0.05)=8.275$

- 方案 C：$(8.0×0.2)+(7.5×0.15)+(8.5×0.15)+(8.5×0.1)+(8.5×0.15)+(9.0×0.2)+(8.0×0.05)=8.125$

根据相对指数评分，方案 B 被评为最有潜力的设计方案，具有最高的商业价值。ABC 电子公司可以进一步分析评估结果并做出决策，例如：

详细分析每个方案在各个评价因素上的得分，以确定各个方案的优势和劣势。

对于方案 B，进一步研究和评估技术能力、生产能力、销售能力以及与竞争对手的差距。确定方案 B 是否满足公司的资源和能力要求。

对于市场潜力高的方案（如方案 B），进一步分析目标市场的规模、增长趋势和竞争态势。这有助于确保该方案在市场上的可行性和竞争优势。

对于利润率较低的方案，评估其他方面的潜在利益，例如市场份额的增长和品牌影响力的提升。这有助于权衡利润率与长期可持续发展的关系。

在做出最终决策之前，ABC 电子公司可以通过进一步的市场调研、用户调研和原型测试来验证和精确评估方案 B 的市场潜力和用户接受度。

通过相对指数评价模型，ABC 电子公司能够以数据为基础、系统地评估不同设计方案的商业价值，并做出明智的决策来选择具有最高潜力的方案进行进一步开发和推出。

3.4.2 多方案加权评价模型

多方案加权评价模型是一种通过权重法来评价不同投资方案，选择最优方案的评估方法。该法是对不同的创意进行比较性评价，适用同领域创意相对较少的情况，见表 3-1。

表 3-1　多方案加权评价模型

评价因素	细分因素	权数	评分等级	分值公式
市场机会	市场规模	0.4	最好/5分	$ng=n\times g$
	市场增长性	0.3	较好/4分	$ng=n\times g$
	目标用户数量	0.2	一般/3分	$ng=n\times g$
	市场进入门槛	0.1	较差/2分	$ng=n\times g$
企业优势	技术实力	0.4	最好/5分	$ng=n\times g$
	品牌知名度	0.3	较好/4分	$ng=n\times g$
	资金实力	0.2	一般/3分	$ng=n\times g$
	生产能力	0.1	较差/2分	$ng=n\times g$

注:ng 代表该因素的分值,n 代表该因素的评分,g 代表该因素的权数。

案例:多方案加权评价模型在醒茶器方案改进中的应用

假设 ABC 公司使用多方案加权评价模型对醒茶器方案进行改进评估。

1. 市场机会评价

市场规模:根据市场调研数据,确定市场规模的评分。例如,方案 A 评分为 5 分,方案 B 评分为 4 分,方案 C 评分为 3 分。

市场增长性:根据行业趋势和市场预测数据,评估市场增长性。例如,方案 A 评分为 4 分,方案 B 评分为 3 分,方案 C 评分为 2 分。

目标用户数量:通过目标用户调研,评估潜在用户数量。例如,方案 A 评分为 3 分,方案 B 评分为 4 分,方案 C 评分为 2 分。

市场进入门槛:分析市场的竞争情况和进入门槛,评估方案在此因素上的表现。例如,方案 A 评分为 2 分,方案 B 评分为 3 分,方案 C 评分为 4 分。

2. 企业优势评价

技术实力:评估公司在技术方面的能力和创新能力。例如,方案 A 评分为 5 分,方案 B 评分为 4 分,方案 C 评分为 3 分。

品牌知名度:根据品牌调查和市场认知度,评估公司品牌的知名度。例如,方案 A 评分为 4 分,方案 B 评分为 3 分,方案 C 评分为 2 分。

资金实力:考虑公司的财务实力和投资能力,评估资金实力。例如,方案 A 评分为 3 分,方案 B 评分为 4 分,方案 C 评分为 2 分。

生产能力:根据公司的生产设备和供应链管理,评估生产能力。例如,方案 A 评分为 2 分,方案 B 评分为 3 分,方案 C 评分为 4 分。

3. 计算加权评分

根据权数、评分等级和分值公式,计算每个方案在评价因素上的加权分值。例如,对于方案 A 的市场机会评价,加权分值为 $(5×0.4)+(4×0.3)+(3×0.2)+(2×0.1)=3.9$。

4. 综合比较和决策

根据每个方案的加权分值,进行综合比较,选择具有最高加权分值的方案作为最优方案。例如,方案 A 的综合加权分值为 3.9,方案 B 的综合加权分值为 3.8,方案 C 的综合加权分值为 3.5。基于这些结果,ABC 公司可以决定选择方案 A 作为最优的醒茶器改进方案。

通过多方案加权评价模型,ABC 公司能够综合考虑不同评价因素的权重和评分,以数据为基础地评估和选择最优的改进方案。这种方法帮助他们更准确地衡量每个方案在关键评价因素上的优劣,并基于综合加权分值做出决策,以实现市场需求和业务目标。

3.4.3 市场营销系数评价模型

市场营销系数法是一种多因素、较全面的评价的方法。其步骤如下:① 根据企业规模、产品类型、竞争状况等具体情况确定影响创意转变为产品研发的一些主要因素;② 将各主要因素分别细分为若干具体要素;③ 用概率加权的方法将各具体要素还原为复合系数,即得市场营销系数;④ 根据市场营销系数的大小来判别新产品成功的可能性,由此确定各构思方案的优劣。

企业可首先将影响创意成败的因素确定为产品的可销售性、企业的生产能力、产品的特性及市场的增长潜力四大类。然后,为各要因确定若干具体要素。例如,将产品的可销售性划分为五个要素:与企业销售渠道的关系,与企业产品系列的关系,质量与价格的关系,对现有产品销售的影响,销售能力。接着,将每一要素的适应状况分为很好、好、一般、差、很差五等,各要素与等级确定后,用表格的方式列出各要因、各要素、各等级的权重。最后,由创意筛选人员判定各创意中不同要素的等级,以等级权重乘以要素权重,将乘积加总得各要因系数,用各要因系数乘以要因权重,加总各乘积即得该创意的市场营销系数。对该评价模型的运用,可根据企业的具体情况选择不同的要因和要素,各要因、各要素的评分等级及权重也因企业特征及创意性质的不同而不同。

当涉及市场营销系数评价模型的案例时,具体的数据支持非常重要。由于无法访问实时数据,这里提供一个基于假设数据的示例案例,帮助您理解市场营销系数评价模型的应用。

案例背景:

ABC 电子公司是一家全球性的电子产品制造商,计划推出一款名为"SmartGadget"的智能手环产品。在决定最终推出的构思方案之前,他们使用市场营销系数评价模型来评估各个方案的市场潜力和商业可行性。

主要因素和细分要素:

1. 市场需求

市场规模(权重:40%)

目标客户群体(权重:30%)

市场增长趋势(权重:30%)

2. 竞争状况

竞争对手数量(权重:40%)

竞争对手产品特点(权重:30%)

入市障碍(权重:30%)

3. 产品特性

技术创新性(权重:40%)

用户友好度(权重:30%)

售后服务支持(权重:30%)

4. 品牌知名度

市场认知度(权重:40%)

品牌声誉(权重:30%)

用户口碑(权重:30%)

概率加权和计算市场营销系数:

ABC 电子公司使用概率加权方法将每个具体要素还原为复合系数,并计算出每个主要因素的市场营销系数。以下是一个示例计算:

假设根据市场调研和内部评估,市场规模得分为 8.5(满分 10 分),目标客户群体得分为 7.0,市场增长趋势得分为 8.0。

通过权重计算:市场需求系数 = (8.5×0.4)+(7.0×0.3)+(8.0×0.3) = 7.9

以此类推,通过类似的计算方式,ABC 电子公司可以得到竞争状况系数、产品特性系数和品牌知名度系数。

评估不同构思方案:

ABC 电子公司将不同构思方案的市场营销系数进行比较。例如，构思方案 A 的市场营销系数为 8.2，构思方案 B 的市场营销系数为 7.8。

基于市场营销系数的大小，ABC 电子公司可以判断构思方案 A 具有更大的市场潜力和商业可行性，相对于构思方案 B 来说更有可能成功推向市场。

通过市场营销系数评价模型，ABC 电子公司能够以数据为基础，系统地评估不同构思方案的市场潜力，并做出明智的决策来推动产品的成功发展。

请注意，这个案例仅提供了一个示例，实际的数据和权重可能因情况而异。

3.5 创意筛选的流程

3.5.1 分类整理

由于不同的创意可能涉及不同的技术领域，解决不同的技术问题，并且提出创意的技术人员或发明家的专业水平和技能也未必一致，因而对收集到的创意进行分类整理非常必要，以方便后续的筛选和过滤。

对于企业来说，为了加强对技术与专利的协调管理，在必要时可以根据企业自身的技术体系特点，建立专属的创意分类体系。通过这种创意分类体系，企业的专利与创意产品研发可以形成更紧密的结合，并且更容易快速准确地找到与特定主题相关的专利，包括企业自身的专利和竞争对手的专利，从而有助于快速准确地筛选创意。同时，企业也可以根据其行业特点和市场需求，对创意进行功能性分类。通过功能性分类，可以更加清晰地识别创意的实际应用领域，从而更好地进行针对性的筛选和评估。创意分类是对创意进行整理的有效工具，可以帮助企业更有效地利用创意，促进其业务的持续发展。

常见的分类整理创意的方法如表 3-2 所示。对创意进行分类整理可以帮助人们进一步了解每一种创意，更好地评估它们的价值，最终选择最合适的创意。

表 3-2 常见的分类整理创意的方法

分类方法	分类标准
按照技术领域分类	应用领域（电子技术、生物技术、材料技术等）
按照解决的技术问题分类	解决的问题（环保、安全、便利性等）
按照创意人的专业水平分类	提供创意的人的技术水平和专业素养（专家组和普通组）
按照可行性分类	可行性（可行性较高的创意和可行性较低的创意）

此外，建立企业专属的创意分类体系还有助于提高企业的知识管理效率，加强对技术与专利的协同管理，保证创意和专利的安全性，最终为企业获得竞争优势和技术领先地位。建立企业专属的创意分类体系是企业实现技术与专利协同管理，提高创意和技术效率的有效途径，也是企业在市场竞争中获得长期竞争优势的必要步骤。

3.5.2 创意粗筛

创意粗筛的目的在于从众多创意中筛选出最有潜力和可行性的创意，以提高后续流程的整体效率。通过初步评估和筛选，可以排除不具备商业价值或可行性的创意，集中资源和精力在最有前景的创意上，节省时间和资源，降低创新风险，并提高创新成功的可能性。

创意粗筛步骤如表 3-3 所示。表中的评估步骤可以根据企业的实际需求进行灵活选择和组合，以保证早期阶段就能够识别和集中资源于最有潜力的创意上，从而提高后续流程的效率和成功率。

表 3-3 创意粗筛的步骤

步骤	步骤内容
收集创意	通过内部创意提交、外部创新竞赛、市场调研等方式广泛收集创意来源，确保多样性和涵盖不同领域和观点
设定筛选标准	明确筛选标准，基于组织的战略目标和市场需求，如商业价值、市场需求、技术可行性、创新性等
进行初步评估	对收集到的创意进行初步评估，根据筛选标准判断其符合程度，可以使用打分、排名或分类等方式进行评估
排除不具备商业价值或可行性的创意	根据初步评估结果，排除明显不具备商业价值或可行性的创意，例如无解决实际市场需求或技术难度过高的创意
筛选出有前景的创意	从经过初步筛选的创意中选择具有潜力和市场前景的创意进行进一步评估和开发，如具有创新性和竞争优势的创意

食品公司的创意粗筛的案例

假设一个食品公司正在寻找新产品创意。他们通过员工内部创意提交和市场调研收集了一系列创意，包括新口味的零食、方便快捷的健康餐食等。在设定筛选标准时，他们考虑了市场需求潜力、技术可行性和竞争情况。

在进行初步评估时，他们对每个创意进行评估。他们使用打分制度，根据市场需求潜力、技术可行性和竞争优势等因素对每个创意进行打分。例如，他们可能对新口味的零食进行评估时，考虑了口味创新度、目标受众喜好、市场趋势等因素进行打分。对于方便快捷的健康餐食，他们可能会评估其便捷性、健康性、与现有产品的差异化等方面给予分数。

根据初步评估的结果，他们排除了一些创意，例如一种无市场需求且技术难度过高的创意。他们可能发现某个创意在市场需求潜力方面得分较低，或者某个创意的技术可行性不高，因此将这些创意排除在外。

然后，他们选择了那些得分较高且具有前景的创意，如新口味的零食和方便快捷的健康餐食。这些创意经过初步评估后展现出较高的市场潜力和技术可行性，有望满足消费者的需求并与竞争对手有所区别。

这些有前景的创意将进入下一阶段，进行进一步的市场调研、产品设计和开发。公司可能会进行消费者调查，了解他们对新口味的兴趣和喜好，同时对方便快捷的健康餐食进行产品原型开发和测试前的进一步评价精筛。通过这些进一步的研究和开发，食品公司将逐步验证这些创意的可行性，并决定是否将其转化为最终的产品。

通过创意粗筛，该食品公司能够集中资源和精力在最有潜力的创意上，降低开发风险，并提高创新的成功概率。他们能够确保选取的创意具备市场价值和可行性，为后续的产品开发和营销奠定坚实基础。此外，通过创意粗筛，公司还能够提前排除那些不具备商业价值或可行性的创意，避免资源的浪费和时间的消耗。

在上述案例中，食品公司通过收集创意、设定筛选标准、进行初步评估和筛选，成功地确定了具有前景的创意，如新口味的零食和方便快捷的健康餐食。这些创意符合公司的战略目标和市场需求，具有潜力成为创新产品。通过创意粗筛，食品公司能够在众多创意中快速筛选出有价值的创意，减少不必要的资源投入，提高创新成功的可能性。

创意粗筛的意义在于帮助组织集中资源和精力在最有潜力的创意上，降低风险，提高创新成功的概率。通过明确筛选标准、进行初步评估和排除不具备商业价值或可行性的创意，组织能够快速确定有前景的创意，为后续的评价精筛的创新流程打下坚实的基础。

3.5.3　评价精筛

评价精筛是指利用评价模型对过滤粗筛留下的创意进行评分筛选，依据其分值选出下一步开发的对象。该阶段是确定企业未来研发方向的关键阶段，因此必须加强评价精筛的科学性和公正性。根据表 3-4 中评价因素,对粗筛留下的创意进行评分,最终选出评分最高的创意作为下一步开发的对象。

表 3-4 评价精筛依据的评价因素

评价因素	相关考量
商业价值	市场需求、市场容量、竞争格局等因素
技术可行性	技术难度、技术风险、技术资源需求等因素
可操作性	生产成本、销售成本、维护成本等因素
前瞻性	可扩展性、可持续性、长期可行性等因素

1. 评价模型

评价精筛采用的评价模型一般包括以下四个基本要素。① 评分因素:是指影响创意成功到产品验证过程的各主要因素。例如,企业的研究能力、财务能力、生产能力、营销能力、原材料的采购能力、市场潜力、竞争状况、公司形象等。② 评分等级:即对各评价因素进行量化,如对企业研究能力的评价可采用等级分数来描述,7 分表示研究能力最强,1 分表示研究能力最弱,界于强弱之间则分别用 2~6 分表示。③ 权重:评价因素权重。④ 评分人员:评分人员权重。根据评价模型,可以得到针对创意的相对准确的评分,并依此选择出下一步开发的创意。

评价模型中的评分因素是评分的基础,涵盖了影响创意成功的各主要因素。评分等级则是对各评价因素的量化,根据评价因素的等级和权重可以得出相应的分数。而评分人员的选择和权重则决定了评分的有效性和科学性。因此,评价模型是一个复杂但重要的过程,对确定最终选择的创意起到了决定性作用。综合上述四个要素的评分,便可以对每一项创意进行评价,从而筛选出最佳的创意,进入下一阶段开发。

评价模型不仅可以对创意进行筛选,同时也可以作为评价创意质量的工具,发现创意的不足并对其进行改进。此外,评价模型还可以为企业创新决策提供可靠的数据支持,帮助其选择最佳的创意,从而实现企业创新战略的目标。

2. 复盘

在完成创意筛选评估后,应对整个项目的创意工作进行总结复盘,主要涉及三个方面。一是总结整体的执行情况:总结整个项目创意相关工作的整体执行情况,分析与现有技术之间的差异和优缺点;二是进行补充检索:根据总结分析得出的不足,结合实际研发需求,进行专利补充检索,进一步确定创意的创新性和新颖性;三是复盘产出和应用前景:总结项目创意的产出,确认其重要性和应用前景,为未来的开发和应用提供基础。因此,复盘对于确定创意的价值和开展后续工作至关重要。

3. 评价结果

完成复盘工作后,便可以根据评估结果对整个创意进行评价,从而确定未来的研发方向。需要结合专利检索结果和创意筛选情况,制定后续的专利申请及专利布局策略。同时,对创意产出在相关技术领域的分布情况进行综合评估和分析,以明确不同创意的重要性和价值。此外,还可以通过相关评估技术对创意进行优化,以实现专利申请及专利布局的高效实施。

3.6 创意筛选的难点

创意筛选的难点在于缺乏标准化的评估方法,不同评估人员对创意的评估方法不同,评估结果也可能不同,因此需要引入统一的评估方法来保证评估结果的一致性和可靠性。创意筛选的难点主要体现在以下几个方面。

1. 技术趋势不易预测

在科技发展迅速的今天,人们往往很难预测技术趋势,因此在创意筛选过程中也难以确定哪些创意具有前瞻性。因此,需要不断跟踪科技动态和完善评估方法,使评估结果更加准确可靠。

2. 人为失误

人为失误主要包括筛选人员的"误取"和"误舍"。筛选人员的"误取"是指,在评估创意的过程中,由于筛选人员评估不准确或缺乏充分调研,很可能选定了没有发展前途或者企业力量难以达到的创意。这种情况下,在后续的产品验证阶段,由于不符合实际条件,企业很可能需要进行大量的投入,从而导致成本的浪费。为避免这种情况,筛选人员在选定创意之前应该经过充分的调研和评估,以确保创意的可行性和发展前途。筛选人员的"误舍"是指,在筛选创意的过程中,由于筛选人员缺乏充分的分析和评估,轻率地舍弃了有潜力、有前途、有价值的创意。这种情况发生的原因通常是,筛选人员缺乏专业知识、经验和能力,导致其在评估创意的可行性、价值和潜力时存在误判。

通常情况下,筛选人员的关注能力有限,他们只能从创意中识别出部分信息并从中选择他们认为重要的内容。特别是,如果他们已经消耗了太多的精力来完成前一个筛选任务,其意志力将会受到严重的削弱。管理认知研究结果表明,筛选人员对某一现象

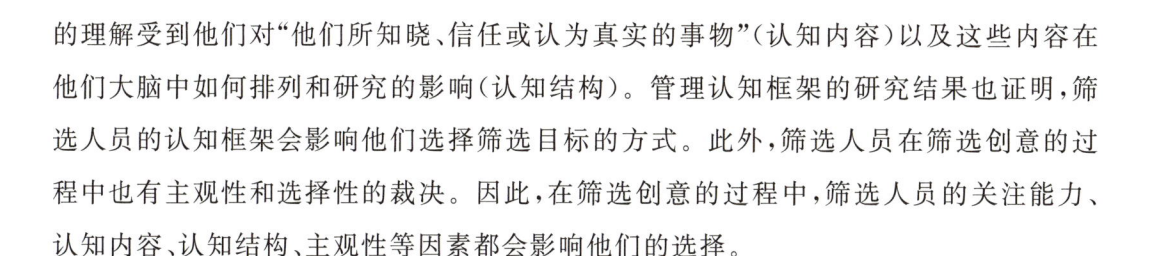

的理解受到他们对"他们所知晓、信任或认为真实的事物"（认知内容）以及这些内容在他们大脑中如何排列和研究的影响（认知结构）。管理认知框架的研究结果也证明，筛选人员的认知框架会影响他们选择筛选目标的方式。此外，筛选人员在筛选创意的过程中也有主观性和选择性的裁决。因此，在筛选创意的过程中，筛选人员的关注能力、认知内容、认知结构、主观性等因素都会影响他们的选择。

舍弃有价值的创意不仅会失去开发新产品的机会，而且还可能错失市场机会，降低产品竞争力，影响公司的发展前景。因此，在筛选创意的过程中，必须采取严格的评估流程，综合考虑多方面因素，确保筛选出的创意具有可行性和价值。

可口可乐的"新可乐"

1985年，可口可乐曾决定终止最受欢迎的软饮料而代之以一种新配方，以新可乐的名字销售。

做出这样的决定，与当时的软饮料市场有关，当时尤其值得关注的是可口可乐同百事可乐之间数十年的竞争。两个竞争者间的竞争是不健康的，可口可乐甚至控告百事可乐在其名字中使用"可乐"的字眼，但最终败诉。在法庭外，可口可乐总是处于领先地位的。20世纪50年代，可口可乐销售量以5∶1的比例超出百事可乐，但接下来的10年中，百事可乐重新把自己定位为年轻人的品牌，当百事可乐日益被看作是"年轻人的饮料"时，它成功地缩小了与竞争者的差距。到70年代，罗伯特·伍德拉夫（Robert Woodruff）在可口可乐推出的一次"百事挑战"的测试中惊恐地发现参与测试的人更喜欢百事可乐稍甜的配方。1981年罗伯特·戈伊苏埃塔（Robert Goizueta）成为董事长时，可口可乐老大的地位开始变得岌岌可危，其市场份额不但输给百事可乐，还输给可口可乐生产的其他饮料，如芬达、雪碧等。而这时健怡可乐也取得了巨大的成功，坐上了含糖可乐市场的第三把交椅。

因此，可口可乐管理层连同研发团队共同构想了"新饮料"的创意并付诸实践，其结果就是"新可乐"的销售业绩并不理想。由于顾客对老版可口可乐的习惯，加之对新口味的饮料不适应，"新可乐"的销售量远不如老版可口可乐，因此没过多久，可口可乐就换回了老版可口可乐继续销售。正是由于可口可乐管理层对未来市场和技术创新方向的误判，才"误取"了"新可乐"这一创意，最终结果则有目共睹。

3. 资料过时

前期创意发现收集的基础资料不具有时效性，缺乏对应领域的最前端一手资料，导致创意发现的构思方向有所偏差，或具体想法和最新的现有技术有重合，导致创意实际失效，容易致使后续创意筛选发生"误取"。前期创意发现过程中使用的信息资料可能不够全面，缺乏对当前最前沿技术和市场需求的认识，这也会对筛选人员的判断产生影响。如果筛选人员以偏概全、仅仅凭个人的经验来进行创意筛选，很可能导致误判潜在的商机，从而错失发掘有前途创意的机会。因此，为保证创意筛选的准确性，需要从市场、技术等多方面进行研究和了解，以便对创意做出客观评估。此外，前期创意发现收集的人员缺乏专业素养和能力，导致收集到的资料不符合预期，也有可能误导筛选人员选择创意。同时，筛选人员在前期创意发现收集情况不足的情况下，很难对创意的实际价值和前景做出准确的评估，容易造成筛选失误。因此，为了避免前期创意发现的不足对筛选的影响，应该在创意发现的前期加大收集的力度，确保收集到的资料具有时效性和价值，同时选择经验丰富的专业人员进行收集工作，保证创意发现的质量和准确性。

PD-1 抗体的专利之争

BMS 公司研发的 Opdivo 和 Merck 公司研发的 Keytruda 都是针对 PD-1 的单抗体，用于治疗肿瘤相关的疾病。Opdivo 与 Keytruda 都已获得美国食品药品监督管理局（Food and Drug Administration, FDA）的批准，在某些限定条件下可用于治疗多种肿瘤相关的疾病，其中包括转移性非小细胞肺癌，不能手术切除或转移性黑色素瘤，或转移性鳞状非小细胞肺癌。

然而，在此之前，两家公司就各自研发的抗体产生过专利纠纷，BMS 公司于 2003 年 2 月 7 日提交国际专利申请 PCT/JP2003/008420。与此国际申请相关的欧洲专利 EP1537878 于 2010 年 9 月 22 日被欧洲专利局（European Patent Office, EPO）批准并生效。按照法律，在欧洲专利批准的 9 个月之内，除一些例外，任何人都可以向欧洲专利局提交抗议，专利局会考量抗议的内容并决定专利是否无效。Merck 公司在规定的时间内向欧洲专利局提交了抗议。欧洲专利局初判 Merck 公司的观点不充分，认定 EP1537878 专利有效。Merck 公司随后提起上诉，欧洲上诉法院本定于 2017 年 3 月听取双方意见。现双方达成全球和解，欧洲的专利之争也随之告一段落。

BMS 公司与 Merck 公司在 PD-1 抗体药在美国的专利诉讼始于 2014 年。BMS 公司在 2014~2015 年陆续向特拉华州联邦地区法院提交了三份起诉书，分别控告 Merck 公司侵权三个专利，这三份专利其实来源于同一份国际专利申请 PCT/JP2003/008420。由于三个案件涉及的双方一样，且事实大多重合，地区法院的斯利特法官原定于 2017 年 4 月 3 日将三个案件交由同一陪审团进行为期 8 天的庭审。BMS 公司与 Merck 公司的诉讼从 2014 年进行到 2017 年 1 月和解前，已进入最终的庭审准备阶段。双方在宣布和解前三天，向地区法院提交了共同起草的庭审前决议。此决议作为庭审大纲的第一稿,列出了庭审的各方面细节,包括双方都同意的事实,双方有争议的事实,双方将在法庭上出示的证据,传唤的证人,双方认为法官应该如何向陪审团员介绍法律,等等。在此阶段,案件中的事实取证已经完成,双方已经掌握了所有与案件有关的材料和所有证人包括专家证人可能提供的证词。如果双方没有和解,那么就会在之后的三个月内将事实和法律尽量捋清,为最终庭审提供详细的流程,并要求法官在某些重要事宜上于庭审前做出决断。对于双方来说,在此阶段对案件的可能结果会有相对准确的判断,因为可以出示的证据、证人以及证人的大概证词都已经明了。此时,双方可以更好地估算各方面成本,并做出最合理的商业决定。对于此案,随着双方的和解,案件于 2017 年 1 月 23 日终结。

正是由于 Merck 公司在创意研发的构思初期,没有充分调查竞争对手的最新技术手段,缺乏第一手行业资料,因此没有对现行的创意进行调整或改变商业战略,才引起了后面的专利纠纷,造成许多无谓的损失。

4. 评价模型运用不当

不同领域、不同类别的创意应充分分析其创意特征,合理选用评价模型进行筛选工作,否则会因创意和评价模型匹配度低导致该创意被"误取"或"误舍",从而造成后续产品验证实际投入成本的浪费或是失去开发新产品的机会。正确使用评价模型是筛选创意的关键。必须对创意的类型和特征进行充分分析,以选择合适的评价模型。如果创意和评价模型匹配度不高,则可能导致误判,使得创意被"误取"或"误舍",从而造成成本浪费,失去开发新产品的机会。因此,在创意筛选的过程中,必须注意合理使用评价模型,以保证能够正确评价创意。

有时,筛选人员的个人偏见和主观性也会影响对创意的评价。筛选人员可能因为自己的兴趣偏好或者判断失误而偏向于某些特定类型的创意,而忽视了其他可能性更高的创意。同时,筛选人员的经验和专业水平也可能影响他们对创意的评价,导致其错误地评估了创意的潜在价值。因为个人偏见和主观性是不可避免的,所以最好使用多维度、多人参与的评价模型,并结合客观数据对创意进行评估,以尽量减少个人偏见对评价结果的影响。此外,还应在评价过程中定期进行内部审核和评估,及时发现和纠正筛选人员的误判。

总的来说,创意筛选是一个具有挑战性的过程,需要充分考虑筛选人员的个人因素、评价模型的适用性和创意的特征等多方面的因素。因此,在进行创意筛选的过程中,需要结合实际情况,科学合理地运用评价模型,并对筛选人员的个人偏见和主观性进行充分控制,以确保创意筛选的准确性和有效性。

3.7 创意筛选的结果:技术构思

3.7.1 技术构思含义

技术构思是指通过利用自然规律和技术手段来形成对应的技术方案,该方案可以帮助人们解决创意筛选发现的技术问题。同时,技术构思也是对发明构思进行提炼和筛选的过程,它从发明构思中提取技术特征,并保留与技术特征相关的有用的商业规则。

(1) 技术手段

技术手段是指通过利用物理学、化学、生物学等科学原理和方法,以解决实际问题的方法和技术。它是工程技术的重要组成部分,是实现技术目标的具体手段。技术手段可以是物理手段,如机械、电子、光学等;也可以是化学手段,如制药、冶金、环境工程等。

利用自然规律的技术手段是指在创造技术方案时,利用物理、化学、生物等自然规律的技术方法。这些方法可以使用已有的物理原理、化学反应、生物学知识等,设计、开发和制造各种技术产品和系统。

(2) 技术方案

技术方案是对创意筛选中发现的技术问题进行深入研究和解决的具体方案。它涉及对技术问题的全面分析、研究和设计,以形成切实可行的解决方案。技术方案的制定通常依赖于自然规律和科学方法,以实现所需的技术目标。

(3) 从技术手段到技术方案

技术构思到技术方案的过程是一个从发现技术问题到提出解决方案的创新过程。在创意筛选过程中,可能会发现一些技术问题或需求,而技术构思的任务就是对这些问题进行深入研究,并通过应用自然规律和科学方法来形成有效的技术方案。

技术构思到技术方案的过程通常包括以下步骤:首先,通过确定关键的技术问题或需求。然后,对这些问题进行深入研究和分析,探索相关领域的最新技术发展、科学原理和实践经验。基于对技术问题的深入理解,应用创新思维和系统性方法,提出多个可能的技术方案。对这些方案进行评估和比较,考虑可行性、效果、成本、风险等因素,选择最有潜力和可行性的技术方案作为进一步实施的基础。最后,对选定的技术方案进行进一步细化,包括技术设计、工程规划、资源需求等,考虑技术开发的时间、成本和风险管理等要素。通过这个过程,创新者能够将技术问题转化为具体的解决方案,为后续的技术实施提供指导和基础。

通过技术构思到技术方案的过程,创新者和技术团队能够将抽象的技术问题转化为具体的解决方案,并为后续的技术实施提供指导和基础。这个过程需要创造性思维、专业知识和科学方法的应用,以实现技术创新和解决实际问题的目标。

3.7.2 技术构思方法

技术构思方法包括经验方法和科学方法。经验方法是指劳动者在直接经验的基础上,以原有技术或产品为基础,渐进地改进技术方法,包括模仿创新法和技术改制法。其中,模仿创新法是指在技术发明过程中,保留原有发明结构,而根据新发明进行局部的改进和创新;技术改制法是一种在对原有技术成果吸收和继承的基础上加以改制,从而创造出与原有技术不同的新技术或新产品的方法。科学方法是以科学知识和实践的理论为基础进行技术构思,主要有技术原理推演法、科学实验提升法、模型模拟法、移植法等。其中,技术原理推演法是从基础科学揭示的一般规律出发,以技术科学研究的特定规律为桥梁从科学原理到技术原理的推演;科学实验提升法是指在科学实验中新现象的发现,引起了技术原理的构思和技术发明;模型模拟法是指通过研究模型来揭示原型的形态、特征和本质的方法;移植法是一种在具有质的差异的系统之间,将某些共同相关的因素或机理,从一个系统移到另一个系统,从而发展出崭新的技术的方法。

技术构思评估内容如表 3-5 所示。表中的评估内容可以根据企业的实际需求进行灵活选择和组合,以保证创意筛选到技术构思的过程顺畅、有效。

表 3-5 技术构思评估内容

评估内容	内容描述
需求分析	从市场需求、用户需求、行业需求等角度分析创意的可行性和有效性
技术评估	评估技术构思的技术可行性,如是否存在相关技术障碍、技术风险等
市场调研	了解市场情况,评估技术构思的市场前景和潜在收益
财务评估	评估技术构思的财务可行性,如投资成本、投资回报率等
合作伙伴评估	评估合作伙伴的资质和能力,以确定技术构思的可执行性
技术模拟	通过技术模拟和实验验证技术构思的可行性
应用设想	综合分析各项因素,明确技术构思的主要功能,形成产品形态、预期应用环境、预期市场机会和收益

第4章 形成实际应用设想

4.1 应用设想概述

应用设想是在进行技术构思的创意筛选和评价时,考虑技术构思能够实现的主要功能和应用场景,以及预期市场机会和收益的分析与预测。其重要性在于,明确技术构思的实际应用场景和市场机会,为后续的产品设计和商业化提供基础。应用设想选用需要考虑的方面主要包括:

(1)主要功能:明确技术构思的主要功能,以及产品需要实现的核心特点和功能。例如,能够解决什么问题,能够提供什么样的服务或产品等,从而判断技术构思的实用性和市场需求。

(2)产品形态:确定技术构思所形成的产品的形态,包括产品的外观设计、功能布局、交互方式等方面。例如,是硬件还是软件,是一个完整的系统还是一个组件等。

(3)预期应用环境:考虑产品的预期应用环境,如产品所面向的行业、应用场景、用户群体等,以确保产品的实际应用价值。

(4)预期市场机会和收益:评估技术构思的市场前景,分析产品的市场规模、市场增长率、竞争对手等因素,以确定产品的市场机会和潜在市场份额。同时,评估技术构思的财务可行性,分析产品的投资成本、销售收入、盈利能力等因素,以确定产品的预期收益和投资回报率。

(5)用户体验:考虑用户体验的因素,如产品的易用性、便捷性、舒适度、安全性等,以确保产品能够满足用户的需求,提升用户的使用体验和满意度。

(6)可持续性:评估技术构思的可持续性,如产品的环境影响、资源消耗、社会责任等,以确保产品在满足市场需求的同时,能够实现可持续发展和社会价值。

(7) 合作伙伴：考虑与合作伙伴的合作方式和模式，如技术合作、销售渠道合作、供应链合作等，以确保产品的生产和销售能够得到良好的支持和配合。

(8) 法律法规：考虑技术构思的合法性和合规性，如产品所涉及的法律法规、知识产权等，以确保产品符合相关法律法规的要求，避免法律风险。

(9) 可复制性：评估技术构思的可复制性，如产品的技术可行性、生产成本、市场竞争等，以确保产品具有一定的可复制性和市场竞争力，提高产品的生产效率和盈利能力。

假设一个技术构思是开发一款基于人工智能技术的智能家居控制系统，以下是应用设想的例子：

(1) 主要功能：智能家居控制系统可以自动控制家庭中的各种设备，如照明、空调、窗帘等，同时也可以通过语音识别和手机应用程序进行远程控制和监控。此外，系统还可以学习用户的习惯和偏好，并根据个性化需求提供智能化的服务和建议。

(2) 产品形态：智能家居控制系统可以是一个硬件设备，如一个智能控制面板或者智能插座，也可以是一个软件应用程序，如一款智能家居 APP。用户可以根据自己的需求选择合适的产品形态。

(3) 预期应用环境：智能家居控制系统可以广泛应用于家庭、公寓、办公室、酒店等各种场所。无论是个人住宅还是商业场所，都可以通过智能家居控制系统实现便捷、舒适、智能化的生活和工作环境。

(4) 预期市场机会和收益：随着人们对智能化生活的需求不断增长，智能家居控制系统具有广阔的市场前景和收益潜力。市场调研数据显示，全球智能家居市场的年均增长率超过 20%，预计未来几年将持续增长。

(5) 用户体验：智能家居控制系统应具有易用性、便捷性、舒适度、安全性等方面的特点，以提高用户的使用体验和满意度。用户可以通过简单的操作或语音命令实现对家居设备的控制，同时系统的智能化服务可以为用户提供个性化的体验和便利。

(6) 可持续性：智能家居控制系统应具有环境友好、节能减排、社会责任等方面的特点，以确保产品能够实现可持续发展和社会价值。通过智能的能源管理和优化，系统可以帮助用户减少能源消耗，降低碳排放，实现可持续的生活方式。

(7) 合作伙伴：智能家居控制系统的合作伙伴应包括硬件供应商、软件开发商、销售渠道等，以确保产品的生产和销售能够得到良好的支持和配合。与合适的合作伙伴建立合作关系，可以加强产品的技术支持、市场推广和售后服务。

(8) 法律法规：智能家居控制系统应符合相关法律法规和知识产权的要求，以避免法律风险和知识产权纠纷。同时,确保产品的隐私保护和数据安全,符合用户的合规要求。

(9)可复制性:智能家居控制系统应具有一定的技术可行性、生产成本控制和市场竞争力,以提高产品的生产效率和盈利能力,并确保产品的可复制性和市场竞争力。通过持续的创新和技术进步,不断提升产品的性能和质量,以满足市场需求和保持竞争优势。

通过综合考虑以上因素,应用设想能够评估技术构思的可行性和有效性,并确定产品的主要功能、形态、预期应用环境、预期市场机会和收益等,从而确保产品的成功和可持续发展。

4.2 应用设想保护

在创意概念验证体系中,专利保护对于创意的落地和商业化具有重要性。以下是专利保护的几个重要性:

(1)创意保护:专利保护可以确保创意的独特性和独占性。通过申请专利,创意的创造者可以获得对其创意的专有权利,防止他人在一定时间内复制、使用或销售该创意。这种保护机制鼓励创新和创意的产生,保护创意创造者的权益。

(2)商业化机会:专利保护可以为创意的商业化提供有力支持。拥有专利保护的创意更具市场竞争力,因为其他企业无法直接复制或模仿该创意。这为创意的落地和商业化提供了更好的机会,创意创造者可以将其转化为商业产品或服务,并在市场中获得竞争优势。

(3)投资吸引力:专利保护可以增加创意项目的投资吸引力。投资者通常希望投资具有独特性和创新性的项目,并期望获得回报。拥有专利保护的创意项目更有可能吸引投资者的关注和资金支持,因为专利保护可以提供一定的市场垄断地位和商业潜力。

(4)技术交流和合作:专利保护可以促进技术交流和合作。通过专利,创意创造者可以明确自己的技术成果和发明,与其他相关领域的专家、企业或研究机构进行合作,共同推动技术的进步和应用。

(5)防御和诉讼:专利保护可以提供法律上的防御和诉讼手段。如果他人侵犯了创意的专利权利,创意创造者可以通过专利诉讼来维护自己的权益,并寻求经济赔偿或其他法律救济措施。

专利保护在创意概念验证体系中具有重要性,可以保护创意的独特性、促进商业化、增加投资吸引力、促进技术交流和合作,同时提供法律防御和诉讼手段,为创意的落地和商业成功提供有力支持。

4.2.1 专利基础

1. 专利申请的定义

专利申请是获得专利权的必须程序。申请人需要向国家专利机关提出申请,经国家专利机关批准后方可获得专利权。申请人在向国家专利机关提出专利申请时,需要提交申请文件,包括请求书、说明书、摘要和权利要求书等。在专利的申请方面,世界各国专利法的规定比较一致,但也存在许多差异。

2. 专利申请与审查流程

专利申请与审查的流程主要包括:专利申请文件的填写或撰写、专利申请的受理、申请费的缴纳、专利审批、对专利申请文件的主动修改和补正、答复专利局的各种通知书、办理专利权登记手续以及专利权的维持、终止和无效。

(1) 专利申请文件的填写或撰写

专利申请文件需要根据相关规定的标准要求进行填写或撰写,申请人的填写或撰写有特定的要求,申请人可以自行填写或撰写,也可以委托专利代理机构代为办理。尽管委托专利代理是非强制性的,但是考虑到精心撰写专利申请文件的重要性,以及审批程序的法律严谨性,对经验不多的申请人来说,委托专利代理机构是值得提倡的。

(2) 专利申请的受理

国家知识产权局专利局受理处或各专利局代办处收到专利申请后,对符合受理条件的申请,将确定申请日,给予申请号,发出受理通知书。需要注意的是,逾期未办理规定手续的,专利申请将被视为撤回,专利局将发出视为撤回通知书。申请人如有正当理由,可以在收到视为撤回通知书之日起两个月内,向专利局请求恢复权利,并说明理由。请求恢复权利的,应当提交"恢复权利请求书",说明耽误期限的正当理由,缴纳恢复费,同时补办未完成的各种应当办理的手续。补办手续及补缴费用一般应当在两个月内完成。

(3) 申请费的缴纳

① 申请费的缴纳方式。

申请费和其他费用都可以直接向专利局收费处或专利局代办处面交,或通过银行或邮局汇付,电子申请注册用户也可以通过登录中国专利电子申请网使用网上缴费系统缴纳专利费用。银行采用电子划拨,邮局采用电子汇兑方式。缴费人通过邮局或银行缴付专利费用时,应当在汇单上写明正确的申请号或者专利号,以及缴纳费用的名称(使用简称)。汇款人应当要求银行或邮局工作人员在汇款附言栏中录入上述缴费信息,通过邮局汇款的,还应当要求邮局工作人员录入完整的通信地址,包括邮政编码,这些信息在以后的程序中是有重要作用的。费用不得寄到专利局受理处或者专利局其他部门或者审查员个人。

② 申请费缴纳的时间。

面交专利申请文件的,可以在取得受理通知书及缴纳申请费通知书以后缴纳申请费。通过邮寄方式提交申请文件的,应当在收到受理通知书及缴纳申请费通知书以后再缴纳申请费,因为缴纳申请费需要写明相应的申请号,但是缴纳申请费的日期最迟不得超过自申请日起两个月。

(4) 专利审批

依据专利法,发明专利申请的审批程序包括受理、初审、公布、实审和授权五个阶段。实用新型或者外观设计专利申请在审批中不进行公布和实质审查,只有受理、初审和授权三个阶段。

(5) 对专利申请文件的主动修改和补正

对专利申请文件的主动修改和补正也是申请人可以视需要选择的一项手续。实用新型和外观设计专利申请,只允许在申请日起两个月内提出主动修改;发明专利申请只允许在提出实审请求时和收到专利局发出的发明专利申请进入实质审查阶段通知书之日起三个月内对专利申请文件进行主动修改。

(6) 答复专利局的各种通知书

① 遵守答复期限,逾期答复和不答复后果是一样的。针对审查意见通知书指出的问题,分类逐条答复。答复可以针对审查意见办理补正或者对申请文件进行修改;不同意审查员意见的,应陈述意见及理由。

② 属于形式或者手续方面的缺陷,一般可以通过补正消除缺陷;明显实质性缺陷一般难以通过补正或者修改消除,多数情况下只能就是否存在或属于明显实质性缺陷进行申辩和陈述意见。

③ 对发明或者实用新型专利申请的补正或者修改均不得超出原说明书和权利要求书记载的范围,对外观设计专利申请的修改不得超出原图片或者照片表示的范围。修改文件应当按照规定格式提交替换页。

④ 答复应当按照规定的格式提交文件。例如,提交补正书或意见陈述书。一般补

正形式问题或手续方面的问题使用补正书,修改申请文件的实质内容使用意见陈述书,申请人不同意审查员意见,进行申辩时使用意见陈述书。

(7) 办理专利权登记手续

实用新型和外观设计专利申请经初步审查,发明专利申请经实质审查,未发现驳回理由的,专利局将发出授权通知书和办理登记手续通知书。申请人收到授权通知书和办理登记手续通知书以后,应当按照通知的要求在两个月之内办理登记手续并缴纳规定的费用。在期限内办理了登记手续并缴纳规定费用的,专利局将授予专利权,颁发专利证书,在专利登记簿上记录,并在专利公报上公告,专利权自公告之日起生效。未在规定的期限内按规定办理登记手续的,视为放弃取得专利权的权利。需要注意的是,办理登记手续时,不必再提交任何文件,申请人只需按规定缴纳专利登记费、公告印刷费、授权当年的年费、印花税。

(8) 专利权的维持、终止和无效

① 专利权的维持。

专利申请被授予专利权后,专利权人应于每一年度期满前一个月预缴下一年度的年费。期满未缴纳或未缴足,专利局将发出缴费通知书,通知专利权人自应当缴纳年费期满之日起六个月内补缴,同时缴纳滞纳金。滞纳金的金额按照每超过规定的缴费时间一个月,加收当年全额年费的5%计算;期满未缴纳的或者缴纳数额不足的,专利权自应缴纳年费期满之日起终止。

② 专利权的终止。

专利权的终止根据其终止的原因可分为以下三种。

第一,期限届满终止:发明专利权的期限为20年,实用新型专利权的期限为10年,外观专利权的期限为15年,均自申请日起计算;

第二,未缴费终止:专利局发出缴费通知书,通知申请人缴纳年费及滞纳金后,申请人仍未缴纳或未缴足年费及滞纳金的,专利权自上一年度期满之日起终止;

第三,因专利权人放弃专利权而终止:授予专利权后,专利权人随时可以通过提交放弃专利权声明来主动要求放弃专利权,审查员针对放弃专利权声明发出的手续合格通知书的发文日为生效日,放弃的专利权自该日起终止。

③ 专利权的无效。

专利申请自授权之日起,任何单位或个人认为该专利权的授予不符合专利法有关规定的,可以请求宣告该专利权无效。请求宣告专利权无效或者部分无效的,应当按规定缴纳费用,提交无效宣告请求书,写明请求宣告无效的专利名称、专利号并写明依据的事实和理由，附上必要的证据。对专利的无效请求所作出的决定任何一方如有不服的，可以在收到通知之日起三个月内向人民法院起诉。专利局在决定发生法律效力以后予以登记和公告。宣告无效的专利权视为自始即不存在。

3. 专利申请文件的撰写

发明专利申请文件应当包括：发明专利请求书、摘要（必要时应当提交摘要附图）、权利要求书、说明书（必要时应当提交说明书附图）。

实用新型专利申请文件应当包括：实用新型专利请求书、摘要及摘要附图、权利要求书、说明书、说明书附图。

外观设计专利申请文件应当包括：外观设计专利请求书、图片或者照片（要求保护色彩的，应当提交彩色的图片或者照片）以及对该外观设计的简要说明。

（1）专利请求书

专利请求书是申请人为了获得发明创造的专利权，在申请时所必须提交的技术文书。专利请求书是一种专利申请文件，它是在专利申请文件中具有总领作用的核心文件，综合了专利申请的各方面情况，在递交专利申请时，专利局按照专利请求书进行核实。

发明或实用新型专利请求书的主要内容包括：

① 发明或实用新型名称，要具体、贴切、简短；

② 主要发明人或设计人姓名、地址，其他次要发明人或设计人在下面栏目中填写；

③ 申请人姓名、地址，可以和发明人一致，也可以不一致，申请人为单位的，要填单位全称；

④ 专利代理机构名称、地址，代理人姓名；

⑤ 申请费用及缴纳情况，如实填写；

⑥ 公布、展出情况，保密要求；

⑦ 申请文件清单，包括专利请求书、专利申请说明书、专利申请权利请求书、说明书附图、摘要等的份数和页数；

⑧ 附加文件清单，包括代理人委托书、实质申请请求书、要求优先权声明等。

⑨ 上述以外的发明人、申请人。

（2）摘要及摘要附图

摘要是申请发明、实用新型专利权的文件之一，是对说明书内容的简短说明。摘要应当写明发明或者实用新型专利申请所公开内容的概要，即写明发明或实用新型的名称和所属技术领域，并清楚地反映所要解决的技术问题、解决该问题的技术方案的要点和主要用途。一般采用独立权利要求的一部分技术特征加上解决的技术问题和取得的有益效果总结出来。

摘要附图：申请人应当提交一幅最能说明该发明技术方案主要技术特征的附图作为摘要附图。

(3) 权利要求书

权利要求书是以专利申请说明书为依据，说明发明或实用新型的技术特征，清楚并简要地写出要求专利保护范围，并在一定条件下提出一项或几项独立的专利权项。一份专利申请权利请求书中应当至少包括一项独立权利要求，还可以包括从属权利要求。独立权利要求应当从整体上反映发明或实用新型的主要技术内容，记载发明或实用新型的技术特征。独立权利要求由前序部分和特征部分构成，前序部分写明发明的主要技术内容，特征部分写明发明的技术特征。从属权利要求应当用要求保护的附加技术特征，对引用权利要求作进一步限定。

专利申请权利请求书是专利申请中的重要技术文件，也是专利申请文件的核心部分，它作为一种知识产权文书，具有较强的法律规定性，在时间或格式上都有严格限制。专利申请权利请求书的主要作用是确定申请人请求专利保护范围，这也是判定他人是否侵权的依据。同时，从技术上说，专利申请权利请求书概述了发明或实用新型技术方案的实质内容，因此写作专利申请权利请求书要十分慎重，必须符合法律规范和技术上的要求。专利申请权利请求书一旦经审查批准后便具有法律效力。撰写权利要求书的主要步骤如下：

① 确定核心区别技术特征和关键创新点。

这一步骤需要确定权利要求撰写的两个关键内容问题，即核心区别特征和关键创新点，这是权利要求书撰写最为关键的步骤。

在撰写权利要求中，要尽可能获得最大的保护范围；申请专利的目的，是要保护自己的知识产权，但权利的范围并不是有了技术方案就可以确定的，而是要依赖撰写人的充分思考，抽象概括后确定的。撰写质量好的文件能够使申请人获得远超预期的保护范围，增加侵权诉讼的力度；而撰写质量不佳的文件，则会极大地缩小保护范围，甚至使权利保护形同虚设。专利申请的技术性在这一点上得到最充分的体现。

同时，要尽可能获得专利授权，或者保证专利能够顺利通过无效程序。针对撰写过程中并不知晓但审查员审查时可能会检索到的现有技术，保障申请文件最终能够获得授权。对于撰写人而言，撰写时尽管可能经过简单的检索，但是所付出的时间以及检索的环境、检索经验，都不可能与审查员相比，更不要说面对无效过程中的无休止不计成本的检索过程。因此，在撰写的过程中，撰写人实际上需要面对现有技术的"迷雾"，如何尽可能地增加授权可能性，就成为撰写的核心问题。如果将权利要求撰写比喻为和审查员讨价还价的过程，则权利要求就像是卖方第一次出价，要价要高而合理；专利授权就是卖方期望的最后保底价，这个保底价实际上就是要能够成交即可，对于大多数权利人而言，获得专利授权，即使范围很小也是有意义的。

确定一个技术方案的最大的保护范围，其关键还是找到与最接近现有技术的区别技术特征。这个区别技术特征找到了，则独立权利要求的撰写方向就有了依据。核心区别特征是指，能够使本技术方案和现有技术相互区别并且又能够使该待申请的技术方案保护范围最大的技术特征。从理想来说，该区别技术特征是恰好能够站在待申请技术与现有技术的边界上，并清晰地表明待申请技术站在边界这一边的特征。

在核心区别技术特征确定后，还要确定关键创新点。关键创新点是该技术方案的具体实施方式中，需要特别关注的技术特征；该技术特征与核心区别技术特征不同，它不是该技术方案和现有技术的边界，而是该技术方案的优选实施方式中解决了关键技术难点的技术特征，或者是构思最巧妙、最难被本领域技术人员想到的技术特征；或者是使该技术方案具有显著特点的一个技术点。关键创新点很可能不只有一个，因为一个技术方案可能存在多个技术难点。另外，在一些改进较小的技术方案中，很可能出现关键创新点和核心区别技术特征高度重合的情况。找出关键创新点的意义在于为权利要求的布置提供方向，关键创新点应该在从属权利要求中进行重点分层次布置。

② 确定最小技术特征集，构造核心独立权利要求。

这一步骤需要根据第一步确定的核心区别技术特征，构造最小技术特征集，根据最小技术特征集组成核心独立权利要求。核心区别技术特征确定为一句话后，还需要为其构造最小技术特征集。原因在于，权利要求必须是一个完整的技术方案，而核心区别技术特征的"一句话描述"，抓住的是希望形成的该完整的技术方案的核心，它突出体现该技术方案和现有技术之间的区别技术特征；但显然这句话并非完整的技术方案。因此，需要以"一句话描述"为中心，展开完整的技术方案。

一个完整的技术方案包含很多技术特征，首先要找到能体现核心区别技术特征的完整的技术方案中必不可少的技术特征，此时绝对不能引入一些非必要技术特征，而这些技术特征组成的技术特征集被称为"最小技术特征集"。

最小技术特征集和核心独立权利要求的形成是相互促进的。完全可以从对核心区别技术特征的"一句话描述"开始，考虑核心独立权利要求的撰写，反过来确定最小技术特征集。最小技术特征集的确定是有必要的，原因在于该形成过程会促进对核心独立权力要求的撰写或审核,可以有效地避免引入非必要技术特征,同时保证同样的事物采用同样的名称进行描述,避免了不清楚的问题。

③ 审定核心独立权利要求的技术主题。

在核心独立权利要求确定之后,反过来可以确定核心独立权利要求的技术主题。原因在于,原来的技术主题是在该核心独立权利要求形成之前就存在的。该技术主题没有考虑核心独立权利要求包含的所有技术特征可能扩展的范围,原先技术主题很可能会过窄或者过宽。当然,一般是过窄。

在审定技术主题的过程中,也可能出现原先技术主题过宽需要收窄的情况,这在申请实用新型时更有可能,因为审查员评价发明和实用新型的创造性时,可以考虑的技术领域存在差别。发明可以考虑的对比技术的技术领域较宽,缩小其技术领域对提升发明创造性的意义不大,而实用新型可以考虑的对比技术的技术领域较窄,对实用新型有时有一定的意义。因此,对不同的申请类型,其技术主题的宽窄考虑也不同。

④ 校对核实核心独立权利要求。

在审定核心独立权利要求的技术主题之后,需要在新的技术主题下,考虑原先初步撰写的核心独立权利要求中的一些技术特征在新的技术主题下是否合适;同时,还需要进一步思考该核心独立权利要求的技术特征是否可以删减和上位,这些问题在最初形成过程中已经做了考虑,但再一次思考往往能检查出新的问题。核心独立权利要求是权利要求撰写的重中之重,反复考虑也是非常必要的。

⑤ 分层次布置从属权利要求。

对于从属权利要求的布置,在此提出以下两个重点:

a. 第一步确定的核心区别技术特征是从属权利要求的重点,应当通过从属权利要求逐层落实;

b. 一个从属权利要求是一个独立的技术方案,引用某一个权利要求只是简化的写法,在进行思考和语言组织的过程中,都应将被引用的权利要求的内容以假想的方式完全代入,以此展开对从属权利要求的撰写。

⑥ 撰写其他权利要求组。

在核心权利要求组已完成的情况下,根据产业链原则、对应原则和单边权利要求等原则,撰写其他权利要求组。核心权利要求组由核心独立权利要求及其从属权利要求构成,之所以提出核心权利要求组的概念,是因为目前已经广泛采用多个独立权利要求的写法,因而相应地产生了多个权利要求组。在这种写法下,有若干个独立权利要求,这些独立权利要求各自与其从属权利要求形成权利要求组。上述独立权利要求一般并不处于等同地位,权利要求1一般最重要,称为核心独立权利要求,而其他独立权利要求为次要独立权利要求;相应地,核心独立权利要求所形成的权利要求组称为核心权利要求组,其他独立权利要求形成的权利要求组称为次要权利要求组。

撰写次要权利要求组的主要原因如下:一是为了方便侵权诉讼,这一撰写原则称为产业链原则;二是为了获得对应的不同的专利类型以满足一些国家的需要,这一撰写原则称为对应原则;三是构造单边权利要求,以便确定侵权者,这一撰写原则称为单边权利要求原则。

在单边权利要求原则下,核心权利要求组的内容和其他权利要求组往往需要对应撰写,一般没有主次之分。但第一组权利要求的内容基本上确定了后面权利要求组的内容,因此第一组权利要求仍然是主要的。

⑦ 进行两步整体审核。

在撰写专利申请文件的过程中,需要做到反复审核。审核可以实现查缺补漏,对整个申请文件的完善起到非常关键的作用。好文章是改出来的,这一写作经验无疑也适用于专利申请文件的撰写。所谓两步整体审核,实际上是将专利申请文件的审核过程固定化,使其成为整个撰写过程的不可或缺的组成部分,避免被忽略。

两步整体审核中的第一步,是在权利要求全部撰写完毕后的审核。在这一步,首先要重点考虑引用关系的审核,其次要重点考虑权利要求整体上是否把握住了重点,即关键创新点。对于关键创新点是否有足够的权利要求,是否有逐层展开的合理层次;如果权利要求过多,需要考虑是否删除一些非重点的属于不能增加创造性的从属权利要求,而将其他权利要求用于关键创新点的逐层展开上。在整体审核的第二步中,涉及到撰写说明书的过程,并需要反复对照权利要求书,以确保权利要求可以得到说明书的支持。在撰写说明书时,重点部分需要对照权利要求书进行审核,主要包括发明内容的技术效果部分和实施方式部分。

在审核技术效果部分时,需要确保技术方案和技术效果的表述一致。这意味着在说明书中对技术效果的描述要与权利要求书中的技术方案相符合,避免前后逻辑不一致或无法充分支持的情况。

而在审核实施方式部分时,主要考虑说明书对权利要求书的支持程度。这意味着需要审查说明书中的内容是否能够充分支持权利要求书中的要求。如果发现权利要求书中存在问题,可能导致前后逻辑不一致或无法充分支持,就需要对权利要求书进行调整。

此外,说明书的其他部分的撰写也需要依据权利要求书进行,同时可能会发现权利要求书的问题。例如,在撰写背景技术时,需要重点考虑核心独立权利要求所解决的技术问题,并以此为依据提出背景技术中的技术问题。因此,在整个说明书的撰写过程中,权利要求书起到了指导作用,并且通过反向的校对过程可以确保权利要求书获得充分的说明书支持,并纠正可能存在的个别错误。

值得注意的是,这个反向校对的过程是在撰写说明书的过程中顺便完成的,因此并不会额外占用过多的时间。通过这样的审核和校对过程,可以提高权利要求书和说明书之间的一致性和连贯性,确保权利要求能够得到充分的支持,并且能够修正可能存在的问题,以保护创意的独特性和实施的可行性。

(4) 说明书

① 说明书的结构和内容。

发明/实用新型专利说明书的结构和内容需要详细说明,一般包括专利名称、技术领域、背景技术、发明内容、有益效果、附图说明和具体实施方式。除专利名称外,一般每个部分至少应使用一个自然段,但不需要添加序列号和标题。说明书的结构和内容包括以下部分。

专利名称:专利名称应当与请求书中名称一致,采用所属技术领域的技术术语,简洁、明确地表达发明或实用新型的主题和类型。名称一般是根据现有技术来确定的,不是根据已经做出的发明创造来确定。名称应标明或反映发明是产品还是方法,如"高光催化活性二氧化钛的制备方法"。名称还应尽量反映出发明对象的用途或应用领域。不能使用与发明创造技术无关的词来命名,一般控制在 25 字以内。名称应写在说明书首页的顶部居中位置,下空一行写说明书正文。

技术领域:在专利申请书的说明书部分,技术领域一般会在正文的第一段中描述,用一句话简要说明该发明或实用新型所属的特定技术领域,如"本发明涉及一种半导体器件制造技术"或"本实用新型涉及一种医用设备技术"。该句话的目的是引导读者了解发明或实用新型的基本技术领域,为后续的详细描述提供背景和基础知识。需要注意的是,技术领域应该描述准确且明确,不能使用过于笼统的词语或领域,同时也不能过于狭窄或专业化,以便专利审查员或其他读者理解和定位该专利的范畴和意义。

背景技术:背景技术是对申请日前的现有技术进行重点描述和评价,即记载发明人所知晓的且对理解、检索、审查该申请有参考作用的背景技术。一般至少要引证一篇与本申请最接近的现有技术文件,必要时可再引用几篇较接近的对比文件,它们可以是专利文件,也可以是非专利文件。引用的如果是专利文件,应注明授权国家、公布或公告的日期、专利号及名称;如果是书刊类的现有技术,应写明该书籍或期刊的名称、著者、出版者、出版年月及被引用的章节或页码。同时,需要对上述提到的相关现有技术进行客观评价,找出现有技术存在的技术问题,且该技术问题应当是本发明或实用新型能够解决的技术问题。以下是背景技术部分的写法建议:首先,需要对该领域的基本概念和相关术语进行定义和解释,以确保读者对该领域有基本的了解和认识;其次,可以从历史、现状和趋势等方面,对该领域进行更加深入的介绍和分析,列出相关的数据和文献支持;再次,需要对该领域的技术现状、研究热点和存在的问题进行详细描述。可以引用先前发表的相关技术领域的文献,如专利文献、科技论文等,以支持对现有技术的分析和评价,同时也可以强调发明或实用新型的技术性质和优势;最后,需要对该领域未来的发展趋势和应用前景进行预测和展望,强调发明或实用新型的技术方案的实用性和商业价值。

发明内容:发明内容必须要清晰、完整、准确地描述技术方案,保证所公开的内容可以实现发明目的,同时在保留技术秘密的情况下也要保证所公开的内容能够实现发明目的。发明内容包括发明目的和技术方案两部分。

其一,发明目的:应该针对现有技术的缺陷,说明该发明所要解决的技术问题。语言要简洁明了,不能使用广告式宣传语言,也不能言过其实。发明目的应是所提出的技术方案实际上能达到的直接结果,而不应是发明人的主观愿望。一般采用"为了改善上述情况,本发明/实用新型提供了一种……的装置/系统/方法"的描述形式。

其二,技术方案:应清晰、简明地写出发明或实用新型的技术方案,使所属技术领域的普通技术人员能够理解该技术方案,并能够利用该技术方案解决所提出的技术问题,达到发明或实用新型的目的。写法可采用"本发明的目的是通过如下措施来达到……"语句开始,紧接着用与独立权利要求相一致的措辞,将发明的全部必要技术特征写出,然后逐个自然段,采用不肯定的语气记载与诸从属权利要求附加特征相一致的技术特征。在发明简单的情况下,后一部分可不写,而在实施例中或图面说明中进行说明,但与独立权利要求一一对应的一段是必要的。

有益效果:该部分应清楚而有根据地说明发明与现有技术相比,所具有的优点和积极效果,同时说明现有技术的缺陷、不足或存在的主要弊端。可以从方法或产品的性能、技术、效率、使用寿命以及方便安全可靠等诸方面进行比较。评价时应当客观公正,不能以贬低现有技术来抬高自己的发明。

通常,有益效果可以由产率、质量、精度和效率的提高,能耗、原材料、工序的节省,加工、操作、控制、使用的简便,环境污染的治理或根治,以及有用性能的出现等方面反映出来。可以用对发明或实用新型的结构特点或作用关系进行分析方式、理论说明方式或用实验数据证明的方式或者其结合来描述，不得断言其有益效果，而应该与现有技术进行比较得出，现有技术已经实现了的效果就无须赘言。此外，引用实验数据说明有益效果时，应给出必要的实验条件和方法、试验例。

附图说明：如果必须要用图来帮助说明发明创造技术内容时，应有附图并对每一幅图做介绍性说明。首先简要说明附图的编号和名称，如"图1是本发明/实用新型的立体结构图""图2是本发明/实用新型的结构示意图"，接着逐一说明附图中每一个标注的符号，或结合附图对发明的技术特征进一步阐述。

具体实施方式：该部分应详细描述申请人认为实施发明的最好方式，并将其作为一件典型实例，列出与发明要点相关的参数与条件。必要时，可以列举多个实施例，有附图的应对照附图加以说明，关键要支持权利要求，而且要详细、具体。如果是涉及微生物方面的申请，文件中还应当写明该微生物的特征和分类命名，并注明拉丁文名称。需要注意的是，对于具体实施例的描述应当避免使用功能性描述，即只描述有什么功能而不对实现功能的方式方法进行描述。

② 说明书撰写中常见的错误。

第一，没有按要求进行撰写。例如，有人用写论文的方法撰写说明书。写论文一般以理论为主，以实验装置和产品为辅，重点说明一种理论的成立，而专利说明书是以具体的技术方案为主，理论说明可有可无。

第二，没有充分公开。说明书对发明创造进行充分公开，是为了说明申请的内容具有新颖性、创造性和实用性。专利局可以根据说明书中的内容决定是否授予专利权。因此，说明书公开的内容应当给权利要求以支持，否则，就不会授予专利权。有些说明书通常说明产品和方法的功能，对实质性技术内容，如产品的结构和方法的步骤没有公开，这是不允许的，也是不能够获得专利权的。

第三，说明书内容不支持权利要求。权利要求书中使用的措辞和对特征的描述应与说明书完全一致。有的申请人撰写说明书时随心所欲，将一特征使用多种措辞，这势必会造成说明书不支持权利要求。需要指出的是，使用广告性宣传用语，不适当地贬低现有技术，无根据地夸大自己的发明，另外写入很多与发明内容无关的文字，这也是不允许的。

第四，只有发明目的，无技术方案，导致所属技术领域普通技术人员无法实现。例如，某提案只是简单地提到利用程序达到特定目的，其具体实现过程是基于软件，然而，对于软件如何执行上述加载动作的具体流程以及软件与硬件的结合，这些与技术方案密切相关的部分完全没有描述。整个说明书只是给出了目的，但没有技术方案。因此，在撰写专利说明书时，应对技术方案进行深入思考，详细给出技术方案的技术要素构成以及技术要素之间的联系或连接、有关的方法步骤，在此基础上提出能切实实现发明目的的详细方案。

第五，技术方案过于概括，导致所属技术领域普通技术人员无法实现。例如，某技术方案通过在底座支架轴设置可以转动的马达，在平板电视增加电路，驱动马达转动，实现了遥控器对平板电视的旋转控制，解决了利用观众的外力来实现平板电视转动的问题。但是，该技术方案对于马达设置的位置、控制过程、电路的设置均没有提及，导致实施本方案的方式存在很大的不确定性，本领域普通技术人员无法实施此方案。因此，在撰写专利说明书时，应从机械结构、电路结构、具体软件控制、成分、组分等多个角度去考虑其具体实现方法，最终给出的技术方案完整到一个普通技术人员不用再去猜测推断，直接可以实施该方案的程度。

第六，无产生有益效果的推导或证据。例如，某发明利用两张纸盆，采用两种折环悬挂方法，解决了传统采用单纸盆结构的低音扬声器在低频大动态信号冲击下易出现严重的谐波失真的问题，避免打底的缺陷。同时，在技术内容部分，发明人提供了详细的附图和附图说明。该技术方案通过文字描述并配以附图，给出了详细的技术内容，但没有结合技术内容进行详细分析给出技术内容切实解决的技术问题，而是主观臆造地给出了"降低了单元的谐振频率及谐波失真"这样的有益效果。因此，在撰写专利说明书时，应分析对现有技术做出贡献的技术特征，推导出这些特征必然带来的有益效果，而不是简单地臆断有益效果；或者给出测试结果证明有益效果。此外，也可以从结构原理上进行深入剖析，解释技术方案是如何解决技术问题的，如果能解决技术问题，自然会达到效果，有益效果的描述也是水到渠成。之后，经发明人提供具体的实验数据，证明了此技术方案确实具有有益效果。

③ 如何撰写好说明书。

第一，全面研究、分析发明，确定发明的技术领域，深入了解发明的实质。在此过程中，要准确确定发明的技术领域，应结合 IPC 国际专利分类法来进行。如果是方法发明，应深入研究其各个步骤和工序，以及各个工序中使用的工艺参数和条件。

第二，要认真进行全面检索。做好专利申请前的检索，是申请人撰写好申请文件和顺利获得批准的前提条件。申请人对检索的结果要进行分析研究，以确定哪些是影响申请新颖性的材料，哪些是影响申请创造性的材料，哪些仅仅是背景材料。

第三，确定最接近的对比文件。在检索结果证明发明不丧失新颖性后要确定最相关的文献。特别是对于改进发明，应对发明原型的文献进行深入细致的分析，明确它的优点和不足，根据它的不足可以提出本发明的任务，同时确定它与本发明共有的必要技术特征。

第四，明确保护范围。如何确定一个合适的保护范围很重要。保护范围太宽专利可能不会通过审批，保护范围太窄，发明人的利益不能得到充分的保护。因此，应选择一个尽可能宽的但又能够通过审查的、合适的保护范围。

第五，严格按照前述介绍的起草说明书的7个部分的内容和要求撰写。

第六，检查说明书和权利要求书的关系，以及说明书和附图的关系。

(5) 说明书附图

说明书附图用于补充说明说明书中的文字部分，是说明书的组成部分。发明说明书根据内容需要，可以有附图，也可以没有附图。实用新型说明书必须有附图。说明书附图和说明书中对附图的说明要一致。说明书中提到附图，而实际上却没有提交或少交附图的，将可能影响专利申请日。说明书附图可以是基本视图、斜视图，也可以是示意图或流程图，只要能完整、准确地表达说明书的内容即可。说明书附图不必画成详细的工程加工图或装配图。说明书附图的绘制要注意以下几个方面：

① 图形线条要均匀清楚、适合复印要求。图形应当大体按各部分尺寸的比例绘制。

② 几幅图可以画在一张图纸上，也可以一幅图连续画在几张图纸上。不论附图种类如何，都要连续编号，标明"图1""图2"等。

③ 为了标明图中的不同组成部分，可以用阿拉伯数字做出标记。附图中做出的标记应当和说明书中提到的标记一一对应。申请文件各部分中表示同一组成部分的标记应当一致。

④ 除非经审查员同意，附图中只允许有如"水""汽""开""关""A—A剖面"等少量简单文字，不应有其他注释。对附图图面的说明或解释应当放在说明书相应的段落中。

4.2.2 专利原则

授予专利权的发明和实用新型，应当具备新颖性、创造性和实用性。

1. 新颖性

新颖性是指该发明或者实用新型不属于现有技术；也没有任何单位或者个人就同样的发明或者实用新型在申请日以前向国务院专利行政部门提出过申请，并记载在申请日以后公布的专利申请文件或者公告的专利文件中。也就是说，一个发明的技术方案在申请日之前，在全世界任何一个公开的文献、实物或其他途径中都没有被揭示过，即该技术方案是全新的、前所未有的。新颖性是专利申请的基本条件之一，没有新颖性的发明是不可能被授予专利权的。

新颖性的评估主要是通过对现有技术的比较来确定的。所谓现有技术，是指在专利申请日前的一切技术成果，包括以前的专利申请、公开或公知技术、出版物、展示会和国际会议记录等。在撰写专利申请时，申请人应当充分了解现有技术，对自己的技术方案进行评估，确定是否具有新颖性。如果发现类似的技术已经被公开，就需要在申请中详细描述自己的技术方案与现有技术的差异和创新之处，以证明自己的发明是具有新颖性的。因此，撰写质量好的说明书应当清晰、准确地描述技术方案的特点和优点，充分体现其与现有技术的差异和创新点，以便评估新颖性。

例如，在汽车领域中，存在许多已经公开的发明和实用新型，如引擎、转向系统、刹车系统等，这些技术已经是公知技术，因此如果要提交一项新的发明或实用新型专利申请，必须要在这些公知技术的基础上提出新的技术特征，使得该技术具有明显的区别性和创新性。假设某发明人在汽车领域提出了一种新型刹车系统，该系统采用了一种全新的制动原理，可以在短时间内实现更快速、更安全的制动，相比于现有的刹车系统具有明显的优势。

首先，发明人需要进行前期调研，查阅现有的相关技术文献和专利申请，以了解目前已有的公知技术水平。在这个例子中，可以找到多种现有的刹车系统，如摩擦制动、液压制动等，这些技术已经是公知技术。

其次，发明人需要从技术特征出发，提出新的技术解决方案，以使其发明具有明显的区别性和创新性。该发明人提出的新型刹车系统采用了全新的气动制动原理，通过控制气体的流动来实现刹车效果，与现有技术有本质的区别。

在进行专利申请时，发明人需要详细描述其技术方案，并提供清晰的附图以辅助说明。例如，可以提供该新型刹车系统的结构图、工作原理图等。同时，需要在专利申请中清楚地陈述该技术方案的优势和创新点，以便专利审查员能够认可其新颖性。

2. 创造性

创造性是指与现有技术相比，该发明具有突出的实质性特点和显著的进步，该实用新型具有实质性特点和进步。对于实用新型，创造性的要求相对较低，只要相较于现有技术，其具有实质性特点和进步即可。对于发明，要求更高，需要达到发明性水平，即在技术上具有创造性的解决方案，且其技术特征不属于现有技术的范畴。创造性的要求是保证专利申请的真正技术价值和技术创新性的重要标准之一。

例如，在汽车领域中，某发明人提出了一种新型电动汽车发动机，该发动机采用一种新的电控技术,可以大幅度提高电动汽车的续航里程和动力性能,与现有技术相比具有明显的优势。在进行创造性分析时,需要考虑发明的技术特点是否能够显著地改进或优化现有技术,是否能够解决现有技术中存在的问题或瓶颈,是否具有实质性的技术突破和进步。该发明通过采用新的技术方案,成功解决电动汽车的续航里程和动力性能问题,具有明显的创造性。

此外,发明人需要在专利申请中详细描述发明的技术特点、优势和创新点,同时还需要避免在技术描述中出现泛泛而谈、模糊不清的描述,以便审查员能够理解和判断技术的创造性进而认可其创造性。

3. 实用性

实用性是指该发明或者实用新型能够制造或者使用,并且能够产生积极效果。实用性是专利权利要求的必备条件之一,发明或实用新型必须具备实用性,即具有制造、使用和产生积极效果的能力。具有实用性的发明或实用新型,必须能够得到实际的应用和实现。在专利申请中,需要充分说明该发明或实用新型的实用性,并提供充足的证据加以证明。这些证据可能包括实验数据、测试报告、用户反馈、市场应用等。

例如,在汽车领域中,如果有人发明了一种新型引擎结构,该结构可以显著提高燃油效率,降低污染排放,并具有可靠性和耐用性,那么该发明就具有实用性。该发明人可以提供实验数据、测试报告和市场应用情况等证据,证明该发明可以制造和使用,并且能够产生积极的效果。这些证据将有助于审查员对该发明的实用性进行评估,并最终决定是否授予专利权。

4.2.3 专利特征

1. 排他性

排他性即独占性,是指在一定时间(专利权有效期内)和区域(法律管辖区)内,任何单位或个人未经专利权人许可都不得实施其专利;对于发明和实用新型,不得为生产经营目的制造、使用、许诺销售、销售、进口其专利产品;对于外观设计,不得为生产经营目的制造、许诺销售、销售、进口其专利产品,否则属于侵权行为。

2. 区域性

区域性是指专利权是一种有区域范围限制的权利,它只有在法律管辖区域内有效。除了在有些情况下,依据知识产权保护的国际公约,以及个别国家承认另一国批准的专利权有效以外,技术发明在哪个国家申请专利,就由哪个国家授予专利权,只在专利授予国的范围内有效,而对其他国家不具有法律的约束力,其他国家不承担任何保护义务。但是,同一发明可以同时在两个或两个以上的国家申请专利,获得批准后其发明便可以在所有申请国获得法律保护。

  3. 时间性

  时间性是指专利只有在法律规定的期限内才有效。专利权的有效保护期限结束以后,专利权人所享有的专利权便自动丧失,一般不能续展。发明便随着保护期限的结束而成为社会共有的财富,其他人便可以自由地使用该发明来创造产品。专利受法律保护期限的长短由有关国家的专利法或有关国际公约规定。世界各国的专利法对专利的保护期限规定不一。

4.2.4 专利布局

  1. 专利布局的影响要素、意义和步骤

  (1) 专利布局的影响要素

  专利布局是指企业综合产业、市场和法律等因素,对专利进行有机结合,涵盖企业利害相关的时间、地域、技术和产品等维度,构建严密高效的专利保护网,最终形成对企业有利的专利组合。作为专利布局的成果,企业的专利组合应该具备一定的数量规模,保护层级分明、功效齐备,从而获得在特定领域的专利竞争优势。专利布局还包括对技术、产品、市场的分析和研究,以及对未来发展的预测和规划,从而在专利保护的同时,也可以为企业未来的发展提供支持和引导。专利布局需要综合考虑企业的战略、竞争对手、技术趋势等因素,以及各种类型的专利保护,如发明专利、实用新型专利、外观设计专利等,以最大限度地保护企业的技术和产品,并提高企业的竞争力。

  专利布局是一项非常有前瞻性和战略性的工作,能够帮助企业充分发挥专利的作用,达到更好的市场竞争和商业价值。企业需要根据自身的产品和技术特点,结合市场需求和竞争情况,有目的地进行专利申请和布局,使得专利群具备更高的协同效应和商业价值。针对应用设想进行专利布局的主要影响要素如下:

  ① 技术方向。应用设想中涉及的技术方向,是专利布局的关键考虑因素之一。企业应当对自己所处的行业进行调研,了解技术的演进趋势,明确自己在该领域的技术地位,以及未来可能的技术发展方向。同时,也要了解相关竞争对手在该领域的专利储备情况,以便制定具有针对性的专利布局计划。

  ② 应用范围。应用设想中的应用范围是另一个重要的考虑因素。企业应分析自己的产品和服务,确定应用设想所覆盖的应用范围,并制定专利布局计划。在这个过程

中,应考虑到应用范围的地域性和产业性差异,制定相应的专利策略。

③ 确定专利保护的地域范围。在制定专利布局时,应考虑到企业目前的市场规模和未来的市场拓展计划,根据产品销售区域、企业自身的市场定位以及竞争对手的市场覆盖情况,选择专利保护的地域范围。对于国内市场,可以选择全国性保护或者选择重点保护区域。对于海外市场,可以根据市场规模、潜力和风险等因素来确定专利保护的国家和地区。在国际专利申请中,采用 PCT 国际专利申请可以有效地节省时间和成本。

④ 专利类型。应用设想中涉及的技术,应考虑选择何种类型的专利进行保护。企业应根据应用设想的实际情况和专利保护的范围,选择申请最适合的专利类型。例如,发明专利、实用新型专利、外观设计专利等,每种专利类型都有其适用范围和保护优势。其中,发明专利保护范围最广,可以保护产品或技术的整体构造、功能和作用原理等;实用新型专利的保护范围较窄,只能保护产品或技术的某些局部构造或者结构方面的改进;外观设计专利主要保护产品的外观设计,如形状、图案、颜色等。

⑤ 专利申请地域。应用设想中涉及的应用范围和技术方向所覆盖的地域,也是专利布局的一个重要考虑因素。企业应了解各个国家的专利制度和专利审查机制,以确定最佳的专利申请地点。如果企业的产品和服务主要在某些特定的地区销售和应用,那么在该地区申请专利可能更有利。

⑥ 专利申请策略。企业应根据应用设想中所涉及的技术和应用范围,制定相应的专利申请策略。例如,在技术较为成熟的领域,可以选择批量申请实用新型专利,快速地建立专利保护网;在技术较为前沿的领域,则可以选择保护核心技术的发明专利,以确保长期的专利保护和竞争优势。

⑦ 实施计划。在实施计划中,应该合理安排申请的时间、制定申请的优先级顺序,确保专利申请工作的高效性和专利保护的覆盖面。同时,应密切关注市场和竞争环境的变化,根据实际情况调整专利实施计划,确保专利保护的及时性和有效性。

(2) 专利布局的意义

专利布局是一种专利战略布局,不同于没有规律或没有具体策略的专利申请,专利布局更侧重于企业自身研发的专利申请主线。这条主线与企业创新息息相关,但专利布局也与当时的市场环境、竞争对手的动向、未来的技术储备以及布局策略相关。经过专利布局后决定的专利申请,其技术方案本身也许不是企业研发的方向,也不是企业的主营产品。外人分析该企业的专利分布,也许无法窥其全貌,无法迅速掌握该企业专利布局的意图在哪里,甚至可以申请迷惑性专利(专利布局的功能类型),正是这种依据有一定目的而规划或设计的专利申请行为,才能真正形成专利保护网,并借此实现专利价值的最大化。将应用设想进行合理的专利布局具有以下意义:

① 提高专利的有效性和竞争力:通过对应用设想进行深入研究和分析,制定出合理的专利布局方案,可以使专利更加精准地保护企业的核心技术和产品,提高专利的有效性和竞争力。

② 降低专利侵权风险:合理的专利布局可以覆盖更多的技术领域和应用场景,从而降低企业的专利侵权风险,保护企业的知识产权。

③ 帮助企业占领市场先机:通过合理的专利布局,可以在关键技术领域和市场地域建立起专利壁垒,保护企业的技术和市场优势,占领市场先机。

④ 促进技术创新和产业升级:合理的专利布局可以促进企业的技术创新和产业升级,从而提高企业的竞争力和盈利能力。

⑤ 提高企业的知名度和声誉:通过合理的专利布局,可以提高企业在技术领域的知名度和声誉,为企业的品牌建设和市场拓展打下坚实基础。

(3) 专利布局的步骤

针对应用设想进行合理专利布局的具体步骤如下:

① 确定企业的核心技术和主营产品。对企业的技术和产品进行全面分析,明确其在市场上的地位和竞争优势,以此为基础进行专利布局。

② 分析市场竞争环境。了解市场上同类产品的竞争状况,分析竞争对手的专利布局情况,确定企业在市场上需要保护的技术和领域。

③ 制定专利申请战略。根据企业的核心技术和主营产品,结合市场竞争环境,制定专利申请的数量、分布和时间计划,确定专利布局的整体策略。

④ 选择专利布局的方式。根据企业的具体情况,选择不同的专利布局方式,如防御性专利布局、攻击性专利布局、战略性专利布局等。

⑤ 细化专利布局计划。根据专利布局的整体策略和方式,对每个具体的应用设想进行专利布局计划的细化,包括具体的申请国家、技术领域、专利类型、专利数量等。

⑥ 实施专利布局计划。按照制定的专利布局计划逐步实施专利申请工作,确保专利布局与企业发展战略紧密结合,形成全面、系统的专利保护网。

总之,针对应用设想进行合理的专利布局,需要在全面分析企业内部和外部环境的基础上,制定整体的专利申请战略,并根据具体的应用设想进行专利布局计划的细化,最终实现专利保护的最大化。

2. 专利布局的指导思想

只有以布局的思想指导企业专利工作的开展,将布局的意识融入企业的专利战略中，才有可能将专利布局落实到具体的技术研发和专利挖掘工作中，实现专利布局的目标。企业的专利布局工作可以遵循以下一些思想展开。

（1）以前瞻性的视野进行总体规划

专利布局是企业为了在未来市场竞争中取得有利地位而进行的战略规划。因此，在进行专利布局规划时，企业需要具有前瞻性的视野，以产品未动、专利先行的理念为指导思想，注重总体规划和整体部署。具体而言，企业的专利布局应该以企业自身的商业发展规划为基础，根据未来市场的定位和技术、产品以及市场发展战略进行专利规划。同时，企业还应该关注技术演进趋势、行业发展动态等外部因素，对未来的市场竞争环境进行预判，并确定专利挖掘的重点对象和组合形态，以此指导专利申请文件的撰写工作，甚至为研发项目的规划提供方向性指引。通过以上措施，企业可以在未来市场竞争中占据技术控制优势和管控专利风险的双重优势，保障自身在市场中行动自由，实现专利价值的最大化。

（2）以维护、巩固企业的技术优势为突破方向

企业在进行专利布局时，面对已有的大量专利或专利申请时，应考虑构建专利防御体系来应对潜在的风险。在构建专利防御体系时，企业需要根据自身技术优势有针对性地进行突围，紧密扣住企业的技术特色，挖掘具备差异化竞争优势的技术方案，并围绕这些方案进行专利布局，巩固和强化企业在这些优势点上的控制力。通过这样的方式，企业才能在专利竞争中变被动防御为攻防结合，摆脱他人的专利约束，增强与对手进行专利谈判和交叉许可的实力。

在进行专利布局时，企业需要全面考虑市场竞争环境和技术演进趋势等外部因素，并围绕自身技术特色和差异化技术竞争优势展开，通过点上的突破来推动企业整体专利竞争优势的提升。企业的专利布局需要紧密围绕这些差异化的技术竞争优势来展开，巩固和强化企业在这些优势点上的控制力，力争在这些优势点上占据行业领先地位，甚至引导其他对手产品的发展。通过一系列专利的部署，企业可以将这些优势向相关领域进行持续渗透和扩展，从而在细分市场中获得持久的竞争力。

（3）以针对性的专利部署进行具体落实

对象清晰、目标明确、策略得当的专利申请行为，往往才可能为企业带来大量有实际运用价值的专利资源。因此，企业的专利布局要具备针对性。具体而言，企业在进行专利部署时，要针对其所保护的不同产品、技术、地域以及其防御的不同竞争对手的各自特点来开展，确定各自的专利部署规模和结构。这些特点，既包括该产品、技术、地域本身的专利申请和保护现状特点，也包括企业自身的专利需求和技术实力特点，行业的

整体环境和发展态势特点,竞争对手的市场规划和专利储备特点等。对于每一个产品、每项技术、每一处地域的专利布局,都需要综合考虑这些因素后确定出其各自的专利竞争的特点,有针对性地开展专利布局。

例如,对于不同的产品和服务,其未来发展的重心和方向也不尽相同,所占市场规模、竞争情况、销售区域等都存在很大差异,企业在该领域所掌握的技术研发资源和研发能力也不同,这都需要根据其特点和企业的需要来制定相应的专利布局策略,从而使企业专利申请更系统、更具针对性,才能更有效地发挥其作用。

（4）按照规划有序操作、形成专利组合

专利布局的规划性是指在具体的专利部署工作实施之前,就已经大致确定将要在哪些产品和技术点上重点开展专利挖掘工作,需要挖掘出多大数量规模的专利,以及这些专利需要保护什么样的技术主题、具备什么样的技术内容、彼此之间具备怎样的关联关系。通过这种规划,可以指导企业配合研发项目的进展分阶段、有计划地开展专利挖掘工作,确保在重点挖掘对象上的专利产出数量和质量,使企业的专利部署策略得到很好的延续和执行。同时,通过一系列任务的分解和指标的制定,辅助企业及其内部的各个产品部门和研发项目组完成既定的专利战略目标。

在这种规划的指导下,企业获得的将不再是若干件离散的专利,而是围绕特定的技术、产品,由具备一定内在联系,能够互相补充、有机结合,整体发挥作用的多个专利集合形成的专利组合。通过这种组合形态,可以有效地增强企业对其优势技术点的保护效力以及与竞争对手的专利对抗能力,并使企业针对未来热点领域的专利圈地成果更具威慑力。

（5）配合企业的整体战略调整布局数量和结构

专利布局,归根结底,是为企业整体战略服务的。因此,企业的专利布局需要与其整体战略相协调,其体现在专利布局的数量和结构应该与其所掌握的技术资源相匹配,满足其不同时期的技术研发、产品拓展、市场的发展和竞争等需求,满足企业未来专利运用的考虑。

在配合企业战略进行专利布局时,一是考虑企业现实的资源、能力和需求,有意识地在其重点发展领域进行优先专利部署,保证其专利数量和专利分布结构上的优势;二是要充分从企业的长远发展规划出发,提前在一些领域建立专利储备资源;三是要随时根据企业发展规划的变化,调整其专利的规模和结构、专利布局的重点领域。此外,这种协调也体现在对于那些已经对企业的市场竞争失去运用价值的专利,及时进行转让、许可、放弃等,从而减少企业的经济负担。

3. 专利布局的类型

（1）基础专利

基础专利是涵盖创新成果的核心或基础方案的最主要技术特征，为其提供最大保护范围的专利。基础专利布局是指企业在某一技术领域中，申请涵盖该技术领域核心或基础方案的主要技术特征的专利，并通过这些专利来保护自己的核心技术和市场地位。基础专利在技术领域中起着关键的作用，是构建技术平台和开展技术创新的重要基石。基础专利布局通常涉及一系列的专利申请，这些专利申请涉及该技术领域的核心技术和基础方案，具有广泛的技术涵盖范围和高度的技术创新性。这些专利可以为企业提供更广泛的技术保护和更大的市场竞争优势，也可以在技术领域中增强企业的话语权和影响力。基础专利布局的目的是通过专利保护，维护和巩固企业在技术领域中的地位，防止竞争对手通过类似的技术方案进行模仿和抄袭，并为企业提供更广泛和更可靠的技术保护，同时也可以增加企业的技术积累和竞争优势。

一个典型的例子是，华为在5G技术领域的基础专利布局。据报道，截至2021年初，华为在5G技术领域已经拥有超过3 000项基础专利，占全球5G基础专利总数的20％以上。这些基础专利涵盖了5G通信的核心技术，如多输入多输出（MIMO）、高频毫米波通信、新型无线接入技术（NOMA）等，为其在5G领域的技术优势和市场地位提供了坚实的基础。这些基础专利的保护范围非常广泛，可以保护华为在5G领域的核心技术和商业利益。华为在5G技术领域的基础专利布局是其在5G领域技术优势和市场地位的重要基础。华为的5G技术专利涵盖了从无线通信信号处理到核心网络技术等各个方面，是行业内最丰富和最具竞争力的专利之一。华为在5G技术领域的基础专利布局策略主要包括以下几个方面：

① 提前布局。自2013年起，华为开始着手5G技术的研发和专利布局。在5G标准制定的过程中，华为积极参与各项标准的制定和组织，并向其提交大量技术方案，以争取这些技术被采纳为标准，从而获得更多的基础专利。

② 投入巨资。华为在5G技术的研发和专利布局上投入了大量的人力、物力和财力。据报道，华为在5G领域的研发经费高达数百亿元，专门用于5G标准研究、技术研发、专利布局等。

③ 提高专利质量。华为注重专利质量的提高，专门成立了专利部门，对专利进行严格筛选和审核，确保专利的可靠性和有效性。同时，华为还积极与其他公司进行专利交叉授权，以便更好地保护自己的技术和利益。

④ 与全球主要运营商合作。华为与全球主要运营商建立了战略合作关系，可以在

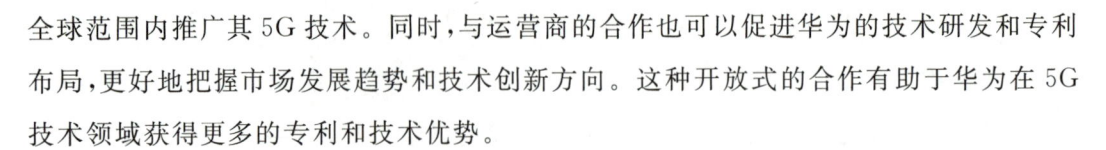

全球范围内推广其5G技术。同时,与运营商的合作也可以促进华为的技术研发和专利布局,更好地把握市场发展趋势和技术创新方向。这种开放式的合作有助于华为在5G技术领域获得更多的专利和技术优势。

(2) 竞争性专利

竞争性专利主要是为了解决同一技术问题,或为实现相同或相近的技术效果而采取的不同替代技术方案的专利。竞争性专利布局是指企业为在同一技术领域中保护自己的技术,防止其他竞争对手利用类似的技术来侵犯自己的权益,而进行的专利申请和布局。竞争性专利布局通常发生在技术进步迅速的领域,如电子、计算机、通信等领域。在这些领域中,技术的变化很快,市场竞争也很激烈,因此保护和维护自己的知识产权变得尤为重要。竞争性专利布局的目的是为企业的技术和产品提供更广泛和更可靠的保护,保护自己的技术和市场地位,防止其他企业利用相似的技术模仿自己的产品,影响自己的利益和品牌形象。竞争性专利布局也可以为企业在市场竞争中占据更有利的地位,增强其竞争力和创新能力。竞争性专利布局需要企业精心策划和执行,需要深入了解技术和市场的发展趋势,分析竞争对手的技术和专利布局情况,制定具有前瞻性的专利战略,积极申请专利并维护专利权益,以实现对自己技术和产品的更好保护。

一个典型的例子是苹果和三星在智能手机领域的专利竞争。苹果和三星两家公司在智能手机领域都拥有大量的专利,其中许多专利是竞争性专利,也就是为了解决相同的技术问题而采取的不同技术方案。例如,苹果在智能手机领域拥有许多竞争性专利,其中包括对手机界面和设计的专利,如圆角矩形设计专利、触摸屏幕专利和图标排列专利等。这些专利为苹果在智能手机市场中提供了一定的保护和优势,因为其他竞争对手如果要使用类似的设计和界面,就需要支付专利费用或面临侵权诉讼的风险。三星也拥有大量的竞争性专利,在智能手机领域与苹果展开了激烈的专利竞争。三星在智能手机领域的专利覆盖范围很广,包括硬件设计、软件应用、无线通信等多个领域。例如,三星的专利包括手势控制专利、电子邮件管理专利和拍照技术专利等。

苹果和三星之间的专利诉讼持续了多年,双方在多个国家和地区进行了专利纠纷,这也显示出了竞争性专利的重要性和价值。通过积极的竞争性专利布局,苹果和三星都为自己在智能手机市场中赢得了竞争优势和技术领先地位。

(3) 迷惑性专利

企业经过内部判断,可以有意选择若干产业前景或市场前景不好,或有技术缺陷等实际上是企业放弃的技术方案来申请专利,申请这类专利不是为了保护企业的技术方案,而是迷惑竞争对手,让竞争对手难以发现企业真正的技术或产品规划,引导竞争对手选择错误的竞争点位。迷惑性专利布局是指企业或个人为了阻止竞争对手进入市场或者在市场上取得更多的份额,通过大量的专利申请或获取专利来制造专利壁垒,达到迷惑竞争对手、消耗竞争对手资源、抬高进入门槛、抑制市场竞争的目的。迷惑性专利布局虽然有助于企业在市场上取得更多的份额,但同时也会对市场竞争造成一定的负面影响,因为它可能会抑制竞争、抬高市场进入门槛、降低创新速度和创新效率等。

迷惑性专利布局主要通过以下几种方式实现:

① 大量申请专利:企业或个人大量申请专利,以期在技术领域形成专利壁垒,迫使竞争对手不得不花费大量的时间和资金进行专利检索和申请,消耗其资源,抬高其进入门槛。

② 技术交叉申请:企业或个人在技术交叉领域进行专利申请,涉及多个领域的专利申请,使得竞争对手难以识别专利的实际价值,从而达到迷惑竞争对手的目的。

③ 对外交叉许可:企业或个人通过交叉许可,即授权竞争对手使用自己的专利,而同时也获得竞争对手专利的使用权,从而达到迷惑竞争对手、限制竞争对手的目的。

一个典型的例子是洛克希德·马丁空间系统公司(Lockheed Martin Space Systems Company)在F-22战斗机项目中采取的专利策略。该公司在该项目中申请了大量的专利,并且使用了一种"鱼饵专利"(诱饵和开关专利)。鱼饵专利是指,企业或个人在专利申请中故意加入不必要或无效的技术要素,以此欺骗专利审查员,从而通过审查,获得专利权。在F-22战斗机项目中,洛克希德·马丁空间系统公司使用了大量的鱼饵专利,这些专利中大多数并不是为了真正的技术创新,而是为了防止竞争对手进入市场。这些专利的数量和涵盖范围迫使竞争对手不得不花费大量的时间和资金来进行专利检索和申请,从而降低其进入门槛,最终达到制造专利壁垒的目的。

(4)互补性专利

互补性专利主要是围绕对核心方案的优化、改进,衍生出来的多个专利,与各种产品结合时产生的具体应用方案。互补性专利与基础专利在保护范围和效果上互相补充交叉,能实现对基础专利核心方案的扩大保护。由于互补性专利一般在基础专利申请或授权之后申请的,因此可以有效地延长对核心技术的保护时间。互补性专利涉及链条延伸策略,具体在于发掘商业实现链条下有特别技术要求的操作环节,相应实现专利布局。

假设一家公司拥有关于风力发电机叶片的基础专利,并进一步探索了与叶片相关的操作环节的专利保护。公司发现,在叶片的物流储运环节中,可以开发一系列与叶片形状配合的夹具、卡具、支架等固定、包装材料,以确保叶片在运输中不受损坏。基于这个发现，公司展开了互补性专利布局。首先，公司申请了叶片形状的专利，并且针对不同长度和规格的叶片进行了分类和保护。然后，公司通过设计特别的夹具、卡具、支架等材料，保证叶片在运输过程中的安全和稳定。这些特别的固定和包装材料的设计都被公司进行了专利保护。此外，公司还专门设计了利用吊车、机动叉车、无动力人工推车等工具进行叶片的搬运移动，并对这些工具的相关设计进行专利保护。最后，公司还专门设计了不同的包装方式，包括装箱和利用特别卡具、支架稳定放置，并对这些包装方式也进行了专利保护。通过这种互补性专利布局，公司在叶片的物流储运环节中实现了全面的专利保护，从而确保了整个产业链的稳定运行。

(5) 遏制性专利

由于专利授权的前提是该技术方案具备新颖性和创造性，因此如果有些技术企业想要遏制竞争对手，就需要研究竞争对手现有技术可能的技术演进方向，在同行业诸多竞争对手的技术基础上进行二次研发和改进，并抢先申请专利，占据领先优势，阻碍竞争对手的未来发展规划，扰乱竞争对手的专利布局，从而达到遏制竞争对手的效果。遏制性专利是指企业在竞争中采用专利申请、授权和实施等手段，以阻止竞争对手的技术发展和市场进入，保护自身市场份额和利润。

在电力、电气、自动化领域的一个典型例子是，1994—2004年，居于全球领先地位的大型跨国公司施耐德数次提出收购中国低压电气行业的领军龙头正泰80%、51%、50%等份额股份，希望入主正泰，但未获得成功。随后，施耐德凭借自身技术和专利优势，针对正泰发起全球专利战。据不完全统计，双方在欧洲涉入的专利诉讼约15场，在美国、中国及其他地区约10场。2006年，正泰在浙江省温州市中级人民法院起诉施耐德侵犯其名为"一种高分断小型断路器"的实用新型专利CN2322256Y。2007年9月法院下达(2006)温民三初字第135号民事判决，判赔额为3.348亿元。该判赔额创下了中国专利侵权判赔额之最。可以说，权利人布局的这一专利换得了最高价值。随后，双方达成全球和解，施耐德另外赔偿正泰1.5750亿元，正泰放弃执行初审判决。实用新型专利CN2322256Y申请于1997年11月11日，即正泰做出该技术方案时，距起步不足15年。客观而言，实用新型专利CN2322256Y的技术方案，应为正泰在学习包括施耐德在内的诸多行业领先公司的技术之基础上，通过二次研发和改进而取得的。即就竞争对手现有技术可能的技术演进方向，形成了专利布局，并且极为有效地发挥了遏制竞争对手的作用。

在智能手机领域的一个典型例子是，三星在智能手机领域采用的遏制性专利布局。2011年，苹果发布了iPhone 4智能手机，采用了Retina屏幕和多点触摸等技术，这使得

iPhone 4成为当时市场上最受欢迎的智能手机之一。然而,三星也在同一时间推出了自己的智能手机Galaxy S,这款手机采用了与iPhone 4类似的技术,如触摸屏幕、多点触控和应用程序界面等。在随后的几年,苹果和三星之间展开了一系列专利纠纷。三星被指控侵犯了苹果的多项专利,包括Retina屏幕和多点触控技术等。在这些纠纷中,三星采用了遏制性专利布局策略,通过申请自己的专利来阻止苹果在智能手机领域的发展。具体来说,三星在智能手机领域进行了大量的研发,并申请了众多的专利。这些专利涵盖了智能手机领域的各个方面,包括硬件和软件。当苹果推出新的智能手机时,三星会检查它们是否侵犯了自己的专利,并在必要时提起诉讼。通过这种方式,三星在智能手机领域形成了强大的专利布局,这使得苹果在该领域的发展受到了很大的限制。同时,三星也利用自己的专利优势,推出了一系列自己的智能手机,成为苹果在智能手机市场上的竞争对手之一。

(6)防御公开性专利

由于专利授权的前提是该技术方案具备新颖性和创造性,因此如果有些企业不想自己获得该专利,也不想对方申请专利,则可以考虑只将技术内容写入专利文件中,将该技术方案以专利文本的方式公开出去,从而实现阻止竞争对手获得该技术的专利,避免潜在的侵权风险。

防御公开性专利是指在发现某个技术已经被他人申请专利,且该专利申请被视为对自己企业的业务发展产生威胁时,通过自行公开该技术来防止竞争对手获得该技术的专利权。通常情况下,防御公开性专利并不寻求专利授权,而是公开技术以确保自由使用该技术并向公众展示该技术是已知的,从而防止他人取得专利权并对自己企业提出专利侵权指控。防御公开性专利通常应用于开源社区、非营利组织、学术机构、企业等。通过自行公开技术,可以降低专利侵权的风险,避免被迫停止使用某项技术。此外,公开技术还可以促进技术共享和合作,推动技术的进一步发展和创新。

一个典型的例子是,公司在研发过程中发现了一项技术,但由于各种原因无法实际利用它来生产销售产品,但是该技术对公司的业务具有重要价值,因此公司申请了一项专利来保护它。公司可能没有计划将该技术推向市场,但通过保护该技术,公司可以防止竞争对手获得该技术并将其应用于类似产品的生产,从而保护其市场份额。

4. 专利布局模式

(1)路障式布局

路障式布局是指将实现某一技术目标之必需的一种或几种技术解决方案申请专利,形成路障式专利的布局模式。路障式布局的优点是申请与维护成本较低,但缺点是给竞争者绕过己方所设置的障碍留下了一定的空间,竞争者有机会通过回避设计突破障碍,而且在己方专利的启发下,降低竞争者的研发成本。因此,只有当技术解决方案是实现某一技术主题目标所必需的,竞争者很难绕开它,回避设计必须投入大量的人力和财力时,才适宜用这种模式。

采用这种模式进行布局的企业必须对某特定技术领域的创新状况有比较全面、准确的把握,特别是对竞争者的创新能力有较多的了解和认识。该模式较为适合技术领先型企业在阻击申请策略中采用。例如,高通布局了CDMA的基础专利,使得无论是WCDMA、TD-SCDMA,还是CDMA2000的3G通信标准,都无法绕开其基础专利这一路障型专利。再如,苹果针对手机及电脑触摸技术进行的专利布局,也给竞争者回避其设计设置了很大的障碍。

一个典型的例子是电动汽车领域的路障式专利布局,如特斯拉。该公司在电动汽车领域拥有众多的核心专利,包括电动汽车的驱动系统、电池技术、充电技术等。通过在关键技术上设置路障式专利布局,特斯拉可以有效地遏制竞争对手进入该领域,并保持自身在市场上的领先地位。例如,特斯拉在电池技术方面的专利布局,拥有众多的核心专利,其中包括用于生产锂离子电池的特殊设备和技术、电池管理系统、电池包装和组装等技术。这些专利的申请和维护成本相对较低,但是其技术方案是实现电动汽车这一技术主题目标所必需的,竞争者很难绕开这些路障式专利。这样,特斯拉可以在保护自身技术优势的同时,降低竞争者的进入门槛,并保持市场领先地位。

需要注意的是,路障式专利布局并非适用于所有情况,其主要适用于技术解决方案是实现某一技术主题目标所必需的情况下。如果只是为了阻碍竞争对手,而不是真正保护自身核心技术,那么这种布局方式可能会导致巨大的成本和资源浪费。

(2)城墙式布局

城墙式布局是指将实现某一技术目标的所有规避设计方案全部申请专利,形成城墙式系列专利的布局模式。城墙式布局可以抵御竞争者侵入自己的技术领地,不给竞争者进行规避设计和寻找替代方案的任何空间。当围绕某一个技术主题有多种不同的技术解决方案,每种方案都能够达到类似的功能和效果时,就可以使用这种布局模式形成一道围墙,以防止竞争者有任何的缝隙可以用来回避。例如,若用A方法能制造某产品,就必须考虑制造同一产品的B方法、C方法等,具体的例子是,从微生物发酵液中提取到某一活性物质,就必须考虑通过化学全合成、从天然物中提取以及半合成或结构修饰等途径得到该活性物质,然后将这几种途径的方法一一申请专利,这就是城墙式布局。

一个典型的例子是,源德盛塑胶电子(深圳)有限公司(简称源德盛)是一家外资企业,自拍杆是其重要的主营产品。源德盛非常积极地利用城墙式专利布局构建竞争优势,让竞争者进行规避设计和寻找替代方案。2015年起,源德盛利用其专利组合提起的侵权诉讼以四位数计。其中发挥最核心作用的实用新型专利,"一种一体式自拍装置"(专利号:ZL201420522729.0),于2018年获得第二十届中国专利金奖。依照2019年底的报道,源德盛的自拍杆产品已经达到全球市场占有率第一,其中高端产品的占有率高达80%。2021年6月之前公开的源德盛申请的涉及自拍杆的中国专利及申请,包括发明和实用新型总计71件。

2014—2019年,源德盛针对遥控器收纳进行了一组城墙式专利布局,专利布局的引导思路至少包括重点强化、防止规避。专利总数共计8件。其中,1号至4号专利同时提交于2014年1月24日,其余4件专利分别提交于2018年和2019年。2014年1月24日提交的4件专利申请所保护的技术方案仅采用了不同的措辞而无实质性差别。因此,布局意图在于强化重点,即对重要技术方案通过多件专利实现城墙式强化保护。重点保护的核心技术手段是利用容纳腔收纳遥控器。后续4件专利中,前3件保护的产品为自拍杆,将伸缩杆等自拍杆的常规结构写入了权利要求,主要创新点在于遥控器安置位置和方式;第4件专利保护遥控器的一种安置结构。总体而言,权利人首批专利技术方案应是在解决遥控器收纳这一技术问题的正向抓手引导之下做出的;后续专利技术方案应是在为容纳腔收纳遥控器这一技术手段寻找新应用方式这一反向抓手的引导下做出的。此次城墙式专利布局体现了防范规避绕道的布局思路,将容纳腔收纳遥控器这一技术手段的各种可能应用方式尽量利用专利加以覆盖。

(3) 地毯式布局

地毯式布局是指将实现某一技术目标的所有技术解决方案全部申请专利,以覆盖尽可能多的技术方案和应用场景,形成地毯式专利网的布局模式。这是一种"宁可错置一千,不可漏过一件"的布局模式。采用这种布局,通过进行充分的专利挖掘,往往可以获得大量的专利,围绕某一技术主题形成牢固的专利网,因而能够有效地保护自己的技术,阻止竞争者进入。一旦竞争者进入,还可以通过专利诉讼等方式将其赶出自己的保护区。但是,这种布局模式的缺点是需要大量资金以及研发人力的配合,投入成本高,并且在缺乏系统的布局策略时容易演变成为专利而专利,容易出现专利泛滥却无法发挥预期效果的情形。

一个典型的例子是,高通在移动通信技术领域的专利布局。高通在移动通信技术领域拥有超过13万项专利,涵盖了移动通信技术的各个方面,如无线通信协议、编解码技术、射频芯片、通信软件等。这些专利覆盖了几乎所有的移动通信标准，包括2G、3G、4G和5G等，形成了高通在移动通信技术领域的专利地毯。由于高通在移动通信技术领域的专利布局非常广泛，因此其他竞争对手在进行移动通信技术研发时很难避免侵犯高通的专利，从而需要向高通支付专利使用费。这使得高通在移动通信技术领域具有很强的竞争优势，并且从专利使用费中获得了巨大的经济利益。

地毯式布局比较适合在某一技术领域内拥有较强的研发实力，各种研发方向都有研发成果产生，且期望快速与技术领先企业相抗衡的企业在专利网策略中使用，也适用于专利产出较多的电子或半导体行业，但不太适用于医药、生物或化工类行业。

甲磺酸伊马替尼片，即格列卫，是一种化学药，由瑞士诺华开发，于2001年获得美国食品药品监督管理局批准作为治疗费城染色体阳性的慢性髓性白血病（Ph+CML）的药物上市。2013年4月，瑞士诺华保护格列卫化合物的中国专利CN93103566.X届满过期。随即，两家中国药企的两种格列卫仿制药获得行政批准而上市。

瑞士诺华对格列卫进一步的研究揭示其对胃肠基质肿瘤（GIST）的显著疗效，于2000年10月就格列卫针对胃肠基质肿瘤的应用申请了专利，经过PCT渠道进入了中国国家阶段并获得了中国专利CN1276754C。该专利属于典型的药物二次用途发明。是以反向抓手为指引，为已知药物探寻新用途而取得的成果。但是，专利CN1276754C因权利人方面自身失误而导致专利失效，最终未能发挥牵制仿制药的作用。化学药的专利保护，通常首先在于保护基础化合物的通式结构，其可以将具有相同功效的同类衍生物纳入保护范围；同时，还应保护较为理想的若干种具体化合物。其次在某些情形下，对化合物晶型加以保护也可以取得一定效果。

作为格列卫原研方，瑞士诺华以诺瓦提斯公司、诺华股份有限公司的名义在中国进行了地毯式专利布局。截至2021年6月，他们在晶型、组合物、药物二次用途、制剂、中间体等方面至少布局了21件专利。尽管其中一些专利因为创新性不足等原因未能获得授权，或者被主动放弃，但这些专利布局表明原研方充分利用了保密信息的绝对优势，在原研药及其最早的核心专利公开前，完成了高价值专利的开发和布局。

然而，在原研药及其最早的核心专利公开并成为现有技术之后，原研方和仿制药开发者的专利布局对该药物的商业应用影响将大大减小。此时，只能在次要方面提出技术改进，而这些技术改进常常是容易规避的。因此，瑞士诺华没有抓住进行地毯式专利布局的黄金期，没有形成牢固的专利网，导致国内的竞争对手趁机反击，瓜分了该领域的市场。

（4）丛林式布局

丛林式布局是一种基于围绕基础专利申请大量的外围专利，形成一个密集的专利保护网，从而有效阻遏竞争对手的专利向四周拓展，削弱对手基础专利的价值，同时保护自己基础专利的价值的一种专利布局模式。丛林式布局也称糖衣式布局，就像糖衣一样与基础专利如影随形，就像大树周围的丛林环绕在基础专利的四周，进不来也出不去。丛林式布局可以分成两种情况：一是基础专利掌握在竞争对手的手中，那么就可以针对该专利技术申请大量的外围专利，用多个外围专利来包围竞争对手的基础专利，就像大树周围的灌木丛一样。这样就可以有效地阻遏竞争对手的基础专利向四周拓展，从而极大地削弱对手基础专利的价值。必要的时候，还可以通过与竞争对手的专利交叉许可来换取对手基础专利的授权。二是当基础专利掌握在我们手中的时候，就不要忘了在自己的基础专利周围抢先布置丛林专利，把自己的基础专利严密地保护起来，不给对手实施这种专利布局的机会。

专利布局其实并无太固定的格式与规则，基本原则是根据整个市场的专利状况和自身的专利状况包括财力、人力以及相关因素的综合考虑进行合理的规划。前述各种专利布局并未囊括所有类型，也不可能做到这一点，同时各种基本的专利布局之间可以进行各种组合或变形，从而形成一个专利防护网。优质的专利防护网应该具有严密、有层次感且性能价格比优越的特点。严密就是密不透风，不给对手以可乘之机，这不是说专利越多就越严密，更重要的是质量的把握，对于技术研发方向的研判。否则，可能是一大堆专利，然而大部分属于垃圾专利之类，如同一群散兵游勇、一触即溃，那就起不到防护或遏制的作用。有层次感就是要有战略纵深，形成一个多层次的防护网，富有深度，是立体的而不是扁平的，需要将各种专利布局策略有效地组合起来。性能价格比优越其实是非常能够体现智慧的，就是以同样的费用与投入产出最大的效益，这无疑是非常考验人的智慧的。优秀的防护网应该有两个功能，一是防护自身的专利或非专利技术不受侵犯，二是能够成为攻击竞争对手的根据。防护网做得越好，其发挥的作用就越大。

一个典型的例子是，苹果的 iPhone 专利布局。在 2007 年 iPhone 发布之前，苹果通过对相关技术的研究和开发，掌握了许多基础专利。在 iPhone 发布之后，苹果通过申请大量的外围专利，如外观设计、触摸屏技术、交互界面等，将基础专利围绕起来，形成一个庞大的专利保护网。这个专利保护网起到了防止竞争对手侵犯其专利的作用，也保护了自己的基础专利不受到侵犯。这种丛林式专利布局的成功，使得苹果在智能手机市场上取得了长期的领先地位。

更具体的丛林式专利布局案例是微软对于其 Windows 操作系统的专利布局。微软是计算机操作系统领域的领先者之一,而 Windows 操作系统是其最为著名的产品之一。微软对于 Windows 操作系统的专利采用了丛林式布局的策略,以保护其核心技术并阻止竞争对手的进入。首先,微软针对 Windows 操作系统的核心技术,即操作系统内核,进行了基础专利的布局。这些基础专利涵盖了操作系统内核的各个方面,如进程管理、内存管理、文件系统等。这些基础专利保护了 Windows 操作系统的核心技术,为微软在该领域的领导地位奠定了基础。接着,微软在这些基础专利的周围进行了丛林式布局。微软的丛林式布局涉及许多外围技术,如图形用户界面(GUI)、网络连接、数据存储、数据传输等。微软通过申请这些外围专利,有效地扩大了 Windows 操作系统的专利覆盖范围,保护了其在该领域的地位。此外,微软还采用了交叉许可的策略,与其他公司进行了专利交叉许可,获得了其他公司的专利许可,同时也让其他公司使用其专利。这种交叉许可的策略有助于微软保护自己的专利并与其他公司建立合作关系,从而推动 Windows 操作系统的发展。微软的丛林式布局策略为其在操作系统领域的领导地位奠定了基础,并有效地阻止了竞争对手的进入。同时,这种专利布局也为微软在其他领域的产品开发提供了保护。

5. 专利布局方案的制订

本书针对的是创意推向市场,那么针对应用设想进行专利布局时,专利布局的方式应该根据创意的来源是否属于原创来决定。对于那些原创性较高的创意,更多地采用基础专利布局方式;而对于一些领域比较小的创新,可以考虑采用城墙式布局方式。同时,对于那些需要以专利布局为主来抵御竞争对手的采用路障式专利布局方式。综合考虑创意的性质和商业需求,选择适合的专利布局方式,从创意到应用设想,才能更有效地保护知识产权并获得商业价值。

对于不同的创意来源和类型,适合的专利布局方式会有所不同。基础专利布局可以在原创性强且领域较为广泛的情况下,更好地保护核心技术和知识产权。而路障式布局则可以在面对市场竞争时,通过设立路障专利,有效地阻止竞争对手的进入。城墙式布局则适用于某些相对小众的领域或创新,可以通过构建一系列相互关联、紧密保护的专利来保护创新成果。

企业在进行专利布局方案的制订时,需要遵循以下步骤:

(1) 分析应用设想的技术特点:企业需要仔细分析应用设想的技术特点,包括技术的创新点、实现方式、技术应用领域、技术优势等方面。这将有助于企业确定专利保护的范围和专利策略。

(2) 确定专利保护的范围:企业需要考虑申请哪些类型的专利,如发明专利、实用新型专利、外观设计专利等,以及需要申请的国家/地区等。此外,企业还需要确定专利申请的范围,包括专利权利要求书、说明书和图纸等。

(3) 制定专利布局方案:企业需要结合技术特点和专利保护范围,制定具体的专利布局方案。包括在哪些国家/地区申请专利、专利申请的时间节点、专利费用预算、专利申请的优先级等方面的考虑。

(4) 实施专利布局方案:企业需要按照制定的专利布局方案实施专利申请。在申请专利的过程中,需要注意专利申请的规范性、清晰性和完整性,以及专利文件的备份和归档等事项。

(5) 监测专利布局效果:企业需要定期监测专利布局的效果,包括已申请专利的数量、范围、审查情况、授权情况、费用支出等方面。这将有助于企业及时调整专利布局方案,提高专利布局的效果。

举例如下:某企业有一个渗水钉的应用设想,主要解决的是墙体渗水后墙内积水的处理问题,渗水钉的应用设想作为一个原始的创新,专利布局方案中可以采用以下一些步骤和方式判别专利布局的内容。

(1) 确定应用设想的核心技术和关键特点:首先需要确定该应用设想中的关键技术和特点,包括渗水钉的结构、材料、工作原理等。通过分析这些关键技术和特点,可以确定需要进行专利保护的方面,如结构、材料、工作原理等。

(2) 搜集现有技术和专利信息:对于类似的产品或技术,需要搜集现有的技术和专利信息,分析其与该应用设想的区别和差异,以便确定专利布局的重点和方向。

(3) 制定专利布局策略:根据应用设想的关键技术和特点以及现有技术和专利信息的分析结果,制定专利布局策略。对于渗水钉应用设想的专利布局,可能包括以下方面:① 结构设计专利:针对渗水钉的结构设计进行专利保护,如渗水钉的形状、尺寸、材料等方面的设计。② 工作原理专利:针对渗水钉的工作原理进行专利保护,如渗水钉内部的流体控制结构、水流分散等方面的设计。③ 应用领域专利:针对渗水钉的应用领域进行专利保护,如在建筑、土木工程、水利工程等领域的使用。

(4) 制定专利申请战略:根据专利布局策略,制定专利申请战略。在确定需要保护的技术和特点的基础上,需要考虑专利的有效期、专利申请地点、专利申请方式等因素,以便制定合适的专利申请战略。

(5) 实施专利布局:针对这个应用设想,可以采用城墙式专利布局,主要包括以下几个方面:一是针对渗水钉的结构、材料、加工工艺等方面进行基础专利布局,确保自己的核心技术能够得到有效的保护,同时限制其他竞争对手在同样领域的开发。二是建立与渗水钉相关的外围专利,如与其配合使用的防水材料、墙体结构等方面的专利。这样不仅可以进一步巩固自己的市场地位,还能够增加与其他厂商的协作可能性。三是对于渗水钉的应用场景进行专利布局。例如,在建筑工程领域中的应用、在公共建筑的墙体保护中的应用等。这样可以扩大自己的市场份额,确保自己的技术得到更广泛的应用。

专利转化评价的主要技术指标包括但不限于以下几个方面:

(1) 专利权利要求匹配度:即专利权利要求中所涉及的技术特征是否能够与转化后的技术、工艺或产品的特征匹配,是否涵盖了实现转化后技术、工艺或产品所必需的所有技术要素。

(2) 专利前瞻性:即专利成果转化后所获得的技术、工艺或产品是否具有足够的前瞻性和创新性,是否能够满足市场需求和行业发展趋势。

(3) 专利滞后性:即专利成果转化后是否仍然具有竞争优势,是否跟得上市场变化和技术发展的步伐。

(4) 技术可行性:即转化后的技术、工艺或产品是否能够在实际生产和商业化运作中得到可行的应用和推广。

(5) 专利布局合理性:即企业所拥有的专利成果是否涵盖了其核心技术领域,是否对其所处行业的竞争格局产生积极影响。

(6) 知识产权保护:即企业在专利成果转化过程中是否注意到知识产权的保护和管理,是否有足够的措施保障自身知识产权的合法权益。

当渗水钉的应用设想授权之后,企业需要注意以下问题,以便有效地进行专利转化:

(1) 专利权利要求匹配度:需要确保专利权利要求中所涉及的技术特征能够与转化后的产品特征匹配,且涵盖实现转化后产品所必需的所有技术要素。例如,渗水钉的专利权利要求中应该含有具体渗水钉实现方案的技术特征。同时,核实权利要求保护的内容是否恰当。

(2) 专利前瞻性:需要考虑将渗水钉应用到哪些领域,以及其是否具有足够的前瞻性和创新性,是否能够满足市场需求和行业发展趋势。例如,可以将渗水钉应用于建筑工程领域,以解决墙体渗水后的墙内积水问题。

(3) 专利滞后性:需要评估渗水钉技术在市场上的竞争优势,并考虑是否需要进行技术更新或升级,以跟得上市场变化和技术发展的步伐。

(4) 技术可行性:需要评估渗水钉技术、工艺或产品是否能够在实际生产和商业化运作中得到可行的应用和推广。例如,可以通过在实际建筑工程中使用渗水钉进行试验,以评估其效果和可行性。

(5)专利布局合理性:需要考虑企业所拥有的专利成果是否涵盖了其核心技术领域,以及是否对其所处行业的竞争格局产生积极影响。例如,可以布局针对渗水钉应用的技术、工艺或产品相关的专利,以保护企业在该领域的利益和竞争地位。

(6)知识产权保护:需要注意到知识产权的保护和管理,包括对专利成果的监管和维护,以及对专利侵权的打击和维权。例如,可以在专利转化过程中加强专利监管,防止他人侵犯专利权益,并及时采取法律手段维护企业的知识产权。

基于以上问题,具体的方案可以包括:

(1)研发和制造渗水钉产品,保证产品的品质和性能符合专利权利要求,并在市场中进行推广和销售。

(2)对渗水钉技术进行深入研究,开展技术创新和优化,保证其具有足够的前瞻性和创新性,满足市场需求和行业发展。

(3)对于渗水钉的应用设想,需要考虑其在实际使用中的可行性。因为该技术需要在建筑施工中实际应用,需要考虑使用的方便性、施工效率和成本等因素。同时,还需要考虑材料的耐用性、抗腐蚀性和安全性等因素。

(4)针对技术可行性的问题,企业可以进行技术实验和试点工程,验证技术方案的可行性,并在实际使用中进行优化和改进。同时,企业还可以借助合作伙伴的力量,共同推动技术的应用和推广。

第 5 章　战略规划验证

战略规划验证是指对组织的战略规划进行验证，以确保其是否符合组织的需求和目标。通常包括评估战略规划的目标、执行计划、资源需求和预期结果，以确定战略规划是否适用于组织，是否能够有效地实现组织的目标。战略规划验证还可以通过分析与评估组织的内部和外部环境来确定战略规划的可行性和风险。因此，战略规划验证是确保战略规划能够有效执行的关键步骤，可以帮助组织避免未来的问题，并确保能够实现其预期的成果。

本书中将战略规划验证定义为，从法律价值、市场价值、技术价值、社会与文化价值等多角度进行应用设想价值分析，进行应用设想技术可行性论证、专利可行性论证和商业可行性论证，并决定是否开展产品系统化验证，进而形成规划验证计划的战略规划。

5.1　技术可行性论证

5.1.1　技术可行性论证概述

技术可行性论证是对技术构思的技术可行性进行证明的过程。该过程旨在证明技术构思的技术方案是否实际可行，是否能够实现预期的功能和性能。通常，技术可行性论证需要利用实验、模拟、分析等多种方法，综合考虑技术构思的技术难点、技术风险、技术成本等因素，以确定技术方案是否实际可行。技术可行性论证是前端研发过程中的重要步骤，它有助于更好地评估和控制技术风险，提高研发效率和降低研发成本。

1. 技术构思的实现可能性

技术构思的实现可能性是指该技术构思能否被实际实现，实现的可行性和难度，以及实现后是否能够达到预期的效果。实现可能性需要考虑多个因素,包括技术方面的限制、市场需求、成本效益、可行性分析、人力和物力资源等。对于一项技术构思而言,如果其实现可能性较高,那么其开发和应用的成功率也就更高,而如果其实现可能性较低,则可能需要更多的技术研发和市场调研,或者需要重新考虑该构思的可行性和商业价值。因此,技术构思的实现可能性是进行技术创新的重要考虑因素之一。

2. 技术指标的可行性分析

技术指标的可行性分析是指在技术开发或产品设计的过程中,对所需技术指标进行评估,以确定其在实际生产或应用中的可行性和可靠性。该分析通常包括对技术指标的可靠性、成本、制造难度、可维护性、生命周期成本等方面的评估。这样可以在设计阶段及时识别并解决技术问题,降低产品研发和生产成本,提高产品质量和可靠性。

在技术指标的可行性分析中,评估的关键是确定每个技术指标的要求和限制,以及评估其对整个产品或系统的影响。例如,对于一个电子产品来说,可靠性是一个至关重要的指标。评估该指标的可行性需要考虑元器件的质量、工作环境的影响、电路设计的复杂性等多个方面。另一个例子是成本指标,该指标需要考虑原材料的成本、生产成本、运输成本、销售成本等方面的影响。

在可行性分析中,还需要比较技术指标与行业标准的要求和限制,以确保其合理性和可行性。同时,需要评估每个技术指标存在的风险,并制定风险应对策略。

3. 技术风险的评估和应对策略

技术风险评估是指对技术项目进行风险识别、分析、评估、预测和控制的过程,以发现技术方案可能存在的风险,并提出相应的应对策略,以降低或消除技术风险的影响。

技术风险通常包括以下几类:① 技术可行性风险,主要是指技术方案的可行性存在风险,如技术难度过大、技术周期过长、技术成本过高等;② 技术创新风险,主要是指技术方案的创新度存在风险,如缺乏核心技术、技术突破难度较大等;③ 技术应用风险,主要是指技术方案的应用存在风险,如市场需求不足、市场规模较小、市场变化快等。

针对不同类型的技术风险,需要采取相应的应对策略。一般而言,技术风险的应对策略包括以下几种:

(1) 技术调整策略:在技术实现过程中,如遇到技术可行性问题,需要及时进行技术调整和优化,以保证技术方案的顺利实施。

（2）技术保障策略：在技术实现过程中，需要采取相应的技术保障措施，如备件储备、技术培训、技术支持等，以保证技术方案的稳定运行。

（3）风险管理策略：在项目实施过程中，需要建立完善的风险管理机制，对项目风险进行及时、全面的监控和管理，以减少技术风险对项目的影响。

（4）多方合作策略：在技术实现过程中，需要与其他企业或机构进行合作，共同研发和实施技术方案，以降低技术风险和成本。

（5）多方沟通策略：在项目实施过程中，需要与各方进行及时、有效的沟通和协调，以避免因信息不对称等问题导致的技术风险。

4. 技术方案的确定

在进行技术可行性分析和风险评估之后，技术方案的确定是一个关键的步骤。技术方案的确定需要综合考虑各种因素，包括技术可行性、经济性、市场需求、竞争情况等。

首先，需要根据技术可行性分析的结果，确定最终的技术实现方案。在确定技术方案时，需要考虑多种因素，如技术难度、实现成本、生产周期等。此外，还需要综合考虑市场需求和竞争情况，确定最终的产品定位和规格，以确保产品在市场上具有竞争力。

其次，需要进行经济性分析。经济性分析是评估技术方案是否具有商业可行性的重要手段。在进行经济性分析时，需要考虑多个方面的成本，包括研发成本、生产成本、销售成本等，并结合市场需求和预期销售额，计算出技术方案的预期收益和回报周期等经济指标。

最后，需要对技术方案进行最终评估，并确定是否需要进一步优化和改进。在这个过程中，需要考虑技术方案的可行性和商业可行性，同时也需要考虑竞争情况和市场需求的变化等因素，以确保最终的技术方案具有持续的竞争力和商业可行性。

5.1.2 技术可行性论证步骤

技术可行性论证的步骤如下：

（1）分析问题：明确技术构思要解决的问题，以及解决问题的要求和限制。

（2）实验设计：确定实验方案，并评估实验的必要性和可行性。

（3）实验验证：对技术构思的技术原理和实现方案进行实际的验证试验，并记录实验结果。

（4）技术评价：根据实验结果，评价技术构思的技术可行性，以及技术构思能够解决问题的能力。

(5) 技术可行性报告：根据技术评价的结果，编写技术可行性论证报告，以证明技术构思的技术可行性。

(6) 跟踪管理：对技术可行性论证报告进行跟踪管理，以保证技术构思的技术可行性在投入实际生产前得到验证。

以上步骤是技术可行性论证的基本流程，实际的论证过程可根据实际情况进行适当的调整。

5.1.3 技术指标分析

1. 产品技术指标方法

当分析产品的技术可行性时，逐项分析产品技术指标是非常重要的内容。下面是详细的分析过程：

(1) 首先，明确产品的关键技术指标，这些指标直接关系到产品的性能和功能。例如，对于电子产品，关键技术指标可能包括电池寿命、处理速度、存储容量等。

(2) 对每个技术指标进行评估，分析其对产品性能和功能的重要性和影响程度。确定每个技术指标的优先级，以确定在产品设计和开发中应该特别关注的方面。

(3) 根据市场需求和竞争情况，设定合理的技术指标目标。这些目标应该能够满足目标市场的需求，并与竞争对手相比具有竞争优势。同时，目标也应该考虑技术可行性和可实现性，确保能够在现有技术条件下达到。

(4) 在分析技术指标的过程中，可能会发现一些技术难题或挑战。识别这些问题，并进行深入分析和评估。确定技术难题的性质、原因和可能的解决方案，以便在后续的技术开发中解决这些问题。

(5) 综合考虑产品的技术指标、目标和技术难题，评估产品的技术可行性。这包括评估技术上的可行性、资源需求、成本效益、风险管理等因素。

通过逐项分析产品的技术指标，能够全面了解产品的技术要求和挑战，为产品的设计和开发提供指导。同时，这个过程还可以帮助评估产品的技术可行性，确保产品在技术上能够实现预期的性能和功能，并在市场中具有竞争力。

2. 技术可行性要素

在分析产品技术可行性时要逐项分析产品技术指标，技术可行性分析要素如下：

(1) 竞争对手功能比较，研究同行业有多少类似产品，有哪些功能、功能异同点。通过竞品分析可以了解对方的技术特点、产品特点、发展空间、市场行情、用户喜爱程度及我们的突破点等信息。

（2）技术风险及规避方法，对可能使用到的技术进行全面分析，技术上是否有解决不了的问题，如果有又该如何规避。

（3）易用性及用户使用门槛，主要包括产品的易用性、用户群体分析，以及产品是否会有使用难度等。

（4）产品环境依赖性，即分析产品是否依赖于第三方平台、环境。

5.1.4　技术可行性论证报告

技术可行性论证报告的内容如表 5-1 所示。

表 5-1　技术可行性论证报告内容

内　容	描　述
应用设想	内容和目的
项目背景	对应用设想的需求背景
技术分析	实现方式及原理分析
技术试验	证明应用设想基本原理的有效性
生产难度评估	生产可行性的评估
生产效率评估	生产效率的评估
设计难度评估	设计可行性的评估
技术水平评估	应用可行性的评估
结论	综合分析得出应用设想的技术可行性结论，并提出建议与意见

对于技术可行性论证报告，可采用以下模板：

地铁售货把手技术可行性评估及推进方案

（1）应用设想

- 内容和目的：

本报告旨在论证开发一种新型的地铁售货把手的技术可行性。该售货把手的目的是在地铁乘车过程中，为乘客提供购买城市民俗产品或其他应急物品的便利渠道。同时，该把手可以代替现有的广告把手，确保地铁的安全运行。

（2）项目背景

- 对应用设想的需求背景：

城市地铁作为主要的公共交通工具，乘客在乘车过程中可能需要购买必需品或者有兴趣购买特色产品。然而，现有的地铁车厢空间有限，难以设置独立的售货区域。因此，开发一种能够安全、便捷地满足乘客购物需求的新型地铁售货把手具有重要意义。

（3）技术分析

- 实现方式及原理分析：

新型地铁售货把手可以采用先进的技术手段，如集成售货机技术和智能设备，以实现自动售货功能。通过在把手上集成触摸屏、扫码支付等功能，乘客可以方便地选择商品、进行支付，而售货把手会自动释放所选商品，保证购物的便捷性和安全性。

（4）技术试验

- 证明应用设想基本原理的有效性：

进行针对新型地铁售货把手的技术试验，验证其自动售货功能的可靠性和有效性。试验包括商品选择、支付、自动售货等环节，以确保系统操作流畅、购物体验良好，并满足地铁安全运行的要求。

（5）生产难度评估

- 生产可行性的评估：

对地铁售货把手的制造工艺、生产成本和生产线布局进行分析，评估其在规模化生产中的可行性和效率。考虑材料选择、组装过程、设备需求等因素，确保生产过程的稳定性和成本控制。

（6）生产效率评估

- 生产效率的评估：

考虑生产线的自动化程度、产能以及配送和补货等因素，评估地铁售货把手在实际生产环境中的效率和资源利用情况。

（7）设计难度评估

- 设计可行性的评估：

分析新型地铁售货把手的外观设计、人机交互界面、安装方式等因素，评估其设计难度和可操作性。确保售货把手的设计与地铁车厢结构相协调，不影响乘客的正常乘车和站立姿势，同时提供直观、用户友好的界面，使购物过程更加便捷和愉快。

（8）技术水平评估

- 应用可行性的评估：

对比现有的地铁售货设备或相关技术，评估新型地铁售货把手的创新性和技术先进性。考虑其与现有技术的差异和优势，以及对地铁乘客购物体验的提升程度。确保新型售货把手在技术水平上具备可行性，并能够满足市场需求。

(9) 结论

综合分析得出以下结论：

- 新型地铁售货把手的技术可行性高，能够满足地铁乘客购物需求，并代替现有的广告把手，不影响地铁的安全运行。

- 技术试验结果表明，新型售货把手的自动售货功能可靠有效，操作流畅，购物体验良好。

- 生产难度评估显示，生产新型售货把手具有可行性和高效性，生产成本可控。

- 设计难度评估表明，新型售货把手与地铁车厢结构协调，界面设计用户友好，符合乘客使用习惯。

- 技术水平评估显示，新型售货把手在技术创新和先进性方面具备竞争优势。

基于以上分析，建议继续推进新型地铁售货把手的开发，并在实际运营中进行进一步测试和改进。该技术具备广阔的市场前景，能够为乘客提供便捷的购物体验，同时为地铁运营方带来商业收益和差异化服务优势。

请注意，以上是一个技术可行性论证报告的模板，具体内容和结构可根据实际情况进行调整和补充。

5.2 专利可行性论证

5.2.1 专利可行性论证概述

技术人员、市场人员、检索分析人员和专利工作人员，根据应用设想的呈现形式、公开后被仿制的难易程度、技术创新度、拟保护的周期等，判定某项应用设想申请专利的类型、数量、方式和时机，并根据技术可行性论证的工作，同步完善应用设想的技术保护点，对应用设想进行新颖性、创造性、实用性检索分析，并对其专利价值评估的过程工作，形成专利可行性论证报告。

1. 申请专利的目的和意义

申请专利的主要目的和意义在于保护发明创造的知识产权，确保其独特性和独占性，从而提高技术的竞争力和经济效益。具体而言，申请专利的目的和意义包括以下几个方面：

(1) 增加技术竞争优势：专利能够确保创新技术的独特性和独占性，防止其他竞争对手抄袭或模仿，从而增加企业在市场上的竞争优势。

(2) 提高技术价值：专利保护能够提高创新技术的价值，增强技术的吸引力和市场认可度，从而为企业带来更多的商业机会和商业价值。

(3) 促进技术转移和合作：专利的保护可以促进技术的转移和合作，吸引投资者和合作伙伴的关注，增强技术的商业化应用和推广。

(4) 保护知识产权：专利保护是对知识产权的保护，可以防止其他人对创新技术进行侵权或盗用，从而保护知识产权的安全性和稳定性。

2. 专利保护的类型、数量、方式和时机的选择原则

专利保护的类型、数量、方式和时机的选择应重点考虑以下原则：

(1) 尽早申请：在技术成熟之前，尽早申请专利是最好的选择，以避免技术泄露或被竞争对手抢先申请专利。

(2) 定期审查：定期审查技术创新，并在必要时更新或增加专利保护，以保持可持续的竞争优势。

(3) 选择合适的保护方式：根据技术特点和商业利益，选择适合的专利保护方式。例如，发明可以选择申请发明专利，而软件可以选择申请计算机软件著作权。

(4) 全面保护：在保护范围上要全面，既要保护产品的核心技术，也要保护周边技术。

(5) 考虑成本和效益：在申请专利时还应该考虑成本和效益，包括申请费用、维持费用、诉讼成本等。

(6) 避免重复申请：在选择申请专利时，应避免与现有专利重复，以免造成资源浪费和冲突。

5.2.2 专利可行性论证步骤

专利可行性论证的步骤如下：

(1) 分析应用设想的呈现形式：在判断专利可行性时，首先要对应用设想的呈现形式进行评估，以判断是否可以作为专利申请的核心要素。应用设想的呈现形式包括产品结构、产品外观、工艺流程、系统功能等。

(2) 评估公开后被仿制的难易程度：在判断专利可行性时，还需要评估应用设想公开后被仿制的难易程度，以确定其是否可以保护专利权。这一评估需要对当前技

术领域的技术水平以及应用设想的难度程度进行分析,以判断其公开后被仿制的难易程度。

(3) 判断技术创新度:在判断专利可行性时,还需要评估应用设想的技术创新度,以确定其是否具有可以作为专利申请核心要素的技术创新特征。这一评估需要对当前技术领域的技术水平以及应用设想的技术创新特征进行分析,以判断其是否具有技术创新性。

(4) 分析拟保护的周期:在判断专利可行性时,还需要应用设想的技术保护周期,判定其是否符合专利申请的要求,是否具有足够的保护周期。

(5) 专利检索和分析:在判断专利可行性时,还需要根据专利数据库,对应用设想进行新颖性、创造性、实用性检索和分析,以确定其是否符合专利法授权的要求。

1. 评估公开后被仿制的难易程度

评估公开后被仿制的难易程度是评估应用设想专利价值的重要因素之一。通常,如果应用设想的公开对于他人而言很容易复制,那么它的专利价值就很低,专利可行性也就降低了。因此,对公开后被仿制的难易程度进行分析是评估应用设想专利价值的重要步骤。为了评估公开后被仿制的难易程度,需要对相关的技术知识、技能和设备等因素进行分析。在分析过程中,可以考虑以下几个方面:

(1) 技术难度:评估从技术上复制应用设想的难度,包括对技术的理解程度、需要的技术知识和技能以及所需的设备等因素的评估。

(2) 市场需求:评估应用设想的市场需求,包括对需求的大小、特殊性、竞争性等因素的评估。

(3) 经济成本:评估从经济上复制应用设想的成本,包括对生产成本、营销成本、研发成本等因素的评估。

(4) 竞争对手:评估应用设想的竞争对手,包括对竞争对手的能力、资源、策略等因素的评估。

2. 判断技术创新度

判断技术创新度的方法如下:

(1) 参照相关技术文献:通过查阅专利文献、学术文献、技术标准等,了解相关技术的发展状况,判断应用设想是否具有技术创新性。

(2) 分析与相关技术的差异:详细比较应用设想与相关技术的差异,判断其是否具有技术创新性。

(3) 专家评估:请相关领域专家评估应用设想的技术创新度,并得出独立的评估结论。

（4）市场分析：对应用设想的市场前景进行分析，评估其对市场的影响，以判断其是否具有技术创新度。

通过以上几种方法，可以对应用设想的技术创新度进行准确的评估，判断其是否符合专利申请的要求。

3. 专利检索和分析

（1）新颖性检索和分析

新颖性检索和分析是指在技术方案或产品的研发过程中进行的专利检索和分析，以确定方案或产品的创新性和可保护性的工作。其目的是通过检索和分析，确认方案或产品是否已经被他人发明或已经申请了相关的专利，以及新方案或产品的创新性和可保护性，为研发和申请专利提供依据。具体来说，新颖性检索和分析主要包括以下步骤：

① 收集相关信息：收集与方案或产品相关的技术文献、专利文献、技术报告、期刊文章、会议论文等相关信息。

② 制定检索策略：根据方案或产品的特点，制定相应的检索策略，确定检索关键词、分类号、检索工具等。

③ 检索文献：使用各种检索工具，如专利检索数据库、学术文献检索引擎等，进行检索，获取与方案或产品相关的文献。

④ 筛选文献：对检索到的文献进行筛选，保留与方案或产品相关的文献，并去除与方案或产品无关的文献。

⑤ 分析文献：对保留下来的文献进行分析，比较分析方案或产品与现有技术之间的区别和相似之处，确定方案或产品的创新性和可保护性。

⑥ 编写报告：根据分析结果，编写新颖性分析报告，为方案或产品的专利申请提供依据。

新颖性检索和分析的重要性在于，它可以帮助企业或个人了解现有技术的现状和发展趋势，避免重复研发现有技术，同时也可以为企业或个人的专利申请提供参考和支持，提高专利申请的成功率和专利保护的有效性。

（2）创造性检索和分析

创造性检索和分析是指对申请专利的技术方案进行检索和分析，确定该技术方案是否符合专利法中的"创造性"要求。创造性要求是指该技术方案与现有技术方案相比是否具有明显区别，且该区别对于该领域的技术人员而言不属于显而易见的技术进步。

创造性检索和分析是专利申请的核心环节之一，也是专利审查中的重要内容。通过对专利文献、技术文献和非专利文献等进行检索和分析，评估申请的技术方案是否具有创造性。若该技术方案与现有技术方案相比有明显不同，同时该不同部分对于该领域的技术人员而言不属于显而易见的技术进步，则该技术方案具有创造性。创造性检索和分析的目的是评估新申请专利的创新程度和保护性，避免与已有专利和文献重复或过于相似，同时确保新申请专利的有效性和合法性。

在创造性检索和分析的过程中，需要对现有技术文献进行全面、系统的检索，对检索结果进行筛选和分析，以确定技术方案的创新性和独创性。同时，需要结合技术领域的发展趋势和现状，对技术方案的创新性进行综合评估。最终，确定技术方案的创造性，为专利申请提供有力的支撑。在进行创造性检索和分析时，需要重点评估所申请的专利是否具有足够的创造性。创造性检索是指检索相关领域中已有的专利和文献，评估新申请专利与现有专利和文献的差异和创新点。创造性分析是指根据检索结果，评估新申请专利是否满足专利法中的"非显然性"要求，即该专利是否与现有技术有明显区别。在进行创造性检索和分析时，可以采用以下方法：

① 检索相关技术领域的专利和文献，包括国内外的专利数据库和文献数据库，如 WIPO、USPTO、CNIPA 等。

② 分析现有专利和文献，了解该领域的技术发展状况，识别先前技术的局限和缺陷。

③ 评估新申请专利与现有专利和文献的差异和创新点，确定新专利的技术优势和突破点。

④ 根据评估结果，确定新申请专利的创造性程度，是否达到专利法中"非显然性"要求。

⑤ 根据创造性分析的结果，进一步完善新专利的技术保护点，确保新申请专利的合法性和有效性。

（3）实用性检索和分析

实用性是指该技术是否具有实际应用价值，能够解决或改善现实问题。在专利申请中，实用性检索和分析是确定发明是否具有实用性的重要环节。

实用性检索主要包括以下方面：一是技术解决方案是否能够真正解决现有技术面临的问题，或者能够显著改进现有技术的不足之处。二是技术解决方案是否能够顺利实施，以及所需资源是否容易获取。三是技术解决方案是否经济实用，即是否能够在经济条件下得到广泛应用。四是技术解决方案是否能够达到预期的效果，是否满足市场需求。

实用性分析方法包括市场调研、实验验证、技术经济分析等。通过市场调研可以了解市场需求,确定技术方案的实际应用前景;通过实验验证可以检验技术方案的可行性和效果;通过技术经济分析可以评估技术方案的经济效益和成本效益等。

在实用性检索和分析的过程中,需要综合考虑技术方案的各个方面,包括技术创新性、可行性和经济实用性等,以确定该技术方案是否具有实用性。如果发现技术方案存在实用性问题,则需要及时调整技术方案,以确保其实用性。

5.2.3 技术指标分析

需要考虑专利技术能否被成功转化为可行的产品或服务,同时要与专利权利要求进行匹配,以确保所开发的产品或服务不会侵犯授权的专利权。因此,专利的可行性论证不仅要考虑技术上的可行性,还要考虑市场需求和法律法规的要求等方面的因素。验证结果将为后续的产品设计、开发和商业化提供指导和决策依据。专利可行性论证的主要技术指标包括但不限于以下几个方面:

(1)专利权利要求匹配度:即专利权利要求中所涉及的技术特征是否能够与转化后的技术、工艺或产品的特征匹配,是否涵盖了实现转化后技术、工艺或产品所必需的所有技术要素。

(2)专利前瞻性:即专利成果转化后所获得的技术、工艺或产品是否具有足够的前瞻性和创新性,是否能够满足市场需求和行业发展趋势。

(3)专利滞后性:即专利成果转化后是否仍然具有竞争优势,是否跟得上市场变化和技术发展的步伐。

(4)技术可行性:即转化后的技术、工艺或产品是否能够在实际生产和商业化运作中得到可行的应用和推广。

(5)专利布局合理性:即企业所拥有的专利成果是否涵盖了其核心技术领域,是否对其所处行业的竞争格局产生积极影响。

(6)知识产权保护:即企业在专利成果转化过程中是否注意到知识产权的保护和管理,是否有足够的措施保障自身知识产权的合法权益。

5.2.4 专利可行性论证报告

专利可行性论证报告的内容如表5-2所示。

表 5-2　专利可行性论证报告内容

内　容	描　述
应用设想的概述	包括应用设想的呈现形式、公开后被仿制的难易程度、技术创新度等信息
技术仿制的难易程度分析	分析应用设想的技术的仿制难度，包括产品技术指标的分析、相关技术的分析等的仿制的难易程度
专利类型、数量、方式和时机评估	根据技术可行性论证的工作，评估申请专利的类型、数量、方式和时机
技术保护点分析	对应用设想的技术保护点进行分析，并完善相关内容
新颖性、创造性和实用性检索分析	对应用设想进行新颖性、创造性、实用性检索和分析，确定其专利价值
专利价值评估	对应用设想的专利价值进行评估
结论	根据以上内容，对应用设想申请专利的可行性进行论证，并得出结论
建议	根据结论，提出具体的建议，包括申请专利的方案、时机等

根据上述内容，下面给出地铁售货把手专利可行性报告的编制模板。

地铁售货把手专利可行性论证报告

（1）应用设想的概述

介绍地铁售货把手的应用设想，包括其呈现形式、公开后的仿制难易程度和技术创新度。说明地铁乘客可以通过该售货把手购买城市民俗产品或其他应急物品的目的和优势。

（2）技术仿制的难易程度分析

分析地铁售货把手的技术方面，包括产品技术指标的分析和相关技术的分析，评估仿制该售货把手的难易程度。考虑到其特殊设计和功能，以及与现有技术的差异性，说明仿制地铁售货把手的技术难度较高，减少仿制风险和保护技术创新的可能性。

（3）专利类型、数量、方式和时机评估

根据技术可行性论证的结果，评估申请专利的类型、数量、方式和时机。建议申请实用新型专利，以保护地铁售货把手的创新设计和功能。根据其独特性和技术优势，建议适度申请一定数量的专利，以覆盖核心技术和关键设计。同时，考虑到市场竞争和商业化推广的需要，提出国内和国际双重申请的方式，并确定适宜的申请时机。

（4）技术保护点分析

对地铁售货把手的技术保护点进行详细分析，包括其创新的技术要点、设计特点和解决方案。提出完善技术保护点的建议，确保专利申请的全面保护，包括核心技术、关键设计和特殊功能。

(5）新颖性、创造性和实用性检索分析

进行新颖性、创造性和实用性的专利检索分析，评估地铁售货把手与现有技术的差异和创新性。通过综合检索相关专利文献、学术文献和技术文献，确定地铁售货把手的新颖性、创造性和实用性，验证其专利申请的合法性和有效性。

（6）专利价值评估

对地铁售货把手的专利价值进行评估，考虑技术创新度、市场需求、商业价值等因素。通过市场调研、竞争分析和市场预测，综合考量地铁售货把手的专利保护能力、商业潜力和竞争优势，进行专利价值评估，以确定其在市场上的潜在价值和利益回报。

（7）结论

综合以上内容的分析和评估，论证地铁售货把手申请专利的可行性。得出结论，确认地铁售货把手具有较高的技术创新度和独特性，且能够通过专利保护实现市场竞争优势和商业化推广。

（8）建议

根据结论，提出具体的建议。建议立即启动专利申请程序，选择适当的专利类型和申请方式，并制定合理的时机计划。同时，建议在申请过程中充分考虑专利保护范围的扩展和技术保护点的优化，以增加专利的有效性和商业化利用的机会。

以上是地铁售货把手的专利可行性论证报告的内容模板。在实际应用中，应该根据实际情况和具体技术细节，可以进一步完善和详细阐述每个部分的内容，并结合市场调研和技术分析提供更具说服力和逻辑清晰的论证报告。

5.3 商业可行性论证

针对应用设想，需重点考虑团队情况、市场分析、商业模式、项目成本估算、风险及收益预测等因素，进行项目开展的正当理由的阐述，进而形成商业可行性论证报告。

5.3.1 商业可行性论证报告的作用

商业可行性报告对于创意的商业化成功至关重要：

（1）决策参考：商业可行性报告为决策者提供了可靠的信息，以帮助他们做出是否投资、开展项目的决策。

（2）风险评估：商业可行性报告可以对项目的成本和风险进行评估，帮助团队预测项目的投资回报率，并制定合理的资金使用计划，以确保项目在预算范围内顺利进行。

(3) 战略规划:商业可行性报告可为公司制定未来战略规划提供重要依据。

(4) 获得资金:商业可行性报告可以向投资者证明项目的可行性,从而获得投资。

(5) 提高效率:通过商业可行性报告评估项目的效益,帮助公司提高运营效率。

(6) 项目管理:商业可行性报告提供了项目实施的具体指导,可以帮助项目管理团队更好地开展项目。

5.3.2 商业可行性论证报告的内容

对应用设想进行商业可行性论证主要包括以下内容:

(1) 项目概述:包括项目的目的、背景、应用设想的简要介绍等。

(2) 团队情况:介绍项目团队的组成、团队成员的职业背景、专业技能和工作经验等。

(3) 市场分析:包括市场环境、竞争情况、项目用户群、项目目标市场等。

(4) 商业模式:详细说明项目的商业模式、产品/服务提供方式、用户价值、收益来源等。

(5) 项目成本估算:对项目的费用进行详细计算,包括人员费用、物资费用、运营费用等。

(6) 风险及收益预测:分析项目的风险,并预测项目的收益,说明项目的可行性。

(7) 结论:综合上述内容,对项目的商业可行性进行评估,得出结论,并建议项目的实施情况。

1. 项目概述

项目概述是商业可行性报告的第一部分,也是整个报告的重要基础,主要包括以下几个方面:

(1) 项目简介:需要简述应用设想的核心内容和目标,描述项目的整体愿景。

(2) 项目背景:需要说明应用设想的起源和原因,说明目前的市场环境和需求,阐述项目的前提条件和现实价值。

(3) 项目目标:需要明确应用设想的长远目标和短期目标,描述项目的主要产品和服务。

(4) 项目范围:需要说明应用设想的范围和技术指标,说明项目的主要设备和资源需求。

以上内容应当通过清晰的语言和图表进行表述,以便读者快速理解项目的基本内容和目标。项目概述的内容要简洁明了,语言要通俗易懂,图表要有效直观。

2. 团队情况

团队情况主要包括以下几个方面：

（1）团队结构：介绍应用设想团队的人员结构，包括项目负责人、技术团队、管理团队和运营团队等。

（2）人员背景：介绍应用设想团队的人员背景，包括他们的教育经历、工作经历、相关行业经验等。

（3）人员技能：介绍应用设想团队的人员技能，包括他们的专业技能、领导能力、团队合作能力等。

4）人员关系：介绍应用设想团队的人员关系，包括他们之间的合作关系、领导关系等。

以上是写商业可行性报告团队情况的基本要点，具体内容还可以根据具体应用设想的情况进一步完善。

3. 市场分析

市场分析主要包括以下几个方面：

（1）市场规模：对应用设想的目标市场进行定量分析，确定市场规模，包括用户数量、潜在需求等。

（2）市场需求：对目标市场的需求进行定性分析，包括需求来源、需求特征、需求动向等。

（3）竞争情况：对目标市场的竞争情况进行分析，包括竞争者的业务模式、优势劣势、竞争力等。

（4）市场价值：对应用设想的市场价值进行评估，包括目标用户对产品价值的评价、市场对产品价值的预期等。

（5）市场渠道：对产品销售渠道进行分析，包括销售渠道的选择、销售渠道的效率等。

以上内容可以全面地描述应用设想的市场情况，以便对应用设想的商业可行性进行评估。

4. 商业模式

（1）步骤

写商业可行性论证报告的商业模式需遵循以下步骤：

① 阐述商业模式的概念：明确商业模式的概念，即企业如何通过生产和销售产品或服务来获得收益。

② 介绍应用设想的商业模式：简要介绍应用设想的商业模式，包括生产和销售的

产品或服务类型,以及如何获得收益。

③ 说明商业模式的优势:详细说明商业模式的优势,如与竞争对手的差异、需求的高度、创造价值的能力等。

④ 分析市场需求:分析市场需求,以说明商业模式的可行性,包括需求的数量、潜在用户群的特征、预期的增长率等。

⑤ 评估商业模式的风险:评估商业模式的风险,如竞争压力、市场变化、技术变革等,并给出管理和避免这些风险的方法。

(2) 影响要素

写商业可行性论证报告的商业模式的部分时,还需要考虑如下几点:

① 了解商业模式的类型:常见的商业模式有许多种,如广告模式、收费模式、开源模式等。需要选择最合适的商业模式,并在报告中详细说明。

② 分析目标用户:明确应用设想的目标用户群体,并对其进行分析。例如,他们的年龄段、职业、购买能力、需求等。

③ 说明商业模式的优势:详细说明应用设想的商业模式与其他商业模式相比具有的优势,如成本低、生产效率高、简单易懂等。

④ 论证商业模式的可行性:根据市场分析和目标用户的信息,证明应用设想的商业模式是可行的,并有可预见的利润。

通过上述几点的说明,可以使商业可行性报告的商业模式部分变得清晰、有力,并且可以说明应用设想的商业模式是可行的。

5. 项目成本估算

项目成本估算是评估项目可行性的重要组成部分,主要包括以下几个方面:

(1) 列出所有成本项目:根据应用设想,列出所有可能的成本项目,如人员支出、原材料支出、生产设备支出、市场推广支出等。

(2) 确定每个成本项目的具体金额:根据预算、报价单等信息,确定每个成本项目的具体金额。

(3) 建立成本预算:通过计算所有成本项目的总金额,建立项目的成本预算。

(4) 进行成本估算的评估:通过评估项目的可行性和风险程度,对成本估算进行修正和评估。

(5) 编制成本估算报告:将所有的成本估算数据整理成一份清晰易懂的成本估算报告,以便读者了解项目的成本状况。

项目成本估算报告是评估项目可行性的关键因素,因此应给予重视,以确保报告的准确性和可靠性。

6. 风险及收益预测

(1) 步骤

写商业可行性论证报告的风险及收益预测需遵循以下步骤：

① 明确风险因素：可以通过对应用设想进行详细分析，找出所有可能影响项目的风险因素。

② 评估风险：评估每个风险因素的影响程度，以识别对项目的可能影响。

③ 计划应对措施：为每个风险因素制定应对措施，制作风险管理计划，以降低风险影响。

④ 计算收益：在风险管理计划完成后，评估项目的潜在收益，重点考虑市场需求、竞争对手等因素。

⑤ 预测收益：以项目成本估算和收益评估为基础，预测项目的潜在收益。

⑥ 提供推荐意见：根据风险和收益预测，提出推荐意见，明确是否推荐实施该项目。

(2) 影响要素

在写商业可行性论证报告的风险及收益预测时，需要考虑如下几点：

① 风险评估：评估应用设想的市场、技术、资金、管理等方面的风险。

② 风险管理：根据评估出的风险，制定相应的风险管理措施，以降低应用设想实际生产应用的风险。

③ 收益预测：预测应用设想的财务收益情况，如收益率、投资回报率等。

④ 数据支持：使用统计数据、市场调研数据等证明预测的可靠性。

⑤ 可靠性分析：评估预测的可靠性，并阐明为什么预测结果是可靠的。

需要注意的是，在写风险及收益预测时，需要详细分析市场和技术环境，明确应用设想的优势和劣势，并结合项目成本估算结果进行详细分析。

7. 结论

总结商业可行性论证的研究结果，提出相应的建议和意见。结论应包括商业计划的优劣势、市场前景和发展潜力等方面的评估，以及建议和意见，如加强营销力度、降低成本、增加产品差异化等方面的建议。

对于商业可行性论证报告，可采用以下模板：

地铁售货把手商业可行性论证报告

(1) 项目概述

在这部分,提供地铁售货把手项目的目的、背景和应用设想的简要介绍。说明地铁售货把手的功能和用途,以及解决的问题和市场需求。

(2) 团队情况

介绍项目团队的组成,包括团队成员的职业背景、专业技能和工作经验。强调团队成员的能力和经验对项目成功实施的重要性。

(3) 市场分析

对地铁市场进行分析,包括市场规模、增长趋势、用户群体和竞争情况。评估地铁乘客对购买城市民俗产品或其他应急物品的需求和接受度。

(4) 商业模式

详细说明地铁售货把手的商业模式,包括产品/服务提供方式、用户价值、收益来源和盈利模式。说明地铁售货把手如何吸引用户、创造价值并实现盈利。

(5) 项目成本估算

对地铁售货把手项目的费用进行详细计算,包括人员费用、物资费用、生产成本、运营费用和营销费用等。评估项目的投资需求和运营成本。

(6) 风险及收益预测

分析地铁售货把手项目的风险,并预测项目的收益。考虑市场竞争、法律法规、技术风险等因素,评估项目的可行性和盈利潜力。

(7) 结论

根据以上内容,综合评估地铁售货把手项目的商业可行性。得出项目的商业可行性结论,包括市场前景、盈利预期和投资回报等方面的评估。

(8) 建议

根据结论,提出具体的建议。包括市场推广策略、合作伙伴选择、营销渠道和资金筹措等方面的建议,以支持地铁售货把手项目的商业实施。

通过商业可行性论证报告,可以全面评估地铁售货把手项目的商业可行性,提供决策者和投资者所需的信息和依据。论证报告的逻辑清晰、数据支持充分,能够有效说服利益相关方支持该项目的商业发展和投资决策。

5.4 研发制作方案

研发制作方案位于技术可行性验证、专利可行性验证和商业可行性验证成功之后,是将应用设想进一步具体化并为产品的系统化验证和市场推广做好关键准备的至关重要阶段。研发制作方案是在完成战略规划验证之后,为了更好地进行样机和正式产品制作,综合技术文件进行各项准备的过程。这些准备工作包括但不限于以下内容:

(1)材料的选定:根据产品的功能和设计要求,选择适当的材料,包括原材料、配件和辅助材料等。

(2)产品尺寸的确定:根据产品的设计要求和功能需求,确定各个部件的尺寸,确保产品可以正常运作。

(3)立体图和平面下料图的绘制:根据产品的设计要求,绘制出产品的立体图和平面下料图,包括各个部件的尺寸、形状和位置等信息。

(4)工艺流程的设计:根据产品的制作要求,设计出适合产品的工艺流程,包括加工、装配和测试等环节。

研发制作方案的制定需要各个部门和人员的协作与投入,以确保产品能够按照设计要求和质量标准进行制作。完善的研发制作方案,可以提高产品的制作效率和质量,为产品的成功推向市场打下坚实的基础。

5.4.1 产品尺寸的确定

产品尺寸确定的详细步骤如下:

(1)确定产品的外观要求:了解产品的外观要求,包括产品的形状、比例、线条等因素,以及产品的功能需求、使用环境等信息。

(2)制定草图和模型:根据产品的外观要求,可以制定草图和模型,进行初步的尺寸确定和设计。可以利用计算机辅助设计软件进行模型绘制和修改,以快速调整尺寸和形状。

(3)进行样机制作和测试:在草图和模型制定后,需要进行样机制作和测试,以验证产品的尺寸和设计是否符合要求。可以采用手工制作或3D打印等方式进行样机制作,然后进行功能和性能测试,以确定是否需要进行尺寸和设计的调整。

(4)不断调整和优化:在样机测试中,可能会发现一些问题或需要进行一些调整。需要不断进行尺寸和设计的调整和优化,直到符合产品的设计要求和功能需求。

(5)进行正式的制造:在确定了最终的尺寸和设计后,可以进行正式的制造和生产。需要在生产过程中进行质量控制和检测,以确保产品的尺寸和设计符合要求。

针对应用设想进行产品尺寸的确定需要进行多次的草图制定、模型制作、样机测试、调整和优化。需要充分考虑产品的外观要求和功能需求,进行综合评估和测试,以确定最终的尺寸和设计,并进行正式的制造和生产。

5.4.2 立体图和平面下料图的绘制

立体图和平面下料图的绘制的详细步骤如下：

(1) 了解产品结构和尺寸要求：了解产品的结构和尺寸要求，包括产品的外观要求、功能要求、制造工艺要求等信息。

(2) 制定草图和模型：根据产品的结构和尺寸要求，可以制定草图和模型，进行初步的立体图和平面下料图设计。可以利用计算机辅助设计软件进行模型绘制和修改，以快速调整尺寸和形状。

(3) 确定立体图：立体图是产品在三维空间中的表现形式，需要根据产品的结构和尺寸要求，将产品在三维空间中绘制出来。可以采用计算机辅助设计软件进行绘制和修改，也可以进行手工绘制。

(4) 绘制平面下料图：平面下料图是产品在二维平面上的表现形式，需要将立体图展开成平面图，并根据产品的制造工艺要求进行布局和下料。可以采用计算机辅助设计软件进行绘制和修改，也可以进行手工绘制。

(5) 完成立体图和平面下料图：在绘制立体图和平面下料图后，需要进行多次的调整和修改，以达到最终的设计要求。完成后需要进行审查和审核，确保图纸符合要求，没有错误和遗漏。

针对应用设想进行立体图和平面下料图的绘制需要进行多次的草图制定、模型制作、图纸设计、调整和优化。需要充分考虑产品的结构和尺寸要求，制定合理的图纸设计方案，进行综合评估和测试，以确定最终的设计，并进行审查和审核。

5.4.3 工艺流程的设计

工艺流程的设计的详细步骤如下：

(1) 了解产品特点和制造要求：了解产品的特点和制造要求，包括材料特性、工艺要求、成本控制等信息。

(2) 制定工艺流程方案：根据产品的特点和制造要求，可以制定工艺流程方案。工艺流程方案需要考虑生产线的布局、加工工艺、工艺参数、设备配置等方面的内容。可以采用专业的制造工艺软件，也可以采用手工绘制流程图。

(3) 优化工艺流程：完成初步的工艺流程方案后，需要进行优化。优化的内容包括减少生产成本、提高生产效率、降低生产周期等。优化可以采用专业的工艺优化软件，也可以通过实验和模拟进行。

(4) 进行可行性分析：完成工艺流程方案后，需要进行可行性分析。可行性分析需要考虑产品的质量、成本、效率等方面，以确定方案的可行性。

(5) 完善工艺流程：在进行可行性分析后，需要对工艺流程进行完善。完善内容包括加工工艺参数的调整、设备的更换、流程的重新布局等。完善后需要进行多次的测试和验证，以确定方案的可行性。

(6) 编写工艺流程文件：完成工艺流程的设计后，需要编写工艺流程文件。工艺流程文件包括工艺流程图、工艺参数表、设备配置表、工艺控制指令等。编写的工艺流程文件需要进行审查和审核，以确保文件的准确性和合理性。

针对应用设想进行工艺流程的设计需要进行多次的方案制定、流程设计、优化、可行性分析、完善和文件编写。需要充分考虑产品的特点和制造要求，制定合理的工艺流程方案，进行综合评估和测试，以确定最终的方案，并进行审查和审核。

5.5 专利可视化验证在研发制作方案中的作用

研发制作方案为产品的系统化验证和市场推广提供坚实准备。此阶段需要深入评估和验证专利的技术特征和商业潜力，以确保可行性。这一过程中，可根据应用设想的专利授权状况，运用数据驱动、大模型技术以及数据分解等先进技术，更加精确地辨认和验证专利成果。这一过程旨在确保专利成果能够成功转化为实际的产品或服务，专利可视化的验证在制定研发制作方案过程中发挥着关键作用，通过提供可视化支持，协助各部门更深入地理解专利技术。这有助于确保产品的尺寸和设计与专利的要求一致，从而为产品的顺利研发和制造提供了坚实的基础。具体而言，表 5-3 是专利可视化在研发制作方案制定中的作用。

表 5-3　专利可视化在研发制作方案制定中的作用

功能描述	详细解释	优　点
明晰技术特征	帮助部门清晰了解专利技术关键特征和创新点，促进产品设计和制作团队更好地应用专利技术	提高产品技术的整体理解和应用-提高产品质量和符合专利要求
支持内部创新	通过三维图形和动态模型激发创新思维，部门可以提出创新性想法以改进产品	鼓励员工提出创新性的产品改进方案，加强市场竞争力

表 5-3(续)

功能描述	详细解释	优　点
便于识别技术问题	更容易识别潜在技术问题或瓶颈,早发现并解决问题以改进产品技术方案	提前解决潜在问题,减少生产和质量风险,提高产品可靠性
提高跨部门协作	为不同部门提供共享专利技术信息的便捷途径,促进跨部门协作,确保产品与专利要求一致	增进部门之间的合作与沟通,提高协作效率
快速反馈	用于传达专利技术的关键信息,加速产品开发流程	帮助部门更迅速了解专利技术要点和优势,以做出反馈和调整

5.5.1　专利可视化验证的重要性

在研发制作方案的这一重要阶段,技术分解和专利的可视化验证是关键,因为它们可以为产品的成功制造和市场化提供坚实的基础。研发制作方案以专利可视化验证为依据,采用直观、成本有效和高效的方式,为产品制造和市场化奠定了坚实的准备基础。成功执行这个阶段将有助于确认产品的技术可行性和商业潜力,从而为后续的产品系统化验证和市场推广提供有力支持。

技术分解则在此过程中发挥作用,详细解析专利技术,使其更具体和可操作,同时清晰展示技术特征之间的关联。专利可视化验证通过可视化技术,如三维图和动态模型,更清晰地呈现专利技术的特点和原理,帮助研发团队更好地理解专利技术,为制定研发制作方案提供关键支持。这三个要素相互交织,构成了成功的专利成果转化过程的重要组成部分。

(1) 技术分解的作用

技术分解是对专利技术的详细拆分和解析,以更深入地理解每个技术特征及其子特征的细节。这有助于将专利技术变得更具体和可操作,同时也能够清晰地呈现技术特征之间的关联。技术分解为研发制作方案提供了基础数据和技术框架,使研发团队能够更准确地了解专利成果的技术要点。

(2) 专利可视化验证

在技术分解过程中,专利可视化验证扮演着关键的角色。通过可视化技术,如三维立体图和动态建模视频,可以更清晰地呈现专利技术的特征和工作原理,使其更易于理解。这有助于研发团队更好地理解专利技术,从而更好地准备研发制作方案。

1. 技术分解内容

对覆盖专利全部技术特征的技术方案进行梳理、分解,以及搭建专利技术框架,是为了更好地理解和评估专利的技术内容,为后续的开发和应用提供指导。形成专利技术分解评价表,下面是具体的步骤和阐述:

- 步骤 1:技术特征描述

首先,需要详细描述专利中的各项技术特征。这些技术特征通常在专利文件的权利要求部分列出,它们是构成专利技术的基本要素。例如,如果专利涉及一种新型电池技术,技术特征可能包括电池类型、电极材料、电池尺寸等。

- 步骤 2:技术分解

接下来,将每个技术特征进一步分解成其组成部分或子特征。这有助于更深入地理解每个技术特征的细节和工作原理。以电池技术为例,技术特征"电池类型"可以分解成"锂离子电池"、"镍氢电池"等。技术特征"电极材料"可以进一步分解成"正极材料"和"负极材料"。

- 步骤 3:技术框架

根据技术分解的结果,建立专利技术的框架。这是一种将各项技术特征和其子特征组合在一起,以显示专利技术的整体结构和互相关联性的方式。技术框架有助于清晰地呈现专利技术的构成要素,以及它们之间的关系。

- 步骤 4:评价

最后,对专利技术的分解和框架进行评价。评价可以包括技术的重要性、创新性、应用领域、市场潜力等方面。这有助于确定专利技术在商业和技术上的价值,以及它是否值得进一步开发和推广。

通过这些步骤,可以更全面地理解专利技术,为后续的开发、应用和决策提供清晰的指导和依据。这有助于充分利用专利的技术优势,推动创新和商业化应用。

2. 技术分解和专利技术鉴定评价

通过对技术的分解和开展专利技术鉴定,我们能够更清晰地理解专利的技术内容,有助于深入评估其重要性和创新性,同时也为进一步的技术应用和开发提供了有力的指导。从技术发展、专利保护等方面,对专利成果转化后所处的技术发展阶段、对转化后的产品或者技术的保护情况等进行理论评估。可填写表 5-4 所示的专利技术评估鉴定表。

表 5-4 专利技术评估鉴定表

专利名称
技术领域
实现功能
适用范围
运作方式

技术分解	技术方案	一级技术分支	二级技术分支	三级技术分支	实现功能	关联技术特征	和关联技术特征的连接方式或者配合方式	在权利要求中的位置
			技术手段1	实现功能： 工作原理： 关联技术手段：	技术特征1			
					技术特征2			
					……			
			技术手段2	实现功能： 工作原理：	技术特征1			
					技术特征2			
				关联技术手段：	……			
			技术手段3	实现功能： 工作原理：	技术特征1			
					技术特征2			
				关联技术手段：	……			
			……	……	……			
最接近的现有技术 区别技术特征				权利要求的核心保护点				

① 技术前瞻性

专利成果的成功转化需要考虑其技术前瞻性，这意味着评估转化后的技术、工艺或产品是否在未来足够具有前瞻性和创新性。这种前瞻性是成功市场推广和维持竞争优势的关键。评估专利成果的前瞻性涉及对市场需求和行业发展趋势的深入分析。确定专利成果是否满足未来市场的需求，以及是否处于技术创新的前沿，将有助于预测其长期成功的潜力。前瞻性的评估也需要考虑市场变化和技术演进的速度，以确保专利成果在未来依然具有吸引力。

② 技术滞后性

评估专利成果的技术滞后性至关重要。这涉及判断转化后的产品或技术是否仍具备竞争优势，是否能够跟得上市场的快速变化和技术的迅速发展。专利成果的成功转化后，需要确保其在市场上依然能够与竞争对手竞争，而不被后来者超越。这意味着需要持续创新和改进，以适应不断演进的市场和技术趋势。技术滞后性的评估帮助确定维护竞争优势的策略，以确保专利成果的成功。

③ 专利布局合理性

在专利成果的转化过程中，需要评估创新主体拥有的专利是否涵盖其核心技术领域。这有助于确保专利布局的合理性，以防止知识产权漏洞和侵权风险。合理的专利布局还需要考虑产品或技术经过转化后是否能够及时得到专利保护。这有助于维护知识产权的完整性和保护产品或技术不受侵犯。评估专利布局的合理性是为了确保专利成果的安全性和合法性。

综上所述，专利技术鉴定阶段需要深入评估技术前瞻性、技术滞后性和专利布局合理性，以确保专利成果的成功转化和市场推广。这些方面的评估将有助于确定研发制作方案在未来的竞争力和可持续性，同时维护其知识产权的合法性。

5.5.2 专利可视化论证过程

1. 专利可视化论证概述

专利可视化是将专利文件中的抽象技术内容通过三维立体图和三维动态建模视频转化为直观的形式，以使专利成果的技术概念更具体可视的过程。

专利可视化论证是一种基于专利可视化技术的方法，旨在帮助生产者更直观快速地评估专利产品的技术可行性和商业潜力。通过使用专利可视化工具，生产者可以以更直观的方式了解专利产品的外观、结构、功能、工作原理和应用场景等，从而更好地判断其在市场上的竞争地位和潜在价值。

专利可视化论证作为一种低成本、高效率的验证方法，可以为产品系统化验证提供依据，并且在创意概念验证体系中扮演重要的角色。通过展示专利相关的关键技术特

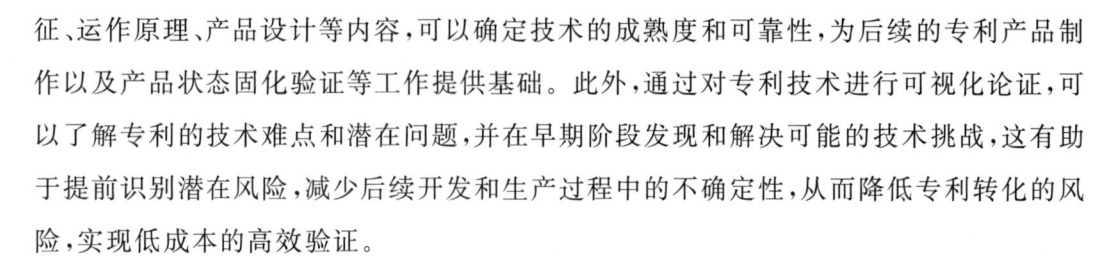

征、运作原理、产品设计等内容,可以确定技术的成熟度和可靠性,为后续的专利产品制作以及产品状态固化验证等工作提供基础。此外,通过对专利技术进行可视化论证,可以了解专利的技术难点和潜在问题,并在早期阶段发现和解决可能的技术挑战,这有助于提前识别潜在风险,减少后续开发和生产过程中的不确定性,从而降低专利转化的风险,实现低成本的高效验证。

2. 专利可视化论证的作用

专利可视化论证在多个层面都发挥着至关重要的作用:

(1) 对高校的作用

专利可视化论证在高校专利成果的转化中发挥了关键作用。通过清晰的展示、产品设计和原理验证,这一方法赋予抽象的技术成果更具体的形态,为后续的产品制作和验证提供了坚实的基础。这有助于高校将专利成果与实际应用场景融合,使其具备创新性和实用性,从而提高专利的成功转化率,将研究成果应用于现实生活和商业项目,推动技术的落地和经济的发展。专利可视化不仅有助于技术的转化,还提高了高校的科研产出效率和质量,促进了技术的创新和转移,构建了更广泛的合作伙伴关系。这一方法不仅有助于高校的专利供需对接,还对整个创新生态系统的发展产生积极影响。

① 专利评估分级

通过专利可视化论证,高校得以对其专利进行综合评估,全面考量技术水平、生产难易程度、商业价值以及创新优势等多方面因素。这有助于明晰哪些专利具备较高的技术水平和潜在产业化价值,为资源配置和决策提供更好的依据。这一评估有助于推动高校的科研创新和产业合作,加速技术的转化和经济的发展。通过专利可视化的方法,高校可以更准确地识别和优先考虑具备较高商业化潜力的专利,从而实现更高效的专利管理和资源分配,为产业界合作提供有力支持,以便快速地将技术推向市场。

② 提高科研产出的效率和质量

专利可视化论证将专利文件中的抽象技术内容转化为直观的三维立体图和生动的建模视频,有助于研究人员更加直观地理解专利中的技术概念,从而大大加速研究进展。通过可视化成果,研究人员能够更清晰地传达技术创新和发明的核心思想,使其更易于理解和评估。这种可视化方法有助于将复杂的技术信息更容易传达给同行和利益相关者,推动了研究成果的传播和共享。通过更清晰地展示研究的核心原理和创新点,科研人员能够更迅速地推进项目,减少研究中的歧义和误解,同时也为高校内部不同团队之间的协作提供了更具效率的工具。这对于高校内部和跨学科研究团队之间的合作至关重要,促进了知识的跨领域传播,为科研领域的交叉合作提供了强有力的支持,推动了创新和科研领域的发展。

③ 促进技术转移

通过专利可视化论证，高校能够克服专利研究成果的抽象性，将其转化为更具体和易理解的技术语言或产品语言。这一过程使技术概念更直观，有助于吸引潜在的合作伙伴和投资者的兴趣，从而推动技术的转移和商业应用。这一方法有助于高校建立更紧密的合作关系和商业伙伴关系，提高了专利成果的商业化潜力。

高校的研究成果通常具有较高的学术和技术价值，但由于其技术内容的抽象性，企业在理解和应用时可能遇到一定困难。通过专利可视化，高校能够更具体地展示其专利成果的关键特征和潜在应用，以吸引企业合作伙伴和潜在投资者的兴趣。这有助于加速技术的转移和商业化应用，促进了高校与产业界之间的合作，为科研成果的实际应用提供了更多机会。

此外，专利可视化有助于建立更紧密的合作关系，使高校能够更有效地与产业界合作，共同推动技术的商业化和转移。这为高校提供了更多机会，能够将研究成果转化为实际的商业项目，加速技术的市场推广，为经济和社会带来更多创新和发展机会。

专利可视化论证在提高专利供需对接效率方面发挥着关键作用。这一方法通过将抽象的技术内容转化为可视、易于理解的形式，帮助建立更紧密的高校与企业之间的联系，促进了技术的转移和商业化。专利可视化有助于突破技术信息的障碍，吸引了企业合作伙伴和投资者的兴趣，使他们更容易理解专利的潜力和市场应用。专利可视化论证在加速专利成果的商业化和转移过程中起到了关键的推动作用，为高校与企业之间的合作提供了有效的工具，有助于实现创新成果的转化和落地，为创新生态系统的繁荣和进步做出了积极贡献。

（2）对企业的作用

对于企业而言，专利可视化论证提供了多方面的益处，有助于提高技术管理和研发决策的效率，以及更明智地评估专利投资价值。

① 提高技术寻找效率：专利可视化论证通过呈现专利产品的核心技术要点，使企业能够快速识别其与公司的技术需求和创新方向是否契合。这有助于企业更准确地确定研发方向和创新重点，推动研发和创新项目的成功实施。在这个过程中，专利可视化的优势在于帮助企业更好地融合寻找合适技术与产业应用结合的技术难点。此方法提供了直观的方式，使企业能够更容易地识别生产设备和生产工艺中的创新点，从而提高了生产流程和技术的效率。

专利可视化不仅有助于技术搜索和筛选的时间成本降低，还在技术的发现和实际应用之间建立了更紧密的桥梁。通过可视化呈现，企业能够更直观地理解专利技术的实际应用潜力，加速将新技术引入生产设备或工艺流程的过程。通过专利可视化，企业能够更好地找到生产设备和生产工艺中的创新点，进一步提升技术的实际应用价值。这为企业提供了更多机会，实现技术的成功转化和应用。

② 专利生产价值和投资价值评估：专利可视化不仅帮助企业清晰展示专利产品的关键特征和技术内容，还通过这种方式有助于更准确地评估专利的生产价值和投资价值。这一评估过程使企业能够更精确地决策是否值得投入资源进行专利的开发和商业化。专利可视化的优势在于提供了更具直观性和可视性的方式，有助于企业更全面地理解专利的商业潜力，从而更明智地决策投资和开发方向。通过专利可视化，企业能够更清楚地看到专利产品的技术特点、应用领域和市场前景，这有助于确定专利的商业潜力。企业可以更精确地评估投资回报率和风险，决定是否值得将资源用于特定专利项目。专利可视化不仅提高了专利的理解和评估效率，还为企业提供了更好的决策依据，有助于更明智地分配资源，最大化专利资产的商业化和投资价值。

③ 研发生产决策指导：专利可视化的三维立体图和动态建模视频呈现方式为企业提供了更直观的专利信息，使其能够更全面地考虑技术的可行性、适用性和效益，从而提高研发生产决策的准确性和效率。这种形式的可视化呈现有助于企业更好地了解专利技术的关键特征，包括生产难点、成本结构、创新特点和应用领域。

通过直观的可视化方式，企业可以更好地评估不同技术方案之间的优势和劣势，更清晰地了解各项指标，如生产难度、成本效益、市场潜力等。这有助于企业更明智地选择技术方案，降低风险，并更好地规划研发和生产项目。企业能够更准确地确定哪些项目具有更高的成功概率和市场前景，从而优化资源分配，提高项目的成功率。专利可视化为企业提供了强大的决策支持工具，有助于更全面地考虑技术和生产决策，提高准确性和效率，降低风险，并推动研发和生产项目取得更好的成果。

（3）对政府的作用

政府在利用专利可视化论证时，能够发挥关键作用，构建专利转化分级数据库，推动技术交流、合作

① 技术交流和合作：专利可视化论证为政府提供了更直观的了解高校和企业之间的技术专长和研发成果的方式。通过清晰展示专利产品的技术方案，政府有助于促进各方之间的技术交流和合作，帮助他们发现彼此的研究重点和技术优势。通过促进高校和企业之间的合作，政府有助于提高区域整体创新能力，加速技术的传播和商业化应用。

② 专利转化分级数据库：政府可以借助专利可视化论证构建专利转化分级数据

库,以更直观地了解区域内的专利技术。这有助于政府更好地实现技术需求匹配和技术转移,帮助企业快速找到适合转化和应用的技术成果,并将其引入实际生产中,实现市场化。这有助于推动技术的创新和商业化,促进经济和社会的发展。

(4) 对行业发展的作用

行业发展在应用专利可视化论证方面具有重要作用,有助于引导创新、突破技术瓶颈和推动技术交流。

① 引导行业创新发展方向:专利可视化论证提供了直观清晰地展示专利产品的关键技术和创新点的途径。构建行业性的专利可视化数据库有助于行业预测未来的技术发展方向,识别行业的热点领域和创新机会,为生产者和投资者提供有力的引导。这有助于推动行业朝着技术前瞻性和市场需求方向发展,提高行业的创新能力和竞争力。

② 突破制约产业发展的关键核心技术和共性技术:专利可视化论证通过以较低的成本深入研究专利产品的关键核心技术和共性技术,为行业的创新和发展提供指导。这有助于行业克服技术瓶颈,推动技术的创新和升级。通过深入了解专利的技术内容,行业能够更有针对性地开展研发活动,实现技术突破,促进行业持续发展。

③ 推动行业内技术交流:三维立体图或三维动态视频提供了更直观、更深入地理解和掌握各种复杂的技术信息的方式。这种方式不仅可以提高信息传递的效率,还可以增强信息的可理解性和易记性,从而更好地推动行业内的技术交流和合作。行业内成员能够更轻松地分享和理解技术信息,促进行业内的协作和共同创新,加速技术进步。

专利可视化论证在行业发展中具有关键作用,有助于引导创新、突破技术瓶颈和推动技术交流。通过这一方法,行业能够更好地适应市场需求,提高竞争力,促进可持续的发展。

5.5.3 专利可视化论证类型

专利可视化论证类型主要包括:技术方案可视化、关键技术可视化、产品设计可视化、应用场景可视化、运作方式可视化以及装配可视化。下面是各个专利可视化论证类型的具体阐述:

1. 技术方案可视化

技术方案可视化是将专利成果的说明书和附图深入理解并转化为三维立体图的过程。这旨在实现对专利成果的全方位展示,使其更加易于理解和应用。在这个过程中,专业人员需要详细研究专利说明书,包括文字描述和相关附图,以确保能够准确捕捉专利的技术特征。

专利说明书通常包括了对技术特征的描述,这些描述可能是相对抽象的,尤其在专业领域。通过技术方案可视化,这些抽象描述可以被转化成具体的三维图像,这些图像能够更生动地展示专利成果的技术方案。三维立体图通常以图形、图表、模型等形式呈现,以确保覆盖专利成果技术方案的所有技术特征。

技术方案可视化的目标是使专利成果更易于理解和应用。这有助于降低专业领域之外的人们理解专利成果的难度,同时也提高了专业人员内部的沟通效率。通过可视化,研究人员、工程师和创新团队可以更直观地理解专利成果的技术特征和实际运作方式,加速研发和创新过程。

技术方案可视化与技术分解结合起来,为深入理解专利成果提供了更全面的支持。技术分解用于详细拆分和解析专利技术,而技术方案可视化将这些技术特征转化为生动的三维立体图,使专利技术更具体和易于理解。在可视化的过程中,需要确保所制作的三维立体图能够覆盖专利成果技术方案的全部技术特征,以确保完整性和准确性。这不仅有助于理解专利成果,还为后续的研发、制造和市场推广提供了基础,确保专利成果的成功转化。

2. 关键技术特征可视化

关键技术特征是揭示专利成果的创新点,使其区别于其他现有技术的关键要素。

关键技术特征可视化是通过对专利成果说明书中记载的技术方案进行技术分解,确认关键技术特征,并在分解的三维立体图中展示关键技术特征的技术细节的过程。

关键技术特征可视化是专利技术分析中的一个重要步骤,它有助于深入理解专利成果中的创新点和关键技术要素。这个过程将专利成果的技术方案进行技术分解,确认其中的关键技术特征,并通过三维立体图来展示这些关键技术特征的技术细节,以更清晰地呈现专利技术的核心创新点。

关键技术特征可视化的特点:

① 确定关键技术特征:首先,专利分析团队需要仔细研究专利成果说明书,以确定其中的关键技术特征。这些特征通常是使专利成果与现有技术不同或更具创新性的关键要素。确定这些特征对于理解专利的核心创新点至关重要。

② 技术分解:一旦确定了关键技术特征,下一步是对专利技术方案进行技术分解。这意味着将这些特征进一步拆分和解析,以揭示其详细技术细节。这包括理解每个特征的工作原理、实施方法和与其他特征之间的相互关系。

③ 三维立体图的制作:在技术分解的基础上,专利分析团队制作三维立体图,以呈现关键技术特征的技术细节。这些图像应该覆盖关键技术特征的全部技术细节,包括

其外观、结构、功能和工作原理。三维立体图的制作需要使用专业的软件和工具。

④ 展示技术细节：三维立体图的制作是为了将技术细节以视觉方式呈现出来。这些图像应该清晰地显示关键技术特征的各个方面，使观众能够深入理解这些特征的运作方式。这有助于专业人员更容易理解专利技术，以便进一步地研究和应用。

⑤ 帮助专业人员理解创新点：通过关键技术特征可视化，专利分析团队可以帮助专业人员更好地理解专利成果中的创新点。这有助于促进专利技术的进一步研究和应用，以确保专利的成功转化和市场应用。

关键技术特征可视化是专利技术分析的一部分，旨在通过三维立体图的制作来呈现专利成果中的关键技术特征的技术细节。通过将关键技术特征可视化，可以更加清晰地展示关键技术特征，帮助他人更好地理解和评估专利成果的创新价值，有助于评估专利成果的优势和局限性。此外，关键技术特征可视化还可以帮助研究人员和工程师在创新过程中发现改进点和新的技术路径。

3. 产品设计可视化

产品设计可视化是通过三维立体图展示专利成果适于工业应用的外观造型设计、材料选择和色彩图案设计等细节，以展示专利产品的整体形态、设计特点和品牌形象的过程。

产品设计可视化是专利技术分析和产品开发过程中的一个关键环节，旨在将专利成果转化为具体的工业应用产品。这个过程包括外观造型展示、材料选择以及色彩图案展示，通过三维立体图进行详细展示，以呈现专利产品的整体设计和特点。

产品设计可视化的特点：

① 外观造型展示：在产品设计可视化中，外观造型展示是非常关键的一部分。这包括将专利成果的外观细节以三维立体图像的形式呈现，以展示专利产品的整体形态和设计特点。这有助于产品开发团队和潜在投资者更好地理解产品的外观，包括其外形、结构和外部特征。外观造型的清晰展示可以引起更多人的兴趣，同时也有助于确保产品的设计满足市场需求。

② 材料选择：产品设计可视化还包括关于材料选择的详细介绍和样品展示。这意味着考虑到专利成果的特性和要求，选择合适的材料来制造产品。该过程需要考虑材料的特性、适用性以及其对产品质量、生产成本等方面的影响。通过三维立体图展示不同材料的样品和产品的可能外观，有助于决策者更好地理解材料选择对产品的重要性。

③ 色彩图案展示：色彩图案展示是产品设计可视化中的另一个重要组成部分。通过适当的色彩搭配和图案设计，可以传达专利成果的整体风格和品牌形象。这有助于

建立产品的独特身份和识别度,同时也能够吸引更多消费者。通过三维立体图和色彩图案的呈现,可以更好地展示产品的外观和设计特点。

产品设计可视化是将专利成果转化为实际产品的关键过程,包括外观造型展示、材料选择以及色彩图案展示。这些视觉呈现有助于产品开发团队和潜在投资者更好地理解产品的设计特点,以确保产品满足市场需求,并建立产品的独特品牌形象。

4. 应用场景可视化

应用场景可视化是根据专利说明书的具体实施方式在三维动态建模视频中展示专利成果在场景中的具体应用的过程。

对于系统、方法类的专利,应用场景可视化可以帮助人们更好地理解和展示专利技术的实际运用,可以使人们更加直观地了解专利技术在实际环境中的工作原理、工作流程和应用效果。应用场景可视化有助于提升专利技术的可理解性,进一步促进技术的传播和应用。有助于激发创新思维,帮助人们发现专利技术的潜在应用领域和商业机会。此外,应用场景可视化还可以为专利持有人提供更有说服力的展示材料,以用于技术交流、合作洽谈和市场推广等方面。

应用场景可视化是专利分析的一个重要工具,旨在以三维动态建模视频的方式呈现专利成果在具体场景中的应用。这个过程通过模拟专利技术的实际应用,使观众更好地理解专利成果的实际用途和潜在市场。

专利应用场景可视化的特点:

① 三维动态建模视频:专利应用场景可视化使用三维动态建模视频,以最生动和直观的方式展示专利成果在特定场景中的应用情况。这些视频通常包括场景的三维模型,以及专利技术如何嵌入到场景中并实现特定功能。

② 具体实施方式:这个过程的关键是基于专利说明书的具体实施方式来创建场景。这意味着要深入了解专利技术的实际运作方式,并在场景中逼真地再现这些操作。观众将看到专利成果如何在实际应用中实现,以及如何解决现实生活中的问题。

③ 应用场景的多样性:专利应用场景可视化不仅仅限于一种应用场景,而是可以展示多种场景。这有助于突出专利成果的多功能性和多用途性。观众可以看到专利技术如何适用于不同的领域和场景,从而激发更多的创新和应用想法。

总之,专利应用场景可视化通过三维动态建模视频的方式,将专利成果的实际应用以最具体和生动的方式呈现给观众。这有助于更好地理解专利成果的实际用途、市场潜力和多功能性,从而促进技术的传播和商业化应用。

5. 运作方式可视化

运作方式可视化是通过三维动态建模视频展示专利技术的运作原理的过程,重点展示技术特征本身、技术特征之间的配合运作方式,以及技术实现的瓶颈和难点等内容。

对于具有机械结构的产品,运作方式可视化通过三维动态视频展示产品的工作流程和各个技术特征之间的配合运作方式,可以帮助人们更好地理解产品的技术原理、运作方式、组装过程以及实际应用效果。同时,还可以通过展示技术实现的瓶颈和难点,引发人们对技术改进和创新的思考,促进技术的进一步发展和应用。

运作方式可视化是专利技术分析和产品开发中的一个重要环节,旨在以三维动态建模视频的方式展示专利技术的运作原理。这个过程着重强调技术特征本身、技术特征之间的协同运作方式,以及技术实现的瓶颈和难点等关键内容。

运作方式可视化的特点:

① 三维动态建模视频:在运作方式可视化中,关键是使用三维动态建模视频来详细呈现专利技术的运作原理。这意味着通过动态展示来模拟技术特征的操作和相互作用,以便观众更好地理解技术的运作方式。这种视频通常包括技术特征的三维模型,以及它们如何在实际应用中相互配合运作。

② 技术特征的本身:运作方式可视化将特别关注技术特征的本身,以便观众能够深入了解每个特征的功能和作用。这有助于揭示专利成果的创新点和独特之处。通过详细呈现技术特征的操作方式,有助于观众更好地理解技术的内在工作原理。

③ 技术特征之间的协同运作方式:运作方式可视化还着重展示技术特征之间的协同运作方式。这包括如何不同特征之间相互配合,以实现特定的功能或目标。通过清晰展示技术特征之间的联系,有助于观众更好地理解整个技术系统的工作原理。

④ 技术实现的瓶颈和难点:最后,运作方式可视化也关注技术实现的瓶颈和难点。这些方面的呈现有助于观众识别可能的挑战和问题,并为技术的进一步研究和开发提供方向。通过明确技术实现中的问题,可以有针对性地解决难题,提高技术的可行性。

运作方式可视化通过三维动态建模视频的方式,将专利技术的运作原理以最清晰和生动的方式呈现给观众。这有助于更好地理解技术特征的本身、技术特征之间的协同运作方式,以及技术实现的潜在挑战。这对于推动技术的研发和应用具有重要意义。

6. 装配可视化

装配可视化是根据专利成果的技术特征,寻找相应的市场标准件,并进行模拟仿真,以展示产品的装配过程。

装配可视化旨在演示专利成果如何与市场标准件组装在一起,以实现特定功能或应用。这个过程使用模拟仿真和三维立体图等工具,将专利技术与标准件相结合,以可视化地呈现装配过程。

阐述装配可视化的特点：

① 市场标准件：装配可视化需要确定专利成果所使用的市场标准件。这些标准件通常是行业内广泛使用的部件或设备，用于特定功能或应用。选择适当的标准件是装配可视化的关键，因为它们与专利技术的协同作用将使专利成果更容易被市场接受和实施。

② 技术特征对应：在确定了适当的标准件后，装配可视化会对专利成果的技术特征进行详细的对应。这涉及将每个特征与相应的标准件或部件相关联，以确保它们能够协同工作并实现所需的功能。

③ 装配模拟仿真：一旦技术特征与标准件对应，装配可视化会进行模拟仿真，以展示专利成果与标准件的装配过程。这包括使用三维立体图和动态模拟，以清晰地呈现如何将这些部件组装在一起，以实现特定的功能或应用。

④ 实际运作示范：在模拟装配的基础上，装配可视化还可以包括实际运作示范。这意味着观众可以看到专利成果如何在实际应用中与标准件相结合，并执行特定任务或操作。这有助于更生动地展示技术的实际用途和操作流程。

⑤ 市场可行性：装配可视化有助于评估专利成果的市场可行性。通过展示如何将技术特征与市场标准件相结合，观众可以更好地理解其实际应用和市场需求。这对于吸引潜在投资者或合作伙伴具有吸引力，因为他们能够更清晰地看到技术的实际市场潜力。

装配可视化是一种重要的专利技术传播工具，通过模拟装配过程，展示专利成果如何与市场标准件组合以实现特定功能或应用。装配可视化通过在虚拟环境中展示产品的装配过程，可以帮助人们更好地理解和展示产品的组装方式和流程。可以使人们更加直观地了解产品的组装顺序、零部件之间的配合关系以及装配过程中的关键步骤。并且装配可视化还可以帮助设计师和工程师检验产品设计的可装配性，发现潜在的装配问题并提前进行优化。能够为相关领域的研究和应用提供指导和参考。此外，装配可视化还可以用于产品培训和教育，帮助学生和从业人员更加直观地学习和理解产品的装配方式和流程，从而减少实际操作中可能出现的错误和风险。

5.5.4 专利可视化数据库

通过技术方案可视化、关键技术特征可视化、产品设计可视化、应用场景可视化等多重论证，以及依据企业对专利产业化前景评价、专利技术改进需求和产学研合作意愿等反馈情况，我们能够深入了解专利成果的潜在产业化潜力。这进一步允许我们将专利成果进行分级评定,划分为高、中、低潜力类别,以便企业和其他利益相关者更有针对性地寻找适合自身需求的专利成果。构建分层的专利可视化数据库,为专利成果的转化提供了可选资源库,推动了技术创新和产业的持续发展,加强了合作和共赢的可能性。这一综合方法有助于最大程度地发挥专利成果的潜力,提高了技术创新和产业发展的效率和成功率。

构建专利可视化数据库的第一个工作是进行专利分类:根据专利所处的行业和领域,专利的应用范围及专利所涵盖的技术热点、技术空白点等专利属性特征要素,将专利划分为不同的类别,形成专利分类清单。其次则是进行专利分级工作:在已有的专利分类清单的基础上,从创新主体专利可视化验证能力和企业反馈等方面引入评价指标体系,通过指标得分和权重的计算确定每个专利的等级,形成专利分类下的专利分级数据库。需要说明的是,在企业反馈前一般需要先进行专利可视化验证工作,以便企业能够充分快速的了解专利的技术特点和优势、技术关键点和创新点以及外观和功能等方面,从而更好地对专利进行评估反馈。

其中,专利可视化验证能力涵盖前文提到的技术方案可视化、关键技术特征可视化、产品设计可视化、应用场景可视化、运作方式可视化以及装配可视化指标。这些可视化验证能力可以提供直观的展示和理解,帮助企业更好地理解和评估专利的价值。

企业反馈是一个多方面的过程,它包括了企业对专利产业化前景的评价、企业的专利技术改进需求以及产学研合作意愿等多个方面。企业对专利产业化前景的评价是指企业对他们所拥有的专利技术在商业化和市场化方面的看法和估计。这一评价通常基于企业对市场趋势、技术竞争和自身资源等因素的深入分析。表 5-5 是专利的常见评估内容。

表 5-5　专利评估

内　容	描　述
市场趋势分析	评估当前市场规模、增长率和竞争格局-强调专利技术在市场趋势下的潜在应用和需求
技术竞争分析	评估潜在竞争对手和竞争格局-突出专利技术的竞争优势和领先地位
专利技术的商业化潜力	评估商业化潜力,包括产品开发、市场推广和盈利能力-强调可行性和吸引力
自身资源和能力	考虑企业是否具备足够资源和技术能力-突出实力和承诺
风险和挑战	市场不确定性、法律限制、技术难题等可能的风险和挑战
未来愿景	强调企业对专利技术未来发展的愿景,包括市场份额扩大、技术创新和跨领域融合

企业对专利产业化前景的评价应该是一个全面的分析，涵盖市场、技术、竞争、资源和风险等各个方面，以便为产学研合作和专利技术改进提供更清晰的指导和决策依据。

5.5.5 研发制作方案和专利可视化数据库的关系

研发制作方案和专利可视化数据库之间存在着密切的关系，它们互相支持和协作，共同促进技术创新和产业发展。

① 专利可视化数据库为研发制作方案提供了基础信息。通过分级评定专利成果，将其划分为高、中、低潜力类别，数据库中存储了多种具有不同潜力的专利成果。这些信息有助于研发团队更有针对性地选择适合自身需求的专利成果，以支持产品的研发和制作方案的制定。

② 专利可视化数据库为企业和研发团队提供了更多定制的选择。根据企业对专利产业化前景评价、专利技术改进需求和产学研合作意愿等反馈情况，数据库中的专利成果可以更具针对性地匹配到特定的研发项目。这种定制选择有助于确保研发制作方案更符合企业的需求和市场趋势。

③ 研发制作方案和专利可视化数据库的协作有助于共同推动创新。研发团队可以利用数据库中的高潜力专利成果来引导他们的产品开发，同时也可以通过不断的反馈和合作来提高专利的技术水平。这种协作有助于产生更具前瞻性和创新性的产品。

④ 结合专利可视化数据库，企业和研发团队可以更有效地选择、定制和使用专利成果，提高了研发制作方案的效率和成功率。这减少了时间和资源的浪费，有助于更快速地将产品推向市场。

专利可视化数据库为企业和研发团队提供了更多有针对性的选择，有助于更好地支持研发制作方案的制定。这种综合方法促进了技术创新和产业发展，提高了合作和共赢的可能性，是一个有力的推动力，促使专利成果更好地转化为实际产品和服务。

第 6 章　产品系统化验证

6.1　产品系统化验证概述

6.1.1　产品系统化验证的含义

产品系统化验证是指通过验证产品的关键功能、部件和性能，来确定产品是否符合领域产品标准、功能、性能、质量等要求。该过程通常包括模拟环境和真实使用环境的试验验证，并通过形成过程文件来证明产品的可靠性。产品系统化验证是一个重要的过程，它确保产品在规格、特性或其他方面能够满足规定的要求，减少产品上市后的危险和费用，避免因设计、生产、安装、使用或维修错误而造成产品的危害或事故。

6.1.2　产品系统化验证的步骤

通常，产品系统化验证包括以下步骤：

（1）确定验证标准和要求：确定适用于产品的标准和要求，包括性能、质量、可靠性、安全等方面。这些标准和要求可以来自于国际标准、行业标准、用户要求等。

（2）设计验证方案：根据产品的特性和验证要求，设计验证方案，包括验证的环境、测试方法、测试设备、测试标准等。

（3）进行试验验证：根据设计的验证方案，进行试验验证。试验可以在模拟环境下进行，也可以在真实使用环境下进行。试验内容应覆盖产品的所有关键功能和部件，并应严格按照相应的标准和要求进行。

（4）收集和分析试验数据：在试验过程中收集试验数据，并对数据进行分析和评估，以确定产品是否符合标准和要求。如果存在不符合的情况，需要进一步分析原因，找出问题所在。

（5）编写验证报告：根据试验数据和分析结果，编写验证报告。报告应包括试验结果、分析和评估结果、问题的原因和解决方案等。

（6）进行问题处理和改进：根据验证报告，对问题进行处理和改进。问题处理和改进包括对设计、生产、使用、维修等环节的改进，以确保产品能够满足标准和要求。

（7）重复进行验证：对改进后的产品进行重复验证，确保问题得到有效解决，并且产品能够持续满足标准和要求。

6.1.3　产品系统化验证的注意事项

产品系统化验证通常由独立的第三方机构按照产品标准对有关产品进行全面的检测，并出具检测报告。这些机构通常具备丰富的技术经验和专业知识，能够为用户提供全面的检测和验证服务。在进行产品系统化验证试验时，需要注意以下几点：

（1）了解产品要求：在进行产品系统化验证试验之前，需要了解产品的要求和标准，以便能够全面地检测和验证产品是否符合要求。

（2）确定验证计划：需要根据产品要求和标准，制定详细的验证计划，明确验证的范围、方法、时间和人员等要素。

（3）实施验证试验：按照验证计划，实施全面的验证试验，包括产品的性能、可靠性、安全性、耐久性等。

（4）收集数据和分析结果：收集所有验证试验的数据，并进行分析和评估，以便能够确定产品是否符合要求，并提供改进建议。

（5）出具验证报告：根据验证试验的结果，出具验证报告，并提供改进建议，以便用户能够进一步改进产品，增强顾客的满意度，减少产品的变异，降低产品的风险，提高产品的可靠性。

6.2　产品系统化验证方法

产品系统化验证是确保产品符合规定要求和能够在实际使用中正常运行的重要环节，而形成产品系统化验证的方法是确保验证的全面性和有效性的关键。

首先，确定产品的关键功能和部件是产品系统化验证的基础。这包括确定产品所需的主要功能和部件，以及这些功能和部件之间的相互作用。该步骤的目的是确保验证重点放在关键的功能和部件上，以便在后续的验证过程中更加有效地发现问题。

其次，与领域产品标准对比，确定产品的功能、性能、质量等要求。这一步是为了确保产品能够符合相关的行业标准和规定，以及用户的实际需求。通过与标准对比，可以明确产品应满足的功能、性能、质量等方面的要求。

再次，在模拟环境中进行试验验证，验证产品的关键功能和部件是否符合要求。这一步是在实验室或模拟环境中进行的，通过模拟实际使用环境和条件，以验证产品的关键功能和部件是否符合要求。该步骤通常包括可靠性测试、功能测试、环境测试等。

接着，在真实使用环境中进行试验验证，以确保产品在实际使用中也能正常运行。这一步是在真实环境中进行的，通过对产品在实际使用情况下的验证，可以更全面地检测和评估产品的性能和可靠性。

最后，形成过程文件，证明产品的可靠性。包括记录验证过程和结果、整理数据和文档等。这些过程文件可以证明产品已经经过全面的验证，并且符合相关的标准和规定，以及用户的实际需求。同时，还可以为产品的质量保证提供依据，确保产品的可靠性和稳定性。

6.3 产品系统化验证内容

6.3.1 产品功能性验证

产品功能性验证是指对产品的各项功能进行验证的过程，以确保产品满足预期的功能要求，主要包括确定功能要求、制定测试方案、进行测试、分析测试结果和输出测试报告。产品功能验证是一个动态的、循环的过程，需要随着时间的推移不断加强。

1. 产品功能性验证的作用

产品功能性验证，有助于企业提升产品品质和竞争力，维护消费者利益，提升品牌形象，其在整个新产品研发周期中具有重要的作用，具体包括：

（1）确保产品质量：通过对产品进行功能性验证，可以确保产品能够满足预期使用目的，并且达到一定的质量标准，从而提高产品的品质和竞争力。

（2）减少产品缺陷：通过不断测试和改进产品，可以发现和减少产品的缺陷，避免出现严重的质量问题。

（3）维护消费者利益：对于消费者而言，他们购买产品的最终目的是满足自己的需求和期望。通过功能性验证，可以确保产品能够满足消费者的需求和期望，从而保障消费者利益。

(4) 提升品牌形象：对于企业而言，通过不断改进产品并通过功能性验证，可以提升产品的品质和竞争力，从而提高企业的品牌形象和声誉。

2. 产品功能性验证的步骤

产品功能性验证是产品开发过程中至关重要的一环，其有助于企业确定产品是否满足市场需求和用户要求，同时也有助于提高产品的质量和竞争力。这一过程通常包括以下步骤：

① 确定功能要求：对产品的功能要求进行明确的定义和描述，以便后续验证过程中进行比对。

② 制定测试方案：根据功能要求，制定相应的测试方案，明确测试方法、测试步骤、测试环境等。

③ 进行测试：按照测试方案进行测试，记录测试结果和数据。

④ 分析测试结果：根据测试结果，分析产品的功能是否满足要求，如果不满足，需要进行改进和调整。

⑤ 输出测试报告：根据测试结果和分析，编写测试报告，记录测试过程和结果，以及建议和意见。

(1) 确定功能要求

确定功能要求是产品功能性验证的关键步骤之一，其目的是明确产品应该具备的功能特性，以便后续的测试和验证。确定产品功能要求的步骤和方法主要包括：

① 市场研究：通过市场调研、竞品分析等方式，了解用户的需求和市场趋势，根据市场需求确定产品功能要求。

② 用户需求分析：通过与用户沟通和交流，了解用户的需求和使用场景，以便明确产品应具备的功能特性。

③ 产品功能分析：对产品进行分析，从功能角度出发，将产品分解为各个模块和部件，明确每个模块和部件的功能要求，以便确定整体产品功能要求。

④ 产品设计文档：在产品设计的过程中，应记录产品的功能要求，包括设计文档、功能说明书等，以便后续测试和验证。

⑤ 专家意见：请有经验的专家对产品进行评估，以便明确产品的功能特性和要求。

⑥ 设计评审：在产品设计阶段，组织设计评审会议，由相关人员对产品功能进行评审和讨论，以便明确产品的功能要求。

通过以上步骤和方法有助于确定产品的功能要求，以确保在产品开发过程中，各个环节的设计和实现都能够满足产品的功能要求。

（2）制定测试方案

制定测试方案的目的是根据功能要求明确测试方法、测试步骤和测试环境等，以确保测试的准确性和可重复性。制定测试方案的步骤和方法主要包括：

① 确定测试目标：根据产品功能要求，明确测试的目标和范围，以便后续测试工作的展开。

② 制定测试计划：根据测试目标和范围，制定相应的测试计划，明确测试的时间、地点、人员等。

③ 确定测试用例：根据产品功能要求，确定相应的测试用例，即对每个功能点进行具体的测试方法和测试步骤的定义。

④ 确定测试数据：根据测试用例，确定测试数据，以确保测试的完整性和有效性。

⑤ 确定测试环境：根据产品功能要求和测试用例，确定测试环境，包括测试软硬件、网络配置、测试数据存储等。

⑥ 制定测试报告：根据测试目标、测试计划、测试用例、测试数据和测试环境等，制定测试报告，以记录测试的过程和结果。

⑦ 确定测试评估标准：根据产品功能要求，确定测试评估标准，以便对测试结果进行评估和分析，以确保产品的功能要求得到满足。

（3）进行测试

在进行测试时，需要注意以下几个方面：

① 测试环境要与实际使用环境相似：测试环境的设置应尽量与实际使用环境相同，以便更真实地模拟用户使用产品的场景，避免因测试环境与实际使用环境差异过大而导致测试结果不准确。

② 测试步骤要清晰明确：测试步骤应按照测试方案中的设计逐步进行，对每个测试步骤都要记录测试结果和数据，以便后续分析和比对。

③ 需要进行多次测试：测试过程中应进行多次测试，以尽可能地覆盖各种情况和场景，从而准确评估产品性能。

④ 测试数据要真实有效：测试数据应具有一定的代表性和可重复性，以便更准确地评估产品的功能性能力。

⑤ 需要注意测试结果的可靠性：在测试过程中，应尽可能地排除各种干扰因素，确保测试结果的可靠性，以便更准确地评估产品的功能性能力。

⑥ 记录测试过程和结果：测试过程中需要记录测试过程和结果，以便后续进行分析和评估。测试结果要进行比对和验证，以确保测试的准确性和可靠性。

⑦ 需要进行异常情况测试：除了正常情况的测试，还需要进行各种异常情况的测试，以评估产品在异常情况下的处理能力和稳定性。

(4) 分析测试结果

在产品功能性验证中，分析测试结果需要注意以下几点：

① 数据准确性：确保测试结果数据的准确性和完整性，检查数据的来源、采集方式、处理过程等。

② 结果分析：对测试结果进行细致的分析和对比，对数据进行分类、统计、分析等处理，找出问题所在。

③ 问题定位：在分析过程中，需要对问题进行精确定位，以便后续的改进和优化。

④ 原因分析：对问题进行深入分析，找出问题的根本原因，以便有效地解决问题。

⑤ 解决方案：基于问题的根本原因，提出相应的解决方案，并进行方案的评估和比较，选择最佳的解决方案。

(5) 输出测试报告

将分析结果、问题定位、原因分析和解决方案等内容整理成报告，明确阐述问题及解决方案，以便后续的改进和验证。

测试报告模板如下：

- 测试报告
- 项目名称：地铁售货把手
- 报告日期：［填写日期］

① 引言

本测试报告旨在记录对地铁售货把手进行的测试结果，评估其功能和性能是否满足预期要求。

② 测试环境

- 设备信息：
  - 售货把手硬件设备：［设备型号］
  - 移动设备：［设备型号］
- 软件信息：
  - 操作系统：［操作系统版本］
  - 应用程序版本：［应用程序版本］
- 网络环境：
  - WiFi网络：［网络名称］

- 移动数据网络:[运营商名称]

③ 测试目标和范围

本次测试的目标是验证地铁售货把手的功能和性能,包括但不限于:

- 售货把手的可靠性和稳定性
- 货物选购和支付功能的准确性和流畅性
- 售货把手与移动设备的连接和交互功能

④ 测试方法和步骤

根据功能需求和测试目标,执行以下测试方法和步骤:

- 功能测试:
- 验证售货把手的启动和关闭功能
- 验证货物展示和选择功能
- 验证购物车管理和支付功能
- 性能测试:
- 测试售货把手的响应时间和流畅性
- 测试多个用户同时使用售货把手时的性能表现
- 连接和交互测试:
- 验证售货把手与移动设备的连接稳定性
- 验证移动设备与售货把手之间的交互功能

⑤ 测试结果

- 功能测试结果:
- 启动和关闭功能:通过
- 货物展示和选择功能:通过
- 购物车管理和支付功能:通过
- 性能测试结果:
- 响应时间和流畅性:在预期范围内
- 多用户使用时的性能表现:在预期范围内
- 连接和交互测试结果:
- 连接稳定性:通过
- 交互功能:通过

⑥ 问题追踪

在测试过程中发现以下问题,并记录其解决情况:

- 问题1:描述问题1
- 严重性级别:高/中/低
- 解决情况:已解决/待解决
- 问题2:描述问题2
- 严重性级别:高/中/低
- 解决情况:已解决/待解决

总结与建议基于测试结果和评估标准,对地铁售货把手的功能和性能进行综合评估,并提出以下总结和建议:

a. 总结:

功能方面,地铁售货把手在启动和关闭功能、货物展示和选择功能、购物车管理和支付功能方面表现良好,并且符合预期要求。

性能方面,地铁售货把手的响应时间和流畅性在预期范围内,多用户同时使用时的性能表现也稳定。

连接和交互方面,地铁售货把手与移动设备的连接稳定,交互功能也正常运作。

b. 建议:

在问题追踪部分提到的问题,须及时解决以确保产品质量和用户体验。

针对性能方面,可以进行进一步优化,以提升响应速度和流畅性,确保在高负载情况下仍能保持稳定性能。

进一步加强用户体验,优化界面设计和操作流程,提供简洁明了的购物体验,减少用户操作的复杂性。

定期进行功能和性能的回归测试,以确保地铁售货把手在日常使用中的稳定性和可靠性。

持续关注市场需求和竞争情况,及时进行产品优化和创新,以提升竞争力并满足用户不断变化的需求。

本测试报告总结了地铁售货把手的测试结果,并提出了相关建议。通过持续的测试和改进,相信地铁售货把手将能够在市场上取得良好的商业表现,并为乘客提供便利的购物体验。

请注意,该测试报告仅基于所进行的测试,并不能覆盖所有情况。在实际使用中,建议根据具体情况进行进一步的测试和评估,以确保地铁售货把手的商业可行性和用户满意度。

如有任何疑问或需要进一步的支持,请随时与我们联系。

- 测试人员：[填写测试人员姓名]
- 日期：[填写测试日期]

6.3.2　产品样机验证

1. 产品样机验证的含义

产品样机是指在产品研发和设计阶段，制作出来的一个实际物品，它是为了验证和测试产品的各种功能和性能，以便进行修改和改进的一个重要工具。产品样机通常具有与最终产品相似的外观和功能，但可能在材料、工艺、部件等方面存在一些差异，因此不适合用于大规模生产。产品样机的制作可以帮助企业更好地了解产品的可行性，提高产品的品质和用户体验，降低产品的研发风险和成本。

在制作产品样机时，需要根据研发制作方案的要求，选择合适的材料、工艺和配件，并按照方案中的尺寸、外观和功能要求进行制作。如果制作的样机符合预期的要求，那么研发制作方案中的各项设计和规划都得到了验证和确认，可以进一步进行产品的最终量产和推广。如果样机存在问题或者与方案不符，那么需要进行修改和调整，直至符合方案要求。因此，产品样机和研发制作方案是密切相关的，样机的制作需要依据方案的要求进行，而方案的设计和规划需要充分考虑到制作样机的要求。两者相互协作，能够保证产品研发的顺利进行，并最终推出高品质的产品。

2. 产品样机验证的内容

在制作产品样机之前，需要进行一系列的准备工作，以确保制作出的样机符合要求，具有实际可行性。以下是准备工作的详细说明：

（1）明确样机的目的和需求：在制作产品样机之前，需要明确样机的主要目的和需求。例如，是用于测试产品的可行性还是用于展示产品的外观设计等。这有助于制定合理的制作计划和确定样机的重点。

（2）确定样机制作的材料和工艺：根据产品设计图纸，选择适合的材料和工艺，确定样机的具体制作方案。在选择材料和工艺时，需要考虑产品的实际应用环境和需求，以确保制作出的样机符合产品要求。

（3）制定样机制作计划和时间表：在准备工作完成后，需要制定样机制作的详细计划和时间表，包括制作步骤、制作周期、人员安排、材料采购和测试计划等。完善的制作计划和时间表有助于提高样机制作效率和质量。

（4）准备必要的制作工具和设备：根据制作计划，准备必要的制作工具和设备，如切割机、打孔机、钻孔机、热压机等。确保设备和工具符合产品要求和制作标准，以提高制作效率和准确性。

(5) 确保安全和环保要求:在制作样机时,需要注意安全和环保要求。例如,使用化学药品时需要佩戴防护手套和面具,保持通风良好,确保人员和环境安全。在样机制作完成后,还需要进行环保处理,避免对环境造成污染。

综上所述,样机制作前需要进行详细的准备工作,这些准备工作有助于提高样机制作效率和质量,以确保制作出的样机符合产品的要求。

其中,制定样机制作计划和时间表是样机制作的关键环节,其主要内容包括:

(1) 明确样机制作的目的和需求:在确定样机制作计划和时间表之前,需要明确样机的目的和需求,包括样机的功能、特点、市场定位等。

(2) 确定制作团队和负责人:根据项目的需求,确定样机制作的团队和负责人,包括设计师、工程师、制造商等。

(3) 制定制作流程和工作分配:根据样机制作的要求,制定样机制作的流程和工作分配,包括设计、材料采购、加工、组装、测试等。

(4) 确定材料和工具:根据创意点子和样机要求,确定需要采购的材料和工具,包括金属、塑料、电子元件、工具等。

(5) 制定时间表:根据样机制作的流程和工作分配,制定样机制作的时间表,包括每个步骤的时间节点和完成日期。

(6) 监控制作进度:在制作样机期间,需要对制作进度进行监控,及时调整工作分配和时间表,确保样机制作按时完成。

(7) 测试和修正:完成样机制作后,并进行测试和修正,以确保样机的功能和设计符合要求。

(8) 评估和改进:根据样机制作的结果和反馈,评估样机的性能和质量,并进行改进和优化,为后续开发和生产提供参考。

6.3.3 产品正样验证

1. 产品正样验证的含义

产品正样是指,在完成产品样机的基础上,制作的具备产品应用设想全部功能特性,可实际生产且设计工艺经过全面论证的实物产品。产品正样验证是指对形成的产品正样,在实际环境的模拟试用下通过产品的性能试验和仿真试验,提出产品的设计工程需求,并确定各部件在实现原有功能的情况下,贴近用户体验需求和消费需求,同时确定生产成本、生产工艺、生产步骤和投资需求,形成实际环境验证过程文件。产品正样验证是产品开发的关键环节之一,它通过在实际环境下模拟试用产品来评估产品的性能和可靠性,从而确定产品的设计工程需求并优化产品的用户体验和消费需求。在此过程中,可以对产品的生产成本、工艺、步骤和投资需求进行评估,从而为产品的量产提供重要的决策依据。

在进行产品正样验证时,一般需要制定详细的试验计划和测试方案,并进行各项测试和仿真试验。通过实验数据的收集和分析,可以确定产品的强度、耐久性、安全性、稳定性等性能指标,并进行必要的优化设计。此外,还可以结合用户反馈和市场需求,进一步优化产品的外观设计、易用性和功能性能。最终,产品正样验证会形成实际环境验证过程文件,其中包括试验结果、分析报告、评估结论和优化建议等内容。这些文件将为产品的后续开发和量产提供重要的参考和指导,有助于确保产品的性能和质量符合市场需求和用户期望。

在国际标准分类中,产品正样确认涉及消毒和灭菌、货物调运、道路车辆装置、质量、公司(企业)的组织和管理、环境保护、纺织产品、实验室医学、信息技术应用。而在中国标准分类中,产品正样确认涉及公共医疗设备、标志、包装、运输、储存综合、其他非金属矿制品、食品卫生、技术管理、理疗与中医仪器设备、饮料综合、动物检疫、兽医与疫病防治、商业、贸易、合同、供应与使用关系、污染控制技术规范、其他纺织制品、标准化、质量管理、医药综合、医疗设备通用要求、工业控制机与计算技术应用装置、手术室设备、医学、医疗器械综合、标志、包装、运输、储存。

2. 产品正样验证的内容

产品正样验证包括以下几个方面的内容:

(1) 性能试验:测试产品在各种工况下的性能表现,如机械性能、电气性能、耐久性等。

(2) 仿真试验:采用仿真软件对产品进行虚拟试验,验证设计的合理性和可靠性。

(3) 用户体验需求验证:通过用户使用反馈、市场调研等方式,验证产品在使用中的用户体验是否符合预期。

(4) 成本估算:对产品生产的成本进行估算,包括材料成本、人工成本、设备投资等。

(5) 生产工艺和生产步骤确定:确定产品的生产工艺和生产步骤,以保证产品的生产效率和质量。

(6) 投资需求确定:确定产品生产所需的投资金额,包括设备、人工、场地等。

通过产品正样验证,可以及早发现产品设计中的问题和不足之处,及时进行调整和改进,提高产品的质量和市场竞争力。

3. 产品正样验证的步骤

产品正样验证可以分为以下几个步骤:

(1)制定验证计划:在开始产品正样验证之前,需要制定详细的验证计划,包括验证目标、验证内容、验证方法、测试标准、测试样本数量和测试周期等。这些计划需要充分考虑产品的设计特点和应用环境,以确保验证结果能够客观、全面地反映产品的性能和可靠性。

(2)准备测试样品:根据验证计划,需要准备符合产品设计要求的正样产品作为测试样品。测试样品数量应该足够,以覆盖产品的各种使用情况和应用场景,以确保测试结果的准确性和可靠性。

(3)进行性能测试:根据验证计划,对测试样品进行各种性能测试,如机械强度测试、耐久性测试、防水性能测试、安全性能测试等。测试过程需要严格按照测试标准和测试方法进行,以确保测试结果的可比性和可重复性。

(4)进行仿真试验:在进行性能测试的同时,还需要进行各种仿真试验,如温度环境试验、湿度环境试验、振动环境试验等。仿真试验能够模拟产品在不同应用环境下的实际使用情况,进一步评估产品的性能和可靠性。

(5)收集测试数据:在进行性能测试和仿真试验的过程中,需要收集大量测试数据,包括测试过程中的各种参数和指标,如温度、湿度、振动等。这些数据需要进行分析和处理,以评估产品的性能和可靠性,并为后续的优化设计提供参考。

(6)分析测试结果:根据收集的测试数据,需要进行数据分析和结果评估,以确定产品的性能指标是否符合设计要求,并发现可能存在的问题和缺陷。同时,还需要结合用户反馈和市场需求,进一步优化产品的外观设计、易用性和功能性能。

(7)形成验证报告:最终,需要将测试结果和评估结论整理成详细的验证报告,包括试验结果、分析报告、评估结论和优化建议等内容。验证报告将为产品的后续开发和量产提供重要的参考和指导,有助于确保产品的性能和质量符合市场需求和用户期望。

4. 产品正样验证的方法

产品正样验证的方法因产品的性质和应用场景而异,但一般可以采用以下几种方法:

(1)机械强度测试:机械强度测试是指通过对产品进行拉伸、弯曲、压缩、扭转等不同方向和不同力度的测试,来评估产品的强度和刚度。这种测试方法可以使用万能试验机、冲击试验机、扭转试验机等设备进行,常见的测试指标包括拉伸强度、屈服强度、弹性模量等。

（2）耐久性测试：耐久性测试是指通过对产品进行重复使用或重复加载等测试，来评估产品在长期使用过程中的可靠性和稳定性。这种测试方法可以使用振动台、疲劳试验机、循环压力试验机等设备进行，常见的测试指标包括使用寿命、故障率、维修率等。

（3）环境适应性测试：环境适应性测试是指通过对产品在不同环境条件下的测试，来评估产品在不同环境条件下的适应性和稳定性。这种测试方法可以使用高低温箱、恒温恒湿箱、盐雾试验箱等设备进行，常见的测试指标包括耐高温、耐低温、耐潮湿、防腐蚀等。

（4）安全性测试：安全性测试是指通过对产品的各种安全指标进行测试，来评估产品的安全性能和防护能力。这种测试方法可以使用电气安全测试仪、燃气安全测试仪、放射性安全测试仪等设备进行，常见的测试指标包括电气安全、火灾安全、辐射安全等。

（5）用户体验测试：用户体验测试是指通过对产品的用户体验进行测试，来评估产品的易用性、操作性和舒适性。这种测试方法可以采用问卷调查、人机交互测试、用户反馈等方式进行，常见的测试指标包括用户满意度、用户体验、易用性等。

（6）仿真试验：仿真试验是指通过计算机仿真技术对产品进行模拟试验，来评估产品在各种环境条件下的性能和可靠性。这种测试方法可以使用计算机仿真软件、虚拟实验室等设备进行，常见的测试指标包括应力分布、变形分析、流体力学等。

以上这些方法都是常见的产品正样验证方法，可以根据产品的性质和应用场景而选择相应的方法进行测试。同时，为了保证测试结果的准确性和可靠性，需要制定详细的测试方案和测试标准，并按照标准化程序进行测试。除了上述方法外，还有一些其他的产品正样验证方法，如光学性能测试、声学性能测试、化学性能测试等，都可以根据产品的性质和应用场景进行选择。

5. 产品正样验证的注意事项

产品正样验证是产品设计和生产过程中至关重要的一步，其方法和程序需要根据产品的性质和应用场景进行选择和制定。在进行产品正样验证时，需要注意以下几个方面：

（1）验证环境的选择和控制：测试环境的选择和控制对于测试结果的准确性和可重复性至关重要，需要根据产品的使用场景和要求进行选择和控制。

（2）测试样本的选择和制备：测试样本的选择和制备对于测试结果的准确性和可靠性也很重要，需要选择代表性的样本，并按照标准化程序进行制备。

(3) 测试数据的采集和处理：测试数据的采集和处理需要使用合适的测试设备和方法，同时需要对数据进行分析和处理，以便得出可靠的测试结果。

(4) 测试结果的评价和分析：测试结果的评价和分析需要结合产品的设计要求和应用场景进行，以便得出具有实际应用价值的测试结论。

6. 产品正样验证存在的困难

产品正样验证是一个复杂而烦琐的过程，其中会涉及多个方面的困难和挑战。以下是产品正样验证中常见的困难：

(1) 多方利益冲突：在产品设计和生产过程中，涉及多个部门和利益方的合作，可能会存在利益冲突和沟通困难，这会给产品正样验证带来不少困难。

(2) 实验环境的复杂性：产品正样验证需要在多种环境下进行测试，环境的复杂性和变化性可能会对测试结果产生不利影响，进而对验证的准确性和可靠性造成挑战。

(3) 测试设备的专业性：产品正样验证需要使用专业的测试设备和仪器，这些设备的高昂价格和复杂性也给产品正样验证带来了一定的困难。

(4) 标准化和规范化问题：产品正样验证需要制定详细的测试方案和测试标准，而这些标准和规范的制定与实施可能会存在一定的困难和挑战。

(5) 数据处理和分析问题：产品正样验证需要对大量的测试数据进行处理和分析，这需要高水平的数据分析能力和经验，这对于分析人员的选择可能会带来困难和挑战。

总的来说，产品正样验证是一个复杂而烦琐的过程，其中存在多方面的困难和挑战。但只要认真对待每一个环节，精心制定测试方案和标准，努力克服各种困难，最终就会获得具有实际应用价值的测试结果。

7. 产品正样验证和专利申请的关系

产品正样验证是为了验证新产品设计的可行性和可靠性，是新产品研发过程中必不可少的环节。在产品正样验证的过程中，不仅可以发现产品存在的问题和缺陷，进而提出改进意见，还可以为后续的专利申请提供重要依据和证据。具体而言，产品正样验证与专利申请的关系如下：

(1) 产品正样验证可以证明技术创新性。在产品正样验证过程中，可以对新产品的技术创新性进行充分的验证和检测，从而确定其是否符合专利申请的要求。如果产品具有技术创新性，那么相应的专利申请就更容易被批准。

(2) 产品正样验证可以提供实验数据和测试结果。产品正样验证过程中所得到的实验数据和测试结果，可以作为专利申请的重要依据和证据，证明新产品的实际效果和优越性。

（3）产品正样验证可以检测产品的可行性和可靠性。在产品正样验证过程中，可以检测产品的可行性和可靠性，发现存在的问题和缺陷，并提出改进意见。这些信息可以在专利申请过程中提供技术支持和证据，进一步证明新产品的可行性和实用性。

（4）产品正样验证可以提高专利申请的成功率。通过充分的产品正样验证，可以提高专利申请的成功率。因为验证结果可以证明新产品的实际效果和优越性，从而更容易被专利局认可和批准。

产品正样验证和专利申请之间存在着密切的关系。通过充分的产品正样验证，可以提供实验数据和测试结果，证明新产品的技术创新性和实际效果，从而为专利申请提供重要依据和证据，进一步提高专利申请的成功率。

8. 产品正样验证的专利迭代发展

产品正样验证过程中，不断申请专利是非常必要的，原因如下：

（1）避免知识产权争议。产品正样验证是一个复杂的过程，其中涉及许多技术细节和商业机密。如果这些细节和机密未经保护，可能会被竞争对手窃取或盗用，从而引发知识产权争议。通过不断申请专利，可以保护企业的知识产权，避免知识产权争议的发生。

（2）提高技术竞争力。产品正样验证是验证产品技术可行性和实用性的重要手段，通过不断申请专利可以保护自己的技术成果和创新成果，提高企业的技术竞争力。

（3）增加商业机会。通过不断申请专利，可以保护自己的技术成果和创新成果，提高产品的市场竞争力和知名度，进而增加商业机会。当企业的技术成果得到充分保护并得到市场认可时，将有更多的商业机会出现。

（4）保护企业利益。产品正样验证是验证产品性能和功能的重要手段，而不断申请专利可以保护企业的知识产权和经济利益，从而保障企业的长期发展。

不断申请专利在产品正样验证过程中是非常必要的，可以保护企业的知识产权，提高企业的技术竞争力，增加商业机会，保护企业的利益，从而推动企业的可持续发展。

6.3.4 实际环境验证

对形成的产品正样，在实际环境的模拟试用下通过产品的性能试验和仿真试验，提出产品的设计工程需求，并确定各部件在实现原有功能的情况下，贴近用户体验需求和消费需求，同时确定生产成本、生产工艺、生产步骤和投资需求，形成实际环境验证过程文件。

6.3.5 产品状态固化验证

产品状态固化验证是指,对经过产品系统化验证的应用设想,根据产品定位,提炼出核心卖点,结合品牌文化进行包装,明确产品的功能和性能,优化产品的生产装配流程、制造工艺和检测方法,建立初步的产品生产质量、成本控制体系或者标准,形成产品状态固化过程文件。

对于企业来说,开发新产品是一项非常重要的任务。而要确保新产品能够符合设计之初的理念、外观、功能和消费者的期望,以及在市场上取得成功,需要进行一系列必要的验证和测试。新产品的开发过程通常包括从创意、构思、打样、实验到最终量产等多个阶段。在这些阶段中,需要进行多种验证和测试,以确保新产品的设计和性能符合预期。这些验证和测试包括:

(1)概念验证:在新产品的设计和构思阶段,需要进行概念验证,以评估其可行性和市场需求。

(2)原型验证:制作出初步的原型或样品,进行测试和评估,以确认产品的性能和实用性。

(3)功能验证:测试产品的各项功能,以确保产品能够正常运行并满足消费者的需求。

(4)外观验证:对产品的外观进行评估和优化,以确保产品符合设计之初的理念和消费者的期待。

(5)用户体验验证:让消费者参与产品的测试和评估,收集他们的反馈和建议,以改善产品的用户体验。

这些验证和测试需要各个部门和人员的协作和投入,以确保新产品能够顺利地从开发到量产,并在市场上取得成功。因此,对于企业来说,各种必要的验证和测试是产品开发过程中不可或缺的一环,这可以保障新产品的成功落地。

系统化的产品验证环节是创意概念验证体系中非常重要的一环,因为它可以通过实际产品的测试和评估来验证创意的可行性和实用性。在这个环节中,通常需要进行以下步骤:

(1)制作原型:根据创意的概念和设计,制作出一个初步的原型或样品。

(2)测试产品:将制作的原型或样品进行测试,以评估其性能和实用性。测试结果有助于更深入地了解创意的可行性和实用性。

(3)收集反馈:将测试结果反馈给潜在用户或用户,收集他们对产品的反馈和建议。

（4）优化和改进：根据收集到的反馈和建议，对产品进行优化和改进，以提高其性能和实用性。

通过以上步骤，可以更加准确地评估创意的可行性和实用性，确定产品的优化方向和改进点，为后续的产品开发和商业化奠定基础。因此，系统化的产品验证环节是创意概念验证体系中不可或缺的一部分。

6.3.6 产品单元验证

1. 产品单元验证的含义

产品单元验证（也称产品组件验证），是指针对产品的组成部分进行验证，以确定它们是否符合相应标准或规范性文件的过程。这个过程通常是在产品组装之前进行的，以确保组装后的产品具有所需的质量和性能。产品单元验证通常包括对产品组件的物理、化学、机械、电气等方面的测试和检查，以确保它们符合预期的规格和要求。这是确保产品符合标准和规范的重要步骤，可以提高产品的质量和可靠性，减少缺陷和故障的发生。产品单元验证是一种重要的活动，旨在验证产品或其组成部分是否符合适用的标准或规范性文件的要求。这通常涉及对产品进行各种测试和评估，以确保其满足所需的功能、性能、质量和安全等方面的要求。通过产品单元验证，制造商可以确保其产品在投放市场之前符合适用的法规和标准，从而减少可能的质量问题和安全风险。

2. 产品单元验证的重要性

产品单元验证是将创意转化成实际产品的重要步骤之一，其重要性体现在以下几个方面：

（1）确保产品质量和性能：产品单元验证过程可以验证产品各个单元部件的质量和性能是否达到预期要求。通过验证，可以及时发现和解决问题，从而确保产品的质量和性能满足用户需求。

（2）确保产品符合规范和标准：产品单元验证过程可以确保产品符合相应的规范和标准。这有助于提高产品的可靠性和安全性，减少潜在的风险和安全隐患。

（3）降低研发成本和时间：通过产品单元验证过程，可以及早发现和解决问题，减少产品研发的时间和成本。在产品设计和开发的早期阶段就进行验证，可以避免在后期发现问题需要重新设计和制造的情况。

（4）保护知识产权：在产品单元验证过程中，不断申请专利可以保护产品的知识产权，避免被他人侵权。这对于创新型企业来说尤其重要，可以保护企业的核心技术和业务优势。

综上所述,产品单元验证过程在将创意转化成产品的过程中非常重要。通过验证,可以确保产品质量和性能符合规范和标准,降低研发成本和时间,并保护知识产权。

3. 产品单元验证的步骤

产品单元验证是确保产品或其组成部分符合相应标准或规范性文件的活动。产品单元验证的基本步骤如下:

(1) 确定验证的范围:确定需要验证哪些产品单元,包括零部件、模块或子系统等。

(2) 确定验证标准:确定相应的验证标准或规范性文件,包括国际、国家、行业或公司内部标准等。

(3) 制定验证计划:制定验证计划,包括验证方法、测试环境、测试时间、测试人员等。

(4) 进行测试:根据验证计划进行测试,包括功能性测试、性能测试、可靠性测试等。

(5) 收集和分析数据:收集测试数据并进行分析,确定是否符合验证标准。

(6) 编写验证报告:编写验证报告,记录验证结果、问题和建议,以便后续进行改进和优化。

(7) 进行验证评审:对验证报告进行评审,以确保验证结果的可靠性和准确性。

(8) 确认验证结果:最终确认验证结果,确定是否通过产品单元验证。

需要注意的是,产品单元验证是一个迭代的过程,在每个步骤中都可能需要调整与修改验证计划和方法,以确保验证的准确性和有效性。同时,产品单元验证也需要在整个产品开发生命周期中进行,包括设计、制造、测试、维护和升级等阶段。

4. 产品单元验证的注意事项

产品单元验证是一项重要的活动,需要特别注意以下几个方面:

(1) 准备充分:在进行产品单元验证前,必须准备充分,包括了解验证所需的标准或规范文件,以及准备好相应的测试设备和工具。验证人员应熟悉测试设备的使用方法和测试流程。

(2) 保持记录:在验证过程中,需要记录所有的测试结果、测试数据和测试过程中出现的问题,以及问题的解决方案。记录的信息必须完整、准确、清晰,以备日后参考。

(3) 测试环境:测试环境必须符合相应的标准或规范文件的要求。例如,温度、湿度、电压等应符合要求,测试设备和工具应校准并符合相关标准。

(4) 测试细节:在测试过程中,需要注意细节问题,如测试设备的精度、测试数据的采集和处理方式、测试过程中是否出现误差等。

(5) 结果分析：测试结果必须进行充分的分析和判断，判断结果是否符合要求，并对不符合要求的结果制定解决方案。

(6) 安全注意：在进行测试时，必须严格遵守安全规范，确保测试人员和测试环境的安全。

(7) 持续改进：在产品单元验证完成后，需要对验证过程进行总结和反思，找出问题和不足，并制定改进措施，不断提升验证的质量和效率。

5. 产品单元验证的典型案例

美的集团组建了专门的认证测试服务中心和综合性多功能实验平台，可以为家电产品提供全面的测试和验证服务，以确保产品的高质量和安全性能。在产品生产研发过程中，美的集团的认证测试服务中心和综合性多功能实验平台主要从以下几个方面对产品进行测试和验证：

第一，插头插座、电器附件的安全性和性能测试：在产品设计和制造过程中，电器附件的安全性和性能是至关重要的。美的集团的认证测试服务中心可以对插头插座和其他电器附件进行各种测试，以确保它们符合国家和国际安全标准，并具有良好的性能。

第二，电磁兼容性（EMC）测试：家电产品中经常会出现电磁干扰的问题，这可能会影响产品的性能和安全性。美的集团的综合性多功能实验平台可以对家电产品进行电磁兼容性测试，以确保产品不会干扰其他设备或受到其他设备的干扰。

2010年的"紫砂煲事件"是美的集团最重大的一次质量危机事件，给美的集团的质量管理敲响了警钟。2011年，美的集团启动了战略转型，从追求规模转向追求利润和经营质量，而追求经营质量，要先从追求产品质量开始。2012年，方洪波执掌大权，全面推动重大变革，美的集团正式推动"精品战略"，质量被提到了前所未有的高度，成为最高的战略要求。美的集团的质量管理，从满足基本标准的符合性，上升到了精益求精、用户满意的可靠性。从那时起，美的集团的每个事业部基本都搭建了完备的质量体系，从新品开发环节的型式试验、寿命试验，采购环节的来料检、供应商驻厂检，生产环节的现场巡检、下线成品检，入库环节的二次抽检等皆有相应的检验检测标准，与产线设备的投资审核之严格相比，美的集团在质量仪器设备上的投资，往往更快得到审批，也不会有过多数据上的反复论证。

在现代企业竞争日益激烈的市场环境下，产品质量的重要性不言而喻。美的集团在经历了"紫砂煲事件"之后，认识到了产品质量对企业生存和发展的至关重要性，因此启动了战略转型，将追求规模转向追求利润和经营质量，并从2012年开始全面推行"精品战略",将产品质量提升到了前所未有的高度,成为最高的战略要求。

在这样的背景下,产品单元验证变得尤为重要,因为产品零部件单元直接影响产品整体性能,而产品整体性能的好坏又直接影响产品的质量和用户的满意度。通过建立完备的质量体系,美的集团在新品开发、采购、生产和入库等各个环节都设立了相应的检验检测标准,对产品单元进行严格的测试和验证,确保每个产品单元的质量都符合相应标准或规范性文件,从而保证整个产品的质量和性能。由此可见,产品单元验证过程在将创意转化成产品的过程中的重要性不可忽视。只有通过对产品单元的严格测试和验证,才能保证产品的质量和性能达到最优化的水平,从而实现用户满意度的提升和企业的可持续发展。

6.4 产品系统化验证案例

某公司发明人设计了一种叫花鸡烘筒并公开了接近传统的叫花鸡制作方法,保持了泥土烘烤叫花鸡的风味,方便携带,使用简单,又方便初学者在家庭野外聚餐。快速制作叫花鸡的烘筒,其特征在于包括封闭外筒和用于放置食材的分离式内筒,所述内筒置于外筒内,内筒和外筒之间设置有填充泥土的间隙通道。将整鸡放入内筒中,将内筒放在外筒内并填充泥土,然后对外筒加热进行烤制,并保证受热均匀,烘制结束后可以方便地取出叫花鸡烘筒。将泥土与鸡有效分离,无须进行泥壳剥除工作,既能够保持传统叫花鸡的泥土风味,又能够便于初学者使用,不仅适合野外聚餐使用,还适合商业烤炉批量烤制。

针对此叫花鸡烘筒,可以进行以下验证工作:

(1) 设计验证:对叫花鸡烘筒进行设计验证,包括验证外筒和内筒的尺寸、材料、结构是否符合要求,验证填充泥土的间隙通道设计是否合理,验证产品的整体性能和功能是否符合需求。

(2) 工程验证:在此阶段,需要对叫花鸡烘筒的各个部分进行测试和验证,如验证加热源的温度控制是否准确、验证泥土填充和整鸡烤制过程中的热传递是否合理,验证产品各个部分的协调工作是否正常。

(3) 制造验证:制造验证是为了确保产品制造过程可行和可靠。在此阶段,进行材料选择和供应商评估,并且制定生产流程和工艺规程。通过制造验证可以评估产品的制造成本和质量是否符合要求,并且为将来的批量生产提供指导。

(4) 安全验证:安全验证是针对产品的所有方面进行评估,包括电气、机械和化学安全等。例如,需要验证产品加热源是否符合安全标准,产品是否有防止烫伤和火灾的安全措施,产品是否符合食品安全标准等。此外,还需要对产品进行使用说明书和警示标识的制定和验证。

通过以上验证工作,可以确保叫花鸡烘筒的设计、工程、制造和安全等各个方面符合要求,并且能够为生产和市场提供可靠的指导与保障。

下面详细说明叫花鸡烘筒的系统化验证工作内容。

1. 背景

某公司的发明人设计了一种能够快速烤制叫花鸡的烘筒。经过多次实验,发现该产品的制造成本较高,需要进行优化。

2. 步骤

(1) 定义验证目标:明确叫花鸡烘筒的验证目标。验证目标应包括产品性能指标、制造成本、使用寿命、市场反馈等。

(2) 设计验证计划:针对验证目标,制定合理的验证计划。该计划应包括验证的内容、验证的方式、验证的时间、验证的责任人等。例如,对于产品性能指标的验证,可以采用实验室测试、现场测试、用户反馈等方式。对于制造成本的验证,可以采用成本核算、工艺分析、生产效率等方式。

(3) 实施验证计划:按照验证计划,进行实验室测试、现场测试、用户反馈等验证,收集数据并进行分析。例如,在实验室测试中,可以测试不同材料组合方式的性能,如铁皮、内铁皮、外不锈钢和纯不锈钢等;在现场测试中,可以测试不同的尺寸和泥土间隙对产品性能的影响;在用户反馈中,可以了解用户对产品性能的满意度、使用寿命等。

(4) 分析数据并优化设计:根据收集到的数据,对产品设计进行优化。例如,根据实验室测试结果,优化了材料组合方式;根据现场测试结果,优化了尺寸和泥土间隙;根据用户反馈结果,优化了产品的密封性能和使用寿命等。

(5) 重复验证:根据优化后的设计方案,再次进行验证。在重复验证过程中,需要综合考虑产品性能指标、制造成本、使用寿命、市场反馈等因素,并不断进行调整和优化。

(6) 完善验证报告:根据验证过程和结果,完善验证报告。报告应包括验证目标、验证计划、验证过程和结果、产品优化方案和建议等内容。

3. 结论

通过系统化验证,叫花鸡烘筒的设计得到了优化,制造成本得到了降低,产品性能得到了提升,用户满意度得到了提高。验证报告的编制和存档也有助于产品的进一步改进和市场推广。

第 7 章　产品商业化验证

7.1　产品商业化验证和商业模式

产品商业化验证是指对产品的商业可行性和市场需求进行验证，以确定产品是否具备商业化的前景和可持续发展的可能性。商业模式是指产品或服务的商业运营模式，包括产品设计、制造、销售和售后服务等方面的内容。商业模式在产品商业化验证过程中起着至关重要的作用，因为它是产品实现商业化的关键路径和重要因素之一。

7.1.1　商业模式的特点

一个优秀的商业模式应具备以下几个特点：

（1）充分考虑市场需求：商业模式应能够满足市场需求，包括产品功能、质量、价格等方面的要求，以确保产品能够得到消费者的认可和接受。

（2）具备盈利能力：商业模式应能够带来足够的收益，以覆盖产品研发、生产、销售和售后服务等方面的成本，并且能够实现盈利。

（3）明确的竞争优势：商业模式应具备明确的竞争优势，包括技术、品牌、渠道、服务等方面的优势，以确保产品能够在市场上占据一定的竞争优势。

（4）可持续发展：商业模式应具备可持续发展的能力，即产品能够长期持续地为消费者提供价值，以确保产品能够长期存在并获得稳定的市场份额。

在产品商业化验证过程中，商业模式需要进行实际验证和不断优化。这包括深入调研和分析产品的市场需求，了解和比较竞争对手的情况，以及不断改进和优化商业模式。只有具备优秀的商业模式和经过实际验证的商业化计划，才能为产品的商业化和市场化奠定坚实的基础。

7.1.2 产品商业化验证和商业模式的关系

(1) 商业模式是产品商业化验证的关键因素之一。商业模式是一个企业如何赚钱的基本逻辑和战略规划,它涉及产品定价、市场定位、营销策略、销售模式等方面。在产品商业化验证中,商业模式能够帮助企业确定产品的市场定位和目标用户,以及产品的核心卖点和竞争优势。因此,商业模式是产品商业化验证中至关重要的因素之一。

(2) 商业模式能够帮助企业识别商业风险并减少失败概率。商业模式的核心是商业逻辑,它能够帮助企业识别市场风险、竞争风险、技术风险等因素,并对这些风险进行有效管理和控制。通过商业模式的设计,企业能够更加清晰地认识到自己的商业风险,避免盲目投入和冒险行为,从而降低失败概率,提高商业成功的可能性。

(3) 商业模式需要根据市场变化和产品特点进行不断优化和调整。商业模式的设计需要基于市场需求和产品特点,但市场和产品都是在不断变化的。因此,商业模式需要不断进行优化和调整,以适应市场的变化和产品的发展。在产品商业化验证过程中,企业需要根据市场反馈和数据分析等信息,不断优化和调整商业模式,确保产品能够持续发展和创造商业价值。

7.1.3 商业模式设计方法

商业模式设计的方法有很多种,每种方法都有其优点和局限性。企业在进行商业模式设计时,可以根据自身情况选择合适的方法,或结合多种方法进行分析和设计。常见的商业模式设计方法如下:

(1) 商业模式画布法:将商业模式要素划分为九个方面,用图形化的方式呈现出来,帮助企业全面了解商业模式的各个方面并制定出完整的商业计划。

(2) 故事叙述法:通过讲述一个故事的方式,将商业模式中的各个要素联系起来,形成一个完整的商业模式,便于分享和沟通。

(3) 价值链分析法:将商业模式中的各个要素按照价值链的方式排列,以明确每个环节所创造的价值,并从中发现商业机会,帮助企业找到核心竞争力和创新商业模式。

(4) 五力分析法:通过分析行业内的竞争者、潜在竞争者、替代品、供应商和用户等五个方面,来评估行业的竞争力,帮助企业了解行业竞争状况。

(5) 效益图法:用图形化的方式呈现出商业模式各个要素之间的关系,以及它们对商业模式的影响,帮助企业理解商业模式并制定出更合理的商业计划。

7.1.4 商业模式设计转化案例

以下是"两个结合"商业模式设计的创意转化为产品的典型案例：

（1）Airbnb：Airbnb 是一个在线民宿预订平台，其商业模式包括用户关系、渠道、用户群体、价值主张等要素。通过该平台，房东可以将自己的空闲房间出租给旅客，旅客可以选择住在更加个性化和独特的地方，而不是传统的酒店。这种商业模式的创新，使得 Airbnb 成为全球最大的住宿预订平台之一。

（2）Peloton：Peloton 是一个联合硬件和软件的公司，提供定制化的健身课程，让用户可以在家中进行高效的健身锻炼。其商业模式包括关键活动、收入来源、合作伙伴等要素。通过该平台，Peloton 可以提供各种不同的健身课程，从而吸引用户使用其定制化的室内自行车和跑步机。此外，Peloton 还可以通过定期更新课程、提供在线互动等方式增加用户黏性和满意度。

这些案例都通过创新的商业模式设计，将创意转化为了具有市场竞争力的产品，成功地推动了市场发展和用户体验的提升。

7.2　产品商业化验证步骤

产品商业化验证是将创意转化为实际可行的产品和服务的关键步骤。该过程需要对市场、目标用户、竞争情况、商业模式等方面进行综合分析，以确定产品是否具有商业化的前景。以下是进行产品商业化验证的几个关键步骤：

（1）市场调研：了解市场概况，包括市场规模、市场需求、竞争情况、用户需求等，以便对产品的定位、功能、特点等做出正确的决策。

（2）目标用户调查：了解目标用户的需求、心理、行为、习惯等，以确定产品特点、品牌形象、价格等方面的设定。

（3）商业模式设计：确定产品商业化的收益来源和商业模式，包括产品定价、销售渠道、用户获取和用户留存等方面。

（4）产品原型测试：制作产品原型并进行测试，以便调整产品的功能、外观、用户体验等方面的问题。

（5）团队组建：组建专业团队，包括产品经理、市场人员、技术研发人员等，共同推进产品商业化的实施。

（6）商业化可行性报告：撰写产品商业化可行性报告，包括产品的市场定位、商业模式、用户需求、竞争分析、营销策略等,以供投资者或领导层做出决策。

通过以上步骤,可以有效地进行产品商业化验证,并为产品的实际推广和营销提供有力支持。

7.3　商业化市场调研与分析

7.3.1　市场调研

市场调研是一种系统性的、科学的、以调查为主要手段的、收集与分析有关市场环境和市场中某种产品、服务、品牌等信息的过程。通过市场调研,企业可以更好地了解市场需求、竞争情况、消费者偏好等信息,以帮助企业制定更为科学的市场营销策略,推广产品或服务,增加市场份额,进而提高营销绩效。同时,市场调研也可以帮助企业及时发现和解决市场上存在的问题,预测市场走向,为企业未来发展做出科学的决策。

市场调研是一项非常重要的工作,可以帮助企业更好地了解市场和消费者,把握市场趋势,制定更为科学的市场营销策略,提高产品或服务的竞争力和市场占有率。在市场调研过程中,企业需要充分聆听消费者的需求和意见,将消费者放在市场营销的核心位置,从而更好地满足消费者的需求,提高消费者的满意度。同时,营销调研信息也包括其他实体的信息,如竞争对手、供应商、渠道商等,这些信息对于企业制定全面、科学的市场营销策略也非常重要。此外,市场调研还可以帮助企业确定产品或服务的市场定位、价格、促销策略等,以及了解消费者对产品或服务的反馈和意见,从而更好地改进产品或服务,提高产品或服务的市场竞争力和消费者满意度。虽然创意能够成为专利产品,但这并不意味着该产品能够被市场所接受。因此,在进行专利申请前,进行市场调研非常重要。

1. 市场调研的基本流程

市场调研的基本流程主要包括需求分解、数据收集、结构化分析等。

(1) 需求分解

在进行市场调研前,首先要对市场调研的需求进行分解。通过公司内部方法论,明确市场调研目的、调研范围、调研内容、调研方法和调研时间等,制定出可行的市场调研方案。

(2) 数据收集

数据收集是市场调研的核心步骤,包括一手数据和案头研究两种方式。

① 一手数据收集：通过实地调研、定性访谈、问卷调查等方式获取目标信息，包括消费者需求、竞争对手信息、行业趋势等。在实地调研中，需要针对不同的问题制定合理的调研计划，选择合适的调研对象和调研方法，确保调研结果的真实性和可靠性。

② 案头研究：案头研究是通过分析已有的市场资料和数据，对市场进行研究。案头研究的数据来源包括市场报告、统计数据、新闻报道、互联网搜索等。通过案头研究，可以深入了解市场规模、市场份额、市场需求、竞争对手情况等。

(3) 结构化分析

结构化分析是对收集到的数据进行分类、整理和分析的过程。结构化分析的核心内容包括分析工具、分析框架和分析指标。

① 分析工具：通过使用各种数据分析工具，如 SPSS、Excel 等，对收集到的数据进行分类、整理和分析。这些工具可以帮助分析师更加深入地了解市场和目标用户。

② 分析框架：市场调研需要制定一套完整的分析框架，对收集到的数据进行分类和分析。分析框架一般包括市场规模、市场份额、竞争对手情况、目标用户需求等方面。

③ 分析指标：分析指标是对数据进行评价和分析的标准，包括市场增长率、市场渗透率、产品满意度、品牌忠诚度等。分析指标可以帮助企业更好地评估市场情况和竞争对手情况，为制定营销策略提供依据。

以叫花鸡烘筒为例，市场调研的基本流程如下：

(1) 需求分解：在市场调研前，需要对研究目标进行分析和定义。在此过程中，需要明确叫花鸡烘筒的研发背景、目标用户、市场竞争等因素，并通过公司内部方法论进行需求分解，从而提出市场调研方案。

(2) 数据收集：在数据收集阶段，需要对市场的相关信息进行收集和整理。具体包括一手数据和案头研究，通过实地调研、定性访谈和付费数据等方式获取目标信息。在叫花鸡烘筒的例子中，可能需要了解叫花鸡市场的现状和发展趋势、目标用户的需求和行为、竞争对手的产品特点和市场占有率等信息。

(3) 结构化分析：在数据收集之后，需要对收集到的信息进行整理和分析。主要包含分析工具、分析框架和分析指标，同时还要具有结构化分析思维。在叫花鸡烘筒的例子中，可能需要使用市场分析工具如 SWOT 分析、竞争分析等，建立分析框架，明确分析指标，以便更好地理解市场的特点和趋势。

(4) 结论和报告。需要根据分析结果得到结论和报告，提出相应的建议和行动计划。在叫花鸡烘筒的例子中，可能需要根据市场调研结果，提出产品定位、价格策略、推广计划等建议，并通过市场测试等方式对方案进行验证和优化。最终形成市场调研报告,为产品研发和市场推广提供参考。

2. 市场调研的方法

市场调研是一种系统地收集、整理和分析市场信息的方法,以确定市场需求、消费者偏好和竞争情况等,为企业制定市场营销策略提供依据。表 7-1 是一些市场调研的方法:

表 7-1　市场调研方法

调研方法	描述
问卷调查	设计问卷并发放给目标人群,收集意见、看法和需求等信息
访谈调查	通过面对面或电话方式与目标人群进行深入访谈,获取详细信息
焦点小组	邀请代表目标人群的一组人士集中讨论产品或服务相关话题,收集意见和反馈
实地调查	直接观察和记录目标市场的情况,了解市场需求、竞争情况等信息
数据分析	收集和分析已有的市场数据,如销售数据、市场份额等,评估市场状况和趋势
竞争分析	对竞争对手的产品、市场策略和行为进行分析,确定自身优势和劣势
互联网调查	利用互联网和社交媒体等渠道,收集和分析大量的消费者数据和信息
面谈调查	直接与目标人群进行面谈,获取详细的信息和反馈

这些方法可以单独或组合使用,根据具体的调研目的和需求来选择适合的方法。

3. 市场调研的路径

(1) 市场机会分析

市场机会分析是对市场进行全面、系统和深入的调研,以评估市场潜力和可行性,是确定市场营销策略的重要步骤。市场机会分析通常包括市场总量分析和市场细分两个方面。

市场总量分析是通过各种信息渠道,包括市场研究报告、行业数据、公开数据等,对市场整体规模和增长状况进行分析和评估。在这个阶段,通常需要收集和分析市场的历史数据、现状和趋势,以便初步了解市场所处的发展阶段、市场的潜在机会和风险等信息。

市场细分是将整个市场划分为若干个子市场,并根据不同的用户需求和行为特征,对每个子市场进行分析和评估。在这个阶段,需要了解不同用户群体的需求、偏好、购买行为等信息,并从中发掘出市场的挖掘点和潜在机会。然后,根据市场细分的结果,制定相应的产品定位、市场营销策略和渠道策略。

(2) 竞争生态分析

在市场调研过程中，了解竞争生态是非常重要的一部分。竞争生态分析主要包括市场竞争压力、市场集中度和市场所处阶段等方面。

市场竞争压力是指市场中各种竞争因素对企业造成的影响，如市场份额、产品差异化程度、竞争对手数量等。在市场调研过程中，需要了解竞争对手的市场份额和产品特点，以及他们的销售策略和营销手段，从而进一步评估市场竞争压力对企业的影响。

市场集中度是指市场中主要竞争对手的数量和份额分布情况，通常可以通过市场份额分析和走势图等方式来评估市场集中度。在市场调研过程中，需要了解主要竞争对手的市场份额和分布情况，进一步评估市场的集中度，以及各个竞争对手的实力和优势。

市场所处阶段是指市场发展的不同阶段和特点，通常可以根据市场生命周期模型来进行评估。在市场调研过程中，需要了解市场所处的发展阶段和市场趋势，以评估市场的成长性和可持续性。

波特五力模型和市场集中度分析是常用的竞争生态分析框架。波特五力模型包括供应商议价能力、买家议价能力、同行竞争、替代品威胁和进入壁垒五个方面，通过对这五个方面进行分析和评估，可以深入了解市场竞争环境和竞争对手的实力和优势。市场集中度分析则是通过评估市场份额和分布情况，评估市场的集中度和竞争压力。

通过竞争生态分析，企业可以更加深入地了解市场环境以及竞争对手的实力和优势，进一步制定相应的竞争策略和市场营销策略，以提高企业的市场竞争力和盈利能力。

(3) 市场吸引力评估

市场吸引力评估是市场调研的一个重要环节，其目的是评估产品所在市场的吸引力程度，为企业决策提供参考。市场吸引力评估指标通常包括市场规模、市场增速、竞争集中度、市场需求、市场利润率、市场成本等。其中，市场规模是评估市场吸引力的一个重要指标，可以通过市场份额和市场营收等数据进行评估；市场增速则是评估市场前景的一个指标，可以通过历史增长趋势和预测数据进行评估；竞争集中度是评估市场竞争环境的一个指标，可以通过市场份额分析和走势图等方式进行评估；市场需求则是评估市场潜在需求的一个指标，可以通过市场调研和用户调查等方式进行评估；市场利润率和市场成本则是评估市场盈利能力和成本压力的指标，可以通过行业报告和财务数据等方式进行评估。

通过市场吸引力评估，企业可以了解市场的整体情况和前景，进一步确定市场定位和营销策略,以及产品开发和推广计划。同时,市场吸引力评估也可以为企业决策提供参考依据,帮助企业降低决策风险,提高市场竞争力和盈利能力。

(4) 价值链分析

价值链分析是市场调研的一个重要环节,其目的是详细了解市场运作流程,挖掘出各个环节的竞争参与者数量、市场规模和盈利能力等,并以此作为企业优化业务和拓展新市场的依据。

价值链分析通常从供应链和分销链两个方面入手。在供应链方面,可以分析原材料采购、生产加工、产品组装和质量控制等环节,了解各个环节的竞争状况、市场规模和盈利能力,并以此为依据进行供应商选择和价格谈判等;在分销链方面,可以分析产品配送、市场推广、渠道销售和售后服务等环节,了解各个环节的竞争状况、市场规模和盈利能力,并以此为依据制定销售计划和推广策略等。

通过价值链分析,企业可以深入了解市场运作流程和竞争状况,挖掘出新的增长点和优化业务的机会,提高市场竞争力和盈利能力。同时,价值链分析也可以为企业决策提供参考依据,帮助企业制定合适的供应商选择、价格谈判、销售计划和推广策略等,降低决策风险,提高市场反应速度。

4. 市场调研的作用

市场调研是企业将创意转化为专利产品并将其推向市场的重要前置工作,它可以帮助企业更好地了解市场现状,包括市场规模、市场细分、市场趋势和竞争对手等方面。这些信息对于企业开发和生产销售专利产品都具有重要意义,可以帮助企业做出更明智的商业决策。

(1) "看清"市场

市场调研可以让企业更好地"看清"市场现状,把握市场机会,是及时了解市场和消费者情况的重要手段。通过调研,企业可以根据市场变化和目标用户需求提供更有竞争力的产品,找到符合当下环境的营销机会,让产品被目标市场中的消费者看见并接受,进而实现产品销量的增长,扩大企业的市场份额。

市场调研不仅可以帮助企业"看清"市场现状和把握市场机会,还可以为企业提供更深入的洞察,帮助企业在产品研发、营销策略、市场拓展等方面做出更明智的决策。

首先,市场调研可以帮助企业更好地了解目标用户的需求和行为习惯。通过调研,企业可以深入了解消费者的消费行为、购买意愿、品牌偏好等信息,从而根据消费者需求和行为制定更加符合市场需求的产品策略,提高产品的竞争力和市场占有率。

其次,市场调研可以帮助企业制定更加有效的营销策略。通过对市场竞争环境和消费者需求的深入研究,企业可以制定更有针对性的营销策略,如选择更适合的广告媒体、制定更有吸引力的促销活动、改善产品的品牌形象等,从而提高品牌知名度和产品销售额。

最后,市场调研可以帮助企业扩大市场份额和拓展新市场。通过对市场细分、竞争环境、消费者需求等因素进行深入分析,企业可以发现新的市场机会和增长点,进而制定相应的市场拓展计划,实现企业业务的快速发展和市场份额的扩大。

(2)"看清"消费者

随着时代的发展,特别是互联网时代带来的长尾效应,消费者的需求呈现出更加多元化、个性化的发展。在这种情况下,企业必须求新求变,而创新和改变必须围绕消费者的需求和偏好展开,否则错误运作可能导致不可估量的风险和损失。市场调研正是帮助企业及时了解细分群体的消费者画像以及这些细分市场中消费者各自不同需求和偏好的有效手段。

在创意转化为专利产品的过程中,市场调研能够帮助企业了解潜在用户的需求和偏好,以及市场中的竞争环境,从而提高专利产品的开发和生产销售兴趣。

首先,市场调研可以帮助企业了解潜在用户的需求和偏好。通过对市场进行调研,企业可以了解目标用户的特征、购买决策过程、消费习惯等信息,从而为专利产品的开发和营销提供更有针对性的方案。例如,如果市场调研表明目标用户更喜欢使用某种材料的产品,企业就可以将这种材料用于专利产品的制造中,以增强产品的吸引力。

其次,市场调研可以帮助企业了解市场中的竞争环境。通过对竞争对手的产品、市场份额、销售策略等进行分析,企业可以更好地了解市场中的竞争压力和机会。如果市场调研表明市场中已经存在类似的产品,企业可以针对性地改进产品设计和营销策略,以提高专利产品的竞争力。

(3)"看清"自己的品牌和产品

市场调研可以帮助企业更深入地"看清"自己的品牌和产品,从而更好地把握市场机会,提高专利产品的开发和生产销售兴趣。

首先,市场调研可以帮助企业了解自身品牌和产品的认知情况。通过市场调研,企业可以了解消费者对自身品牌和产品的印象、认知、使用情况,进一步了解自己品牌的形象、价值和定位。同时,企业可以通过对竞争品牌的分析比较,了解自己的竞争优势和不足之处,从而更好地设定自身品牌和产品的市场定位,提高品牌认知度和美誉度。

其次,市场调研可以帮助企业了解消费者使用场景和模式。通过市场调研,企业可以了解消费者在使用自身产品时的使用场景、使用目的和使用方式等信息。这些信息可以帮助企业更好地把握消费者的需求和心理，提高产品的用户体验和满意度，进一步促进产品的销售和推广。

最后，市场调研可以帮助企业了解消费者对品牌印象的影响因素。通过市场调研，企业可以了解消费者对自身品牌和产品的印象、形象、口碑等方面的评价和看法，了解消费者对品牌印象形成的主要因素和影响因素。这些信息可以帮助企业更好地改进和提升产品质量与服务水平，提高品牌形象和美誉度，增强消费者的忠诚度和认同感。

7.3.2 市场分析

在进行市场分析之前，很多企业可能会认为自己的创意非常优秀，可以顺利转化为市场上的畅销产品。然而，事实往往并非如此简单，如果没有对市场进行深入分析，企业可能会面临很多挑战和困难。因此，市场分析是非常重要的一环，它可以帮助企业更好地了解市场现状和需求，发现潜在的市场机会和问题，并制定相应的策略来应对。

在将创意转化为专利产品的过程中，市场分析可以帮助企业更好地认识自己的品牌和产品，了解目标用户的需求和行为以及竞争对手的情况，进而为产品定位、开发、推广和销售提供科学依据。同时，市场分析还可以帮助企业掌握市场趋势和变化，及时调整自己的战略和策略，提高产品的市场占有率和竞争力，从而实现商业价值的最大化。

1. 市场分析的基本流程

市场分析的基本流程主要包括明确研究问题、收集数据、分析数据、制定调研方案、执行调研、得出结论、提出建议等。

（1）明确研究问题：确定研究的目的、范围、对象、时限等。

（2）收集数据：市场分析需要收集大量的市场信息和数据，这些数据可以来自政府机构、行业协会、市场研究公司等。

（3）分析数据：对收集的数据进行整理、分类、汇总和分析，以便更好地理解市场状况和市场趋势。

（4）制定调研方案：根据研究问题和收集的数据，制定调研方案，包括调研的方法、样本规模、调查问卷等。

（5）执行调研：按照调研方案执行调研，收集数据并对数据进行分析。

（6）得出结论：根据数据分析的结果，得出关于市场现状和趋势的结论。

（7）提出建议：根据市场分析的结论，提出相应的建议，如产品改进、市场定位等。

表7-2为渗水钉市场分析案例。需要说明的是，表7-2仅为示范，具体内容可以根据实际情况进行调整。

表 7-2　渗水钉市场分析案例

步骤	流程	主要内容
1	明确研究问题	渗水钉市场现状及未来发展趋势等
2	收集数据	市场规模、竞争格局、产品性能、价格等相关数据的收集
3	分析数据	对收集的数据进行整理、分类、汇总和分析,发现市场需求、产品特点、优缺点等信息
4	制定调研方案	制定调研方案,选择合适的调研方法、样本规模和调查问卷等
5	执行调研	按照调研方案执行调研,采用问卷调查、深度访谈等方式收集数据并进行分析
6	得出结论	根据数据分析结果,发现渗水钉市场存在大量潜在需求,产品性能需要提升,价格也需要适当调整,未来发展前景广阔
7	提出建议	针对市场分析的结论,提出建议,如产品技术研发、市场定位策略、营销渠道等方面的优化,以更好地满足市场需求

2. 市场分析的作用

市场分析是指对市场上的信息和数据进行收集和分析的过程,旨在帮助企业更好地了解其所处的市场环境和目标受众,以便更好地推广和销售其产品和服务。在将创意转化为专利产品的过程中,可以帮助企业更好地认识自己的品牌和产品,提高市场竞争力,具体的作用如下:

(1)确定市场需求:市场分析可以帮助企业确定市场需求,找到有潜在购买力的用户,了解他们的需求和偏好,以便企业针对市场需求开发产品,提高产品的市场占有率。

(2)分析竞争对手:市场分析可以帮助企业了解竞争对手的情况,包括其产品和服务的特点、市场定位和价格等,从而可以更好地制定自己的市场策略,加强自身的竞争优势。

(3)确定市场定位:市场分析可以帮助企业确定自己的市场定位,包括目标市场和目标用户,从而可以更加有效地进行市场营销活动,提高销售额和市场份额。

(4)预测市场趋势:市场分析可以帮助企业预测市场趋势,包括市场规模、增长率、市场份额等,从而可以更好地把握市场机遇,制定相应的市场策略。

(5)改善产品设计:市场分析可以帮助企业了解市场上类似产品的特点和缺陷,从而可以改善自己的产品设计,提高产品的市场竞争力。

3. 市场分析的内容

在创意概念验证体系中,市场分析是非常重要的一步,它可以帮助企业了解目标市场以及目标用户的需求和偏好,以便更好地确定产品的市场需求和潜在的市场空间。市场分析的内容主要包括:

(1)目标市场分析:企业需要确定产品的目标市场,了解市场规模、增长趋势、竞争对手、消费者需求等信息。

（2）消费者行为分析：企业需要了解消费者的购买行为、偏好、心理和态度等信息，以便更好地定位产品的目标用户。

（3）竞争对手分析：企业需要了解竞争对手的产品、定位、市场份额、营销策略等信息，以便更好地确定产品的差异化和竞争优势。

（4）定价策略分析：企业需要确定产品的定价策略，了解目标用户的价格敏感度和市场上类似产品的价格情况。

（5）市场营销策略分析：企业需要确定产品的市场营销策略，包括促销、广告、公关、渠道等策略，以便更好地推广产品。

通过对市场分析的深入研究，企业可以更好地了解市场需求，进而确定产品的市场空间和潜在市场规模，为将创意转化为专利产品打下坚实的基础。

4. 市场分析的方法

（1）常用的市场分析方法

常用的市场分析方法主要包括系统分析法、SWOT 分析法、市场细分分析法和竞争对手分析法等。

① 系统分析法：市场是一个多要素、多层次组合的系统，既有营销要素的结合，又有营销过程的联系，还有营销环境的影响。运用系统分析的方法进行市场分析，可以使研究者从企业整体上考虑企业经营发展战略，用联系的、全面的和发展的观点来研究市场的各种现象，既看到供的方面，又看到求的方面，并预见到其发展趋势，从而做出正确的营销决策。

② SWOT 分析法：SWOT 分析法是一种常用的市场分析方法，其中 S 代表 strength（优势）、W 代表 weakness（劣势）、O 代表 opportunity（机会）、T 代表 threat（威胁），S、W 为内部因素，O、T 为外部因素。该方法主要是针对企业自身和外部环境进行分析，通过对企业内部的优劣势以及外部环境的机会和威胁进行分析，确定企业的竞争优势和发展方向。

③ 市场细分分析法：市场细分分析法是一种以消费者需求为出发点，将市场按照不同的需求特征、购买行为、消费习惯等因素进行划分，以便更好地了解消费者需求和偏好，并确定产品定位和推广策略。通过市场细分分析，企业可以更好地针对不同的消费群体，推出更有针对性的产品和服务，提高市场占有率和用户忠诚度。

④ 竞争对手分析法：竞争对手分析法是一种针对竞争对手进行的分析方法，通过了解竞争对手的产品、定位、市场份额、营销策略等信息，确定自身产品的差异化和竞争

优势,并制定相应的市场营销策略。竞争对手分析法可以帮助企业更好地了解市场上的竞争格局,把握市场机会,提高市场竞争力。

(2) 其他市场分析方法

其他市场分析方法主要包括经验法、比较分析法、结构分析法、演绎分析法、案例分析法、定性与定量分析结合法、宏观与微观分析结合法、物与人的分析结合法、直接资料法、必然结果法、复合因素法等。

① 经验法:借鉴历史数据、经验和案例等进行市场分析的方法。

② 比较分析法:通过比较两个或两类事物的市场资料,确定它们之间相同点和不同点的逻辑方法。

③ 结构分析法:通过市场调查资料,分析某现象的结构及其各组成部分的功能,进而认识这一现象本质的方法。

④ 演绎分析法:将市场整体分解为各个部分、方面、因素,形成分类资料,并通过对这些分类资料的研究分别把握特征和本质,然后将这些通过分类研究得到的认识联结起来,形成对市场整体认识的逻辑方法。

⑤ 案例分析法:以典型企业的营销成果作为例证,从中找出规律性的东西的方法。

⑥ 定性与定量分析结合法:进行市场分析,必须进行定性分析,以确定问题的性质;同时,还必须进行定量分析,以确定市场活动中各方面的数量关系。

⑦ 宏观与微观分析结合法:从宏观上了解整个国民经济的发展状况,同时从企业的角度去考察市场活动。

⑧ 物与人的分析结合法:不仅分析物的运动规律,而且分析人的不同需求,以便实现二者的有机结合。

⑨ 直接资料法:直接运用已有的本企业销售统计资料与同行业销售统计资料进行比较,或者直接运用行业地区市场的销售统计资料,同整个社会地区市场销售统计资料进行比较。

⑩ 必然结果法:商品消费上的连带主副等因果关系,由一种商品的销售量或保有量而推算出另一种商品的需求量。

⑪ 复合因素法:选择一组有联系的市场影响因素进行综合分析,测定有关商品的潜在销售量。

第8章　产品用户体验验证和改进

8.1　用户群体和目标用户群体

8.1.1　用户群体

用户群体是指通过区域定位、用户定位等多个方面进行分析出来的群体,最终通过各种方式将商品信息传达给目标用户群体。了解用户群体的特征和需求是企业开展市场营销和制定产品策略的重要前提。通过对用户群体的分析和了解,企业可以更好地针对用户需求开发出符合市场需求的产品和服务,并且通过不同的营销手段和渠道将产品和服务传达给目标用户群体,以提高企业的市场占有率和盈利能力。表8-1为常见的用户群体分类及描述。

表 8-1　常见的用户群体分类及描述

用户群体	描述	示例
目标用户	公司或品牌所要重点关注的、最有可能购买其产品或服务的用户群体	一家高端餐厅的目标用户可能是高收入的城市居民或商务人士
现有用户	已经购买过公司或品牌产品或服务的用户	一家电商网站的现有用户可能是曾经在该网站上购买过商品的消费者
潜在用户	还未购买公司或品牌产品或服务,但可能有意愿或需求购买的用户	一家健身房可能会将周围居民或工作人士作为潜在用户,因为他们可能有意愿加入健身房
新用户	最近购买过公司或品牌产品或服务的用户	一家电商网站的新用户可能是最近才开始购买该网站商品的消费者
老用户	多次购买过公司或品牌产品或服务的用户	一家手机品牌的老用户可能是多次购买该品牌手机的消费者

8.1.2 目标用户群体

目标用户群体是指企业在市场营销活动中,经过细致的市场分析和筛选后,确定的最有可能购买公司产品或服务的消费者群体。通过确定目标用户群体,企业可以更加精准地制定营销策略,提高营销效率,从而达到更好的销售业绩和市场份额。

1. 目标用户群体分析的重要性

分析目标用户是将创意转化为产品的重要步骤,它可以帮助设计、生产和营销人员更好地理解目标用户的需求和偏好。

(1) 确定产品定位:通过分析目标用户,可以确定产品的定位,即产品的适用人群、产品的售价、产品的外观设计、产品的功能等。不同的目标用户有不同的需求和偏好,而产品的设计、生产和营销都需要基于这些需求和偏好进行。

(2) 定制产品特性:根据目标用户的需求,可以对产品特性进行定制,以满足目标用户的需求。例如,在设计家庭用品时,如果目标用户是年轻家庭,那么设计应考虑到他们的生活方式和品位,以创造更时尚的外观和更多元化的功能;如果目标用户是老年人,那么设计应更加注重产品的便利性和易操作性。

(3) 形成产品品牌:目标用户的需求和品位也会对品牌形象和定位产生影响。在设计产品品牌时,需要考虑目标用户的喜好、文化背景、购买行为等因素,以确保产品品牌与目标用户相匹配。

(4) 确定营销策略:目标用户对营销策略也会产生重要影响。通过分析目标用户,可以确定最有效的营销渠道、广告语言和宣传方式。例如,对于一款高端手表,目标用户是成功人士和高收入人群,那么针对这些用户的广告宣传可以通过高端杂志、豪华品牌展览等方式进行。

2. 目标用户群体的确定

目标用户群体的确定需要考虑多方面因素,如年龄、性别、地理位置、收入水平、消费习惯等。企业需要通过市场调查、竞争对手分析等手段来获取相关信息,以便更好地了解目标用户群体的需求和喜好,进而制定更加精准的营销策略。以下是几个创意产品及其目标用户的例子:

(1) 智能家居设备:这种产品通常适合那些拥有高科技设备和智能手机的人,他们喜欢掌控自己的生活,并通过科技方便地管理他们的家庭。

(2) 健康饮品:这种产品的目标用户可能是那些注重健康的人,他们追求健康的生活方式,并愿意花费更多的钱购买高质量的产品来保持健康。

(3) 创意玩具：这种产品通常适合儿童和年轻人，他们喜欢有趣的玩具和创意，愿意花费时间和精力探索新事物。

(4) 宠物用品：这种产品的目标用户可能是那些拥有宠物的人，他们愿意为自己的宠物购买高质量的食品、玩具和其他用品，以确保宠物的健康和幸福。

(5) 可穿戴设备：这种产品的目标用户可能是那些注重健身和健康的人，他们需要一个便携式的设备来跟踪他们的健身活动、睡眠和其他生理数据，以便更好地管理他们的健康和生活方式。

目标用户不同，会影响创意转化成产品的形态，因此不同目标用户群体对产品设计的要求不同。例如，高端用户更注重产品的外观设计和质感，而低端用户则更注重产品的实用性和价格。因此，在进行产品设计时，需要根据目标用户群体的需求，调整产品的外观设计和功能特点，使其更符合目标用户的需求。此外，目标用户的不同也会影响产品的设计、功能、价格等。以下是一些例子，说明了目标用户的不同如何影响创意产品的形态：

(1) 针对高端用户的智能手表：目标用户为喜欢高端生活，以及注重品质、品位的人群。因此，这种智能手表的设计应非常优美、外观精致，以体现高端时尚的风格。其功能也应不仅仅局限于基本的智能手表功能，还应具备更加高级的功能和技术，如心率检测、健康监测、语音识别等。

(2) 针对运动爱好者的智能手环：目标用户为喜欢运动、注重健康的人群。这种智能手环的设计应非常简洁、方便携带、易于操作，同时也应具备基本的智能手环功能，如计步、心率检测、睡眠监测等。另外，这种智能手环还应具备一定的防水性能，方便用户在运动过程中使用。

(3) 针对家庭用户的智能家居控制器：目标用户为家庭用户，注重生活便利、智能化的人群。这种智能家居控制器的设计应非常简单易用，同时也应支持多种家庭设备的控制，如灯光、空调、音响等。另外，这种智能家居控制器还应具备一定的智能化功能，如语音识别、智能场景设置等。

8.2 产品用户体验验证和改进

8.2.1 产品用户体验验证和改进的步骤

产品用户体验验证和改进可以帮助企业了解用户对产品的真实反应和需求，以便在产品设计和优化上做出相应的改进。表 8-2 是产品用户体验验证和改进的一些具体步骤：

表 8-2 用户体验验证和改进

步 骤	描 述
市场调研	在产品推向市场之前，进行市场调研，了解消费者的需求、习惯和偏好，以便在产品设计和推广上进行有针对性的改进
用户调查	在产品推向市场后，进行用户调查，收集用户的反馈和建议，包括产品功能、外观、易用性、价格等，以便对产品进行改进
数据分析	对用户调查和消费数据进行分析，发现潜在的问题和机会，以便对产品进行优化和改进
原型测试	制作产品原型，并进行用户测试，收集用户的反馈和建议，以便对产品的外观和易用性进行优化
功能升级迭代	针对用户的反馈和需求，对产品的功能进行升级和迭代，以便满足不同用户的需求
专利改进布局	在产品的设计和改进过程中，注意专利布局，保护企业的知识产权，提高产品的竞争力
用户体验验证和改进报告	根据用户调查、数据分析、原型测试等结果，形成产品用户体验验证和改进报告，以便总结经验和教训，并为未来的产品改进提供参考

8.2.2 产品用户体验验证

产品用户体验验证是确保产品质量和用户体验的关键步骤，也是产品营销和推广的重要支持。只有通过用户体验验证，才能真正了解产品的优点和不足，找到优化和改进的方向，使产品更好地满足用户的需求和期望。以下是产品用户体验验证的主要作用：

（1）确保产品符合用户需求：通过用户体验验证，可以了解用户对产品的真实反馈，包括使用的便捷程度、易用性、产品功能和设计的满意度等，从而确认产品是否符合用户需求，是否能够为用户带来实际的价值。

（2）识别和解决产品问题：用户体验验证可以发现产品的问题和缺陷，如产品的 bug、操作不便捷、设计不合理等，而这些问题可能在研发和测试阶段未被发现。及时识别和解决这些问题，可以提高产品的质量和用户体验，避免损失用户和市场份额。

（3）帮助产品优化和改进：通过用户体验验证，可以收集用户的意见和反馈，了解用户的需求和期望，根据这些信息进行产品的优化和改进，提升产品的性能和用户体验，进一步巩固用户的忠诚度和口碑。

（4）为产品的营销和推广提供支持：用户体验验证可以提供真实的用户反馈和评价，这些反馈和评价可以用于产品的营销和推广，提高产品的知名度和认可度，吸引更多的用户。

8.2.3 产品用户体验改进

产品用户体验改进是指根据用户反馈和数据分析，对产品进行优化和改进，以提升用户的满意度和使用体验。以下是产品用户体验改进的几个方面：

首先，用户调研是必不可少的。通过问卷调查、深度访谈和用户反馈等方式，我们能够深入了解用户对产品的使用感受和反馈。这有助于我们发现产品的不足之处以及存在的问题，为后续的改进工作提供重要的指导。

其次，数据分析在产品用户体验改进中起到关键作用。通过使用数据分析工具，我们能够深入了解用户的行为和使用数据，洞察用户的使用模式和习惯。通过这些数据分析，我们可以发现产品的瓶颈和改进的方向，从而有针对性地进行优化。

功能优化也是提升用户体验的重要手段。根据用户反馈和数据分析结果，我们可以对产品的功能进行优化和改进。通过增加新功能、改进现有功能或简化操作流程，我们能够提升用户的使用体验和便利性，满足用户的需求。

用户界面改进也是改善用户体验的关键因素。通过优化用户界面、布局和交互方式，我们能够让用户更加方便、快捷地使用产品。清晰的界面设计、直观的操作流程和友好的交互方式将提升用户的满意度，使他们更愿意持续使用产品。

最后，及时修复产品的故障和漏洞对于改善用户体验至关重要。通过快速响应用户反馈并进行故障修复，我们能够减少用户的使用烦恼，增强他们对产品的信任感，降低用户的不满意度。

通过以上的用户调研、数据分析、功能优化、用户界面改进和故障修复等方面的努力，我们可以不断提升产品的用户体验，满足用户的需求，增强用户的满意度，并在竞争激烈的市场中取得优势。

产品用户体验改进是一个持续迭代的过程，需要结合创意概念验证体系进行。以下是各个步骤的关系和反馈：

（1）创意概念验证：在产品设计初期，需要对创意概念进行验证，以确保产品的技术可行性、专利可行性、商业可行性。

（2）原型测试：在产品设计中期，需要制作产品原型并进行测试，以便调整产品的功能、外观、用户体验等方面的问题。通过原型测试,可以快速得到用户反馈,了解用户对产品的使用体验,发现和解决产品存在的问题。

(3) 市场投放:在产品开发后期,需要进行市场投放,观察产品的销售情况和用户反馈,收集用户的需求和意见。通过市场投放,可以验证产品的商业模式和市场前景,同时也可以发现产品存在的问题和改进方向。

(4) 用户体验验证:在产品投放市场后,需要对产品的用户体验进行验证,了解用户的满意度和需求,以便进行产品改进。通过用户体验验证,可以定期收集用户反馈,发现和解决产品存在的问题,同时也可以优化产品的设计和功能,提高用户满意度和产品的市场竞争力。

在以上过程中,每一步都需要与用户进行密切的互动和反馈,以确保产品的持续改进和用户满意度的提升。同时,产品团队也需要及时地对反馈结果进行分析和总结,形成改进计划并实施,从而不断提高产品的用户体验和市场竞争力。

附 录

附表 1　创意登记表

问题描述			联系人		
			联系电话		
			联系地址		
创意名称		设计日期			
设计单位			系列件数		
设计者			工作单位		
设计者			工作单位		
设计者			工作单位		
设计者			工作单位		
设计者			工作单位		
创意简介	创意概括、来源及用途				
	1. 主要确定创意来源、目的、意义、用途、使用环境				
	2. 目前国内外同领域内是否存在能够解决相同技术问题的市场化产品\已公开的尚未投入生产的产品： （　）是　　（　）否		同类产品的结构特征、技术经济分析		
	创意草图（或模型实物图片）				
	草图简要说明				
	功能及有益效果				

附表 2　技术构思登记表

创意名称			
技术构思信息			
结构设计	结构分解		
产品结构图：	技术特征1：	功能：	
		连接方式：	
	技术特征2：	功能：	
		连接方式：	
	技术特征3：	功能：	
		连接方式：	
	……	……	
	是否存在可替换的技术特征	是	否
	替换后的技术特征：		
主要目的：	A→B	替换后产生的积极效果	
	C→D	替换后产生的积极效果	
	……	……	
	和现有产品的区别技术特征：		
次要目的：	是否存在可替换的区别技术特征	是	否
	替换后的区别技术特征：		
	A→B	替换后产生的积极效果	
	C→D	替换后产生的积极效果	
	……	……	
	造型设计	简要说明：	
	部件、组件图	规格注释：	
	零件图	规格注释：	
	电路、线路板设计	规格注释：	
	程序规划、设计、测试	设计者：	
	……	……	
	……		

附　录

附表 3　技术可行性分析报告

应用设想名称及编号	
编写目的：	技术背景：现有技术在市场上的不足及发展趋势等

技术方案或技术效果：为解决上述缺陷/不足，本方案是通过以下方式来解决的：

- 将现行方案中的(部件、结构或连接关系、方法步骤)变更为＿＿＿＿＿，＿＿＿＿＿产生的有益效果是＿＿＿＿＿；
- 在现行方案的基础上，增加了(部件、结构或连接关系、方法步骤)，产生的有益效果是＿＿＿＿＿；
- 在现行方案的基础上，减少了(部件、结构或连接关系、方法步骤)，产生的有益效果是＿＿＿＿＿；

注：有益效果通常可以是质量、产能、效率、性能、精度的提升，能耗、原材料、工序的节省，加工、操作、控制、使用、维护等阶段的便利性以及环保等

产品结构图纸	技术条件
	产品功能
	性能指标
	指标精度
	功能操作

材料清单	
部件	
零件	
包装材料	
辅助材料	
技术条件	
装配	
调试	

附表 3（续）

检验

外观结构包装

可靠性、稳定性

输出资料齐套性

技术主要研究内容

生产难点：

技术开发周期：

精品技术特征及功能：

技术风险及规避方法：

易用性及用户使用门槛：

产品环境依赖性：

意见和建议：

资金估算

附表 4　应用设想报告

创意名称及其对应的技术构思表：	
产品功能、性能及技术条件要求	
产品功能	功能 1：(如测温功能—测温范围、精度要求等)
	功能 2：(如报警功能—报警方式：语音报警、声光报警等、报警阈值—当温度超多＊＊度时报警)
	……
开启方式：	
防水、防撞等级：	
产品使用标识：	
产品使用包装：	
外观要求：	
产品预估使用寿命：	
……	
产品造型、结构条件及要求	
产品造型：	
工作条件：	
存储条件：	
零件组装方式：	
运输条件：	
……	
产品成本控制要求	
材料成本：	
加工成本(外协/自加工)：焊接、车、铣、开孔……	
测试成本：	
包装成本：	
……	
开发周期和样机送样日期要求	
产品与市场机会和收益	
(从市场背景和趋势、适用人群与痛点、现有技术的现状与不足、此技术的规模与成长趋势等方面进行分析。)	

附表 5　专利布局方案规划

企业发展规划
战略目标：（战略目标的设定，也是企业愿景的展开和明确化。战略目标进一步阐明了企业使命、核心价值观和企业文化。具体包括：1. 总体目标；2. 目标体系；3. 各业务目标；4. 分年度目标）
发展规划：（发展规划是一种从上而下的思维，自下而上群策群力，是根据战略目标来阶段性规划每年该做的事，是企业统一思想的理论基础。具体包括：1. 业务发展规划；2. 业务规划策略；3. 各职能发展规划）

专利布局方案

拟申请专利名称		
专利保护方式		
产品保护	产品结构件保护	注释：发明：是指对产品、方法或者其改进所提出的新的技术方案；方法发明包括：操作方法、制造方法、工艺流程等的技术方案
发明	发明	
实用新型	实用新型	实用新型：是指对产品的形状、构造或者其结合所提出的适于实用的新的技术方案。
外观	外观	外观：是指对产品的形状、图案或者其结合以及色彩与形状、图案的结合所作出的富有美感并适于工业应用的新设计

行业相关专利情况
（规模、分布情况、申请变化趋势等）

主要竞争对手相关专利布局情况

市场价值			
市场重要性：√考虑技术应用的产品对应的市场的战略重要性，市场容量与潜力大小、预期的产业化贡献等	（　）高	（　）中	（　）低
竞争贡献度：√考虑专利资产在竞争中的贡献度，是否对同行竞争者形成威慑力从而巩固专利产品的市场地位等	（　）高	（　）中	（　）低

附表 5(续)

品牌贡献度：√考虑专利技术对商品化或品牌推广的助益，是否作为产品创新点对卖点或投标、融资等经营类活动有所助益，是否对获得品牌荣誉资质提供支撑等	( )高　( )中　( )低
关键考量点说明：	
技术价值	
技术领先性：√相对于同类技术，在性能、成本、质量等方面是否具备领先性。技术独有程度应当是考量因素之一	( )高　( )中　( )低
技术成熟度：√技术是否已经或近期达到技术实施或产业化所需的成熟度要求。应当综合考虑技术实施或产业化所需配套技术的成熟度	( )高　( )中　( )低
技术应用度：√技术应用的广度，考虑是单一产品、多产品、多产品系列或跨行业领域应用的平台型技术等	( )高　( )中　( )低
关键考量点说明：	
专利价值	
权利稳定性：√考虑专利被他人提出无效宣告请求后，判决维持当前专利权有效的可能性，特别考虑专利三性合规的问题	( )高　( )中　( )低
保护范围：√考虑未来遭遇专利无效宣告判决后的权利要求保护范围是否容易被回避设计的问题	( )高　( )中　( )低
维权便利性：√考虑专利维权过程中侵权行为举证难易度问题，包括专利技术特征对比分析难易度、侵权行为可发现性等	( )高　( )中　( )低
关键考量点说明：	

附表 5(续)

已知最接近的现有技术简介	新颖性分析
	创造性分析
希望的权利要求核心保护点	
	确定的权利要求核心保护点

专利申请分级建议

( )A 类(重要)	( )B 类(一般)	( )C 类(策略型)
(前瞻性研发/市场价值重要/核心技术相关/与技术标准&协会规范关联度较大)	(现有技术改良/回避设计专利/市场利润较低/有明确竞争对手/仅作防御性公开申请)	(非本单位产品技术路径对应/技术改进效应不明显,尚待验证/非本单位主攻市场对应产品技术)
理由说明:	理由说明:	理由说明:

拟获得专利保护的核心要点及申请类型建议:

不申请专利,作为技术秘密保护,理由说明:

附表 6 专利技术分解评价表

专利名称							
技术领域							
实现功能							
适用范围							
运作方式							
技术分解	一级技术分支		二级技术分支		三级技术分支	实现功能	关联技术特征	相关联技术特征的连接方式或者配合方式	在权利要求中的位置
	技术方案	技术手段 1	实现功能： 工作原理： 关联技术手段：	技术特征 1 技术特征 2 ……			
		技术手段 2	实现功能： 工作原理： 关联技术手段：	技术特征 1 技术特征 2 ……			
		技术手段 3	实现功能： 工作原理： 关联技术手段：	技术特征 1 技术特征 2 ……			
		……					
最接近的现有技术		区别技术特征		权利要求的核心保护点			

附表7 专利技术评估鉴定表

序号	一级指标	二级指标	指标解释	权重	评估结果
1	权利稳定性	专利是否续存有效			
2		专利剩余保护期限			
3		被提出无效宣告请求后,是否能够维持专利权有效			

序号	一级指标	二级指标	指标解释	权重	评估结果
1	技术领域发展态势	热点技术	被评专利技术所在技术领域当前发展趋势:被评技术当前处于萌芽期、发展期、成熟期、衰落期中的具体阶段,可通过所属技术领域的专利申请数量、申请人数量、专利申请或授权数量增长的时间分布情况等进行分析	5	
2		核心技术		5	
3		空白技术		5	
4		成熟衰退期技术		3	
5	竞争态势	可替代性	在当前时间点,是否存在与被评专利权利人形成竞争关系、以及竞争对手的规模	7	
6		市场竞争	市场上是否存在与被评专利解决相同或者类似问题的替代技术方案	5	
7		同族专利情况	被评专利在中国以及中国之外国家或地区的相关专利情况,包括授权或驳回同族专利的数量、涉及国家数量等	5	
8	专利布局合理性	不可规避性	对被评专利权独立权利要求的分解特征进行分析,是否容易被他人进行规避设计,从而在不侵犯该项专利权的情况下,仍能够解决相同技术问题并达到基本等同的技术效果	10	
9		权利要求合理性	从独立权利要求项数、权利要求结构、技术特征数等方面分析被评专利的权利要求撰写是否严密,所保护的范围是否合理等方面	5	

附表7（续）

序号	一级指标	二级指标		评估结果
8		不可规避性	对被评专利独立权利要求的分解特征进行分析，是否容易被他人进行规避设计，从而不在侵犯该项专利权的情况下，仍能够解决相同技术问题并达到基本等同的技术效果	10
9		权利要求合理性	从独立权利要求项数、权利要求结构、技术特征项数等方面分析评价被评专利的权利要求撰写是否严密，所保护的范围是否合理等方面	5
10		侵权可判定性	从权利要求类型和技术特征属性方面，判断被评专利的权利要求类型为产品还是方法，涉及的技术特征是结构特征还是功能特征，是否容易取证，进而行使诉讼的权利	5
11		依赖度	被评专利在不侵犯他人专利权的情况下，其技术可自由进行使用和开发，并将利用该技术生产的产品或服务投入市场	5
12	专利布局合理性	防御性	该专利所依赖的其他技术（如生产、配套使用等），是否进行相关专利保护	5
13			被评专利维护或巩固自身市场的能力，可从该项专利权人在本领域的专利拥有量、专利申请趋势等方面判断	5
14		针对不同技术分支的专利布局	技术分支1	申请专利主题：	专利类型：□发明 □实用新型 □外观设计	15
15			技术分支2	申请专利主题：	专利类型：□发明 □实用新型 □外观设计	
16			……	……	……	
17	技术成熟度	被评专利技术当前所处发展阶段	被评专利技术当前处于从报告级到产业级的具体层级（报告级→方案级→功能级→仿真级→初样级→正样级→环境级→产品级→系统级→产业级）	15

附表8 专利系统验证评估表

评估维度	一级指标	二级指标	评价标准		权重
技术成熟度	专利技术所处的具体层级	□报告级 □系统级　□方案级 □产业级　□功能级　□仿真级　□初样级　□正样级　□环境级 □产品级			
专利可视化	技术原理可视化	对技术原理进行展示的三维立体图	□有		25
			□无		
	关键技术特征可视化	是否存在对关键技术特征进行细节展示的三维立体图	□有		20
			□无		
	产品设计可视化	外观造型展示	是否存在对专利产品工业设计进行展示的三维立体图或者样品或者模型		10
		材料选择	可选材料1	对专利产品性能的影响 对专利产品成本的影响 对专利产品质量的影响	10
			可选材料2	对专利产品性能的影响 对专利产品成本的影响 对专利产品质量的影响	
			可选材料3	对专利产品性能的影响 对专利产品成本的影响 对专利产品质量的影响	
			……	……	
		色彩图案展示	□有		5
			□无		

附表 8（续）

一级指标	二级指标	三级指标		权重
专利可视化	专利应用场景可视化	展示专利技术的应用场景的三维动态建模视频	□有 □无	10
		展示专利在场景中的具体应用效果的三维动态建模视频	□有 □无	10
	运作方式可视化	展示专利技术的运作原理的三维动态建模视频	□有 □无	10

附加结论

评估维度		
技术实现	是否存在技术上的瓶颈和难点	
	是否存在技术上的风险和挑战	
和专利权利要求的匹配度	□多于权利要求保护的技术特征 □和权利要求保护的技术特征相同 □少于权利要求保护的技术特征	
	对权利要求的保护范围是否产生实质性影响	□是 □否
	是否需要重新申请专利保护	□是 □否
技术成熟度	专利技术所处的具体层级	□报告级 □方案级 □仿真级 □功能级 □初样级 □正样级 □环境级 □产业级 □产品级

评估维度	一级指标	二级指标	三级指标	权重
系统验证	关键功能验证	承载关键功能技术特征的试制件	设备 材料 工艺	15
		集成多个试制件的关键功能模块	设备 材料 工艺	15
	产品样机验证	产品样机	能够实现关键功能的多个试制件组装	10
		模拟使用环境下的性能试验/仿真试验	试验结果及过程性文件	5

附表 8（续）

				5
系统验证	实际环境验证	产品正样	设备	5
			材料	5
			工艺	5
		在实际使用环境下的性能试验/仿真试验	试验结果及过程性文件	5
		产品生产需求	生产需求 1	5
			生产需求 2	5
			……	
		产品设计需求	设计需求 2	5
			设计需求 3	5
			……	
	产品技术状态固化验证	产品功能	功能 1	5
			功能 2	5
			……	
		产品性能	性能 1	5
			性能 2	5
			……	

附表 8（续）

系统验证	产品技术状态固化验证	产品生产工艺	工艺步骤				5
			工艺注意事项				
			原材料检验				
			成品、半成品检验要求				
			……				
系统验证	产品技术状态固化验证	产品技术要求	规格尺寸				5
			技术参数				
			外观要求				
			环境适应性要求				
			……				

215

附表 8（续）

系统验证	产品技术状态固化验证	环境条件	工作条件		5
			存储条件		5
		产品检验检测	引用标准		5
			检测方法		5
		产品定位			5

附表9 专利战略布局评估表

所属产业发展状态			
技术分解	一级技术分支	二级技术分支1	三级技术分支1
			三级技术分支2
		二级技术分支2	三级技术分支1
			三级技术分支2
		二级技术分支3	……
		……	
通过专利检索分析得出的技术热点、技术空白点等	技术热点		
	技术空白点		
针对不同技术分支的专利布局规划	技术分支1	拟申请专利主题列表：	
	技术分支2	拟申请专利主题列表：	
	……	拟申请专利主体列表：	
每个技术主题采用的保护方式评估			
技术主题名称			
拟采取的保护方式	□专利	□技术秘密	□其他
采取上述保护方式的理由：			
负责人意见			

217

附表 10　申请策略评估表

技术成果主题

技术保护点数量（专利申请项数）：

数量是否合理：□是　□否

序号	技术保护点名称	申请类型（发明、实用新型、外观设计、一案双申）	申请和公开时机（申请最晚期限、是否提前公开）	特殊策略（优先权、分案申请、延迟审查、优先审查）	国际申请（巴黎公约、PCT、海牙协定、初步布局国家）
1					
2					
3					
4					
5					
…					
n					

附表 11 技术成果多元价值评估表

序号	评估维度	否定性指标	评估结果	
1	明显的驳回风险	明显不符合发明、实用新型和外观设计保护客体的情形,见《中华人民共和国专利法》第二条	□有	□无
2		明显属于法律规定不授予专利权的情形,见《中华人民共和国专利法》第五条、第二十五条	□有	□无
3		明显不具备实用性、明显属于现有技术、现有设计的情形,见《中华人民共和国专利法》第二十二条、第二十三条	□有	□无

序号	评估维度	一级指标	二级指标	权重(%)	得分
1	法律价值	预期权利稳定性	专利申请前是否存在或消除了公开的风险	20	
2			创造性		
3			能否形成专利组合		
4			拟申请专利技术方案公开充分性		
5			具体实施例提供情况		
6		专利依赖性	对之前授权专利的依赖性	10	
7		侵权举证难度	在先专利申请主体是否一致	10	
			侵权举证难度		

附表 11（续）

序号	评估维度		否定性指标	评估结果
8	技术价值	技术产业类型	国家重点支持的战略性瓶颈领技术	
9			国家战略新兴产业	10
10			地方主导产业或支持产业	
11		技术先进程度	热点技术	
12			核心技术	10
13			空白技术	
14		技术迭代威胁	成熟衰退期技术	10
15		市场容量	符合本技术领域发展方向	10
16	市场价值		市场同类技术价值总量	10
17			未来发展趋势	
18		市场竞争力	比较而言的技术成本	10
19			应用前景	
20		技术产业化程度	图纸、样品、中试、生产流水线情况	10
			附加分：社会文化价值	
1	社会与文化价值	人民生命健康	本技术应用对人民生命健康有重大保障作用	20
2		国防与公共安全	本技术应用对国防与公共安全有重大支撑作用	20
3		生态环境	本技术应用对生态环境的改善有重大支持作用	20
4		创新精神	体现发明人的创新精神，对社会创新的激励作用	20
5		弘扬社会主义核心价值观	对弘扬社会主义核心价值观有良好促进作用	30

最终评分：

结论意见：

附表 12 专利申请文件质量评估表

评价文件	具体项目	分值权重/%	得分
权利要求书	清楚、简要	10	
	是否缺少必要技术特征	10	
	创新点理解划分正确	10	
	保护范围合理	10	
	权利要求布局层次合理	5	
说明书	各部分表达清楚、完整	10	
	具体实施例和附图数量充分、合理;同时注意到了捐献原则	10	
	全文支持权利要求书;技术问题、技术效果表达充分	10	
	附图正确、清晰	5	
其他文件	各类请求书信息填写正确,说明书摘要符合要求	10	
	各类文件的提交是否正确执行了前期制定的公开时机、审查时机、主动修改权利、优先权、分案申请、一案双申等策略	10	

整体意见或特别说明:

最终评分:

附表 13 专利检索报告

专利名称					
数据库					
检索时间段					
关键词					
国际专利分类号					
检索式					
专利文献		专利名称		专利号	
	D1				
	D2				
非专利文献		文章名称		书名、期刊或文摘名称	
	D3				
	D4				
对比分析	关于新颖性：				
	关于创造性：				
	是否存在其他缺陷：				
结论意见	新颖性：				
	创造性：				
	其他缺陷：				

参 考 文 献

[1] CHRISTENSEN C M,RAYNOR M E. The Innovator's Solution[M]. Berlin:Verlag Franz Vahlen GmbH,2018.

[2] OSTERWALDER A,PIGNEUR Y. Modeling value propositions in e-Business[C]//Proceedings of the 5th international conference on Electronic commerce. 30 September 2003,Pittsburgh,Pennsylvania,USA. ACM,2003:429-436.

[3] OSTERWALDER A,PIGNEUR Y. Business Model Generation:a handbook for visionaries, game changers and challengers[J]. African Journal of Business Management,2010,5:1-5.

[4] AXTELL C M,HOLMAN D J,UNSWORTH K L,et al. Shopfloor innovation:facilitating the suggestion and implementation of ideas[J]. Journal of Occupational and Organizational Psychology,2000,73(3):265-285.

[5] MONTAG T,MAERTZ C P Jr,BAER M. A critical analysis of the workplace creativity criterion space[J]. Journal of Management,2012,38(4):1362-1386.

[6] ŠKERLAVAJ M,ČERNE M,DYSVIK A. I get by with a little help from my supervisor:creative-idea generation,idea implementation,and perceived supervisor support[J]. The Leadership Quarterly,2014,25(5):987-1000.

[7] CANIËLS M C J,RIETZSCHEL E F. Organizing creativity:creativity and innovation under constraints[J]. Creativity and Innovation Management,2015,24(2):184-196.

[8] MUNARI F,SOBRERO M,TOSCHI L. Financing technology transfer:assessment of university-oriented proof-of-concept programmes[J]. Technology Analysis & Strategic Management,2017,29(2):233-246.

［9］MUNARI F，SOBRERO M，TOSCHI L. Bridging the university funding gap：determinants and consequences of university seed funds and proof-of-concept programs in Europe［J］. EIF Working Paper Series，2015.

［10］HUANG Z，AHMED C，MICKAEL G. A model for supporting the ideas screening during front end of the innovation process based on combination of methods of EcaTRIZ，AHP，and SWOT［J］. Concurrent Engineering，2020，28(2)：89-96.

［11］ZHANG Y B，LIN M. Research on efficiency and quality in the process of creative screening［J］. Academic Journal of Humanities & Social Sciences，2020，3.0(9.0).

［12］DURNALI M，ORAKCI Ş，KHALILI T. Fostering creative thinking skills to burst the effect of emotional intelligence on entrepreneurial skills［J］. Thinking Skills and Creativity，2023，47：101200.

［13］ZUO D，LIU J，LUO J，et al. Research on the cultivation of innovative thinking and innovation ability based on IEC interdisciplinary talents［J］. Transactions on Comparative Education，2022，4(3).

［14］ZUO D，LIU J，LUO J，et al. Research on the cultivation of innovative thinking and innovation ability based on IEC interdisciplinary talents［J］. Transactions on Comparative Education，2022，4(3).

［15］肖广岭. 跨越"死亡之谷"的新尝试：美国"概念验证中心"及对中国的启示［J］. 中国科技论坛，2014(2)：131-137.

［16］易灿，廖诗玥，张玉华. 概念验证中心最本质的特征：成果转化主动性［J］. 科技中国，2021(5)：15-20.［知网］

［17］袁永，胡海鹏，廖晓东，等. 发达国家概念验证计划及概念验证中心研究［J］. 科技管理研究，2018，38(3)：50-53.

［18］王亚东，赵亮，于海勇. 创造性思维与创新方法［M］. 北京：清华大学出版社，2018.

［19］惠茜. 产品创新设计过程及创意方案生成研究［D］. 成都：四川大学，2021.

［20］游毅. 产品创新中的创意管理问题研究［D］. 兰州：兰州大学，2007.

［21］霍保世. 产品研发过程与发生机理研究［D］. 北京：北京交通大学，2008.

［22］李志榕. 从"创意"到"项目"：基于事理学的产品创新立项论证研究［D］. 长沙：中南大学，2010.［知网］

［23］戴万亮，张慧颖，金彦龙. 内部社会资本对产品创新的影响：知识螺旋的中介效应［J］. 科学学研究，2012，30(8)：1263-1271.

[24] 王丹.产品设计教学中创意思维的培养研究:从发现问题到验证设计[J].工业设计,2018(2):98-99.

[25] 廖瑞聪.创意来源、技术、筛选与评鉴之研究[J].现代管理科学,2007(8):47-50.

[26] 万福才,陈新,王延舜.新产品创意筛选中的模糊综合评判与0-1规划方法[J].沈阳大学学报,2005,17(4):18-21.

[27] 师爱芬.新产品创意的筛选方法研究[J].数学的实践与认识,2002,32(3):396-399.

[28] 杨德林,陈耀刚.关于新产品创意的若干问题分析[J].科学学与科学技术管理,2003,24(5):58-61.

[29] 张雪,张庆普.知识创造视角下客户协同产品创新投入产出研究[J].科研管理,2012,33(2):122-129.

[30] 巨乃岐.技术价值论研究[D].太原:山西大学,2009.

[31] 王莉.新产品研发过程中合理运用专利规则和专利技术[J].纺织机械,2010(2):13-15.

[32] 陈加强.科技型中小企业专利布局策略探析[J].江苏科技信息,2023,40(6):4-6

[33] 唐晨晨.企业专利挖掘与布局实践[J].产业创新研究,2023(3):174-176.

[34] 韩园园.企业如何做好专利布局[J].纯碱工业,2022(6):43-45.

[35] 聂兰兰.通过"专利布局评价两步策略"评价专利布局网研究[J].中国发明与专利,2021,18(S1):18-23.

[36] 赵斌,周洪良,贾翠.专利布局方法与实施新常态[C]// 2015年中华全国专利代理人协会年会第六届知识产权论坛论文集.北京,2015:753-763.

[37] 吴红伟.企业的产品研发创新[J].企业家天地,2008(10):13-14.